管理学在中国

非对称创新

中国企业赶超战略

魏江 刘洋 ——— 著

ASYMMETRIC INNOVATION

Chinese enterprises' catch-up strategy

机械工业出版社

CHINA MACHINE PRESS

图书在版编目（CIP）数据

非对称创新:中国企业赶超战略 / 魏江，刘洋著 .
北京：机械工业出版社，2024.7. --（管理学在中国）.
ISBN 978-7-111-76315-4

Ⅰ. F279.23

中国国家版本馆 CIP 数据核字第 2024WT7667 号

机械工业出版社（北京市百万庄大街 22 号　邮政编码 100037）
策划编辑：谢晓绚　　　　　　　　　责任编辑：谢晓绚　林晨星
责任校对：孙明慧　杨　霞　景　飞　责任印制：单爱军
保定市中画美凯印刷有限公司印刷
2024 年 9 月第 1 版第 1 次印刷
170mm×230mm・19.75 印张・3 插页・366 千字
标准书号：ISBN 978-7-111-76315-4
定价：99.00 元

电话服务　　　　　　　　　网络服务
客服电话：010-88361066　　机　工　官　网：www.cmpbook.com
　　　　　010-88379833　　机　工　官　博：weibo.com/cmp1952
　　　　　010-68326294　　金　书　网：www.golden-book.com
封底无防伪标均为盗版　　机工教育服务网：www.cmpedu.com

呼唤、孕育和催生中国管理学派

中国的管理研究正处在一个取得实质性进步和突破的门槛上。

改革开放 40 多年来，中国已经发展成为世界上最大、最活跃的新兴市场，商业竞争态势复杂，变化快速且激烈，积累了异常丰富的管理实践，为管理学的思考与研究提供了充足的素材和样本。同时，中国特有的深厚文化传统，虽一度遭受挫折，但在新的历史条件下逐步"灵根再植"，帮助孕育了丰厚的思想创新土壤。

在此期间，中国管理学的研究有了长足进步，发表的论文在国际学术界崭露头角，成长起一批素养深厚的学者。但与此同时，我们的学术研究存在着囿于西方理论和研究方法、与本土环境和实践脱节的弊端，因此受到实践者的冷落。这样的现象值得深思。

从世界范围看，管理研究一直在与时俱进地变化和发展。蒸汽机时代的到来，催生了泰勒制和管理组织理论、管理层次理论、管理激励理论等；电气化时代带来了福特制、行为科学理论、管理科学理论、系统管理理论等；信息化时代新的技术环境和商业环境、新的分工协作方式以及由此带来的效率的突变，都在呼唤管理理论的创新，遗憾的是，信息化时代管理研究的创新总体上是偏少、偏弱、偏慢的。现在，互联网经济方兴未艾，新一轮制造业革命初现端倪，数字化时代已经到来，历史给了中国一个特别好的机会，中国的管理学者已经立足于一片最肥沃的土壤，体现时代特征、基于中国情境的管理研究，一定可以大有作为。

在此背景下，2017 年 9 月，我们在苏州金鸡湖畔发起成立"中国管理 50 人论坛"，以探索管理学理论特别是具有中国特色的管理学理论创新为使命，以推动管理理论与中国企业管理实践相结合为宗旨，总结中国优秀企业创新发展的经验，应对新的科技革命所带来的挑战，为中国经济社会的振兴、中国企业的崛起、中国管理学派的形成，做出中国管理学者应有的贡献。

我们的这个举动得到了机械工业出版社的大力支持。机械工业出版社在翻译引进西方管理思想方面做了许多工作，做出了很大贡献，为中国读者带来了弗雷德里克·泰勒、爱德华·戴明、赫伯特·西蒙、詹姆斯·马奇、亨利·明茨伯格、埃德加·沙因等西方管理大师的经典作品。此外，还有管理大师彼得·德鲁克的系列作品。在新的时代背景下，机械工业出版社也在积极关注本土管理实践创新和管理思想的孕育发展。于是，"中国管理 50 人论坛"与机械工业出版社志同道合，携手合作，共同发起"管理学在中国"丛书的出版工作，旨在为中国管理学派的崛起贡献力量。

我们设想，"管理学在中国"丛书所纳入的作品应该代表中国本土管理理论和实践创新的成果，这些作品的作者应该是正在崛起的中国管理学派的领军者。丛书入围标准严格，宁缺毋滥，具体包括：①属于中国本土原创性的研究；②同时具备研究方法的严谨性和研究问题的现实相关性；③属于专题性著作，而不是文章合集。

为了保证丛书的质量，我们将采取"主编推荐，作者接龙"的方式，即由主编推荐三本专著，请作者对他们的专著进行重新审视，认真修改，落实版权，再予以正式出版。然后，由这三名作者每人推荐一本专著，经主编与三名作者一致同意后出版。以此类推，进行接龙，以管理学家的个人声誉为基础，进行选题与编著，体现"学者群体的共同意志"，然后由接龙产生的前10位管理学者组成"管理学在中国"丛书编委会，负责丛书总体规划和指导工作。

在具体选题的审核上，我们采用国际出版界对学术类著作通常使用的同行评审（peer review）办法。每位已经出版专著的作者，每年最多可以推荐一本专著，然后请三位专家匿名提供独立评审意见，编委会根据评审意见，采用"一票否决制"做出是否列入丛书出版的决定。

接下来，"中国管理50人论坛"还将与包括机械工业出版社在内的多家机构携手合作，打造"管理学在中国"管理思想和实践交流平台，举办大会、论坛、工作坊、企业调研、中外学术交流等活动，为致力于管理思想与实践创新的学者和实践者创造相互学习、交流切磋的机会，让感悟和创新的灵感在这些跨界互动中自然涌现。

"这是一个需要理论而且能够产生理论的时代，这是一个需要思想而且能够产生思想的时代。我们不能辜负了这个时代。"中国本土管理研究的崛起正当其时。我们期许，未来十年，"管理学在中国"丛书将以一本又一本真正有分量的著作，见证中国管理学派的成长。

王方华

上海市管理科学学会名誉理事长

上海交通大学安泰经济与管理学院原院长

推荐序·FOREWORD

1982 年我从美国学习回来后，率先引进了"研究与发展管理""技术创新管理"等理论，此后，我在上海机床厂、杭州制氧机厂、上海宝山钢铁厂等企业的实地调研过程中发现，无论是政府还是企业，对创新主体和创新政策的认知存在误区，因此在 1985 年提出"创新应以企业为主体"的观点。自此，我带领浙江大学创新团队对企业技术创新管理理论和实践开展了长达 40 多年的研究，始终倡导管理研究要扎根中国实践，要去企业蹲点，要在实践中总结中国企业技术创新的规律。这一传统成了浙江大学创新团队的中心任务和核心文化。

魏江是 1993 年底加入创新团队的，他继承并发扬了团队扎根实践做研究的传统，笃志躬行，投身一线调研，积极参与国际、国内多个重要项目的研究工作，并在企业创新能力建设、技术能力培养等方面做出了理论贡献，还与他人合作提出了"组合创新""全面创新管理"等原创理论。在魏江的成长过程中，我经常嘱咐他，要"勇于提出原创理论，服务国家战略"。我很高兴看到，他在承担 4 项国家自然科学基金重大项目、重点项目和 5 项面上项目的过程中，提出了"集群创新系统""知识型服务创新范式""企业技术能力""制度型市场""数据基础观"等本土化创新理论，为国家创新体系和创新能力建设做出了贡献。

这本书是他15年持续研究后发企业创新赶超这一重要问题而完成的又一原创理论成果。这本书提出，中国企业之所以能实现快速追赶，就是充分利用了中国独特的市场体制、制度形态、技术体制，战略性和创造性地探索出与西方企业不对称的学习机制、组织架构、追赶路径、组织治理和创新生态等。这本书把基于中国独特情境的创新赶超战略称为"非对称创新战略"，系统地建构起具有中国特色的后发企业创新赶超的理论体系。

<h1 style="text-align:center">一</h1>

我于20世纪80年代创立浙江大学创新与发展研究中心，在带领团队、指导学生的过程中，逐步建立了"高、精、笃、合"的团队文化，并塑造了"顶天立地、攀登高峰"的团队价值理念。按照这样的文化和理念，团队成员既要跟踪国际理论前沿，又要长期深入企业一线调研——后来，我们提出了"二次创新""组合创新""全面创新"等系列理论，形成了具有中国特色的技术创新管理理论体系。

1993年底，魏江在我的指导下攻读博士学位。在入学第2天，我就派他到浙江金华的尖峰水泥厂调研。在博士学术阶段，他围绕"如何提高企业创新能力和技术能力？"这个核心问题持续深入，到杭州制氧机厂、杭州机床厂、南京熊猫电子、南京化工集团、宝山钢铁公司、东方通信等企业蹲点调研，做了大量的一手案例调研。20世纪90年代初个人计算机还没有普及，魏江一篇篇手写，整理出10多万字的关于企业创新能力、技术能力的调研报告。正因为他锲而不舍地扎根中国企业创新实践做研究，1994年他就提出了符合中国现实情境的企业技术能力概念和测度体系，从能力视角总结了中国企业技术创新的过程、机制、模式和系统，发表了20多篇关于企业创新能力、技术能力的学术论文。

博士毕业后的 20 余年中，魏江主持了大量国家级重大、重点和面上项目的研究工作，持续进行具有中国特色的创新管理理论探索，先后提出了"集群创新系统""知识型服务创新范式""非对称创新""制度型市场""数字创新理论架构"等，成为中国创新管理领域最富洞察力的领军学者之一。在魏江的带领下，他的科研团队探索出了"有组织科研"的路子，团队年轻且富有活力，取得了丰硕的学术成果——在国内外顶级期刊发表，获得了国际著名学者的引用和好评，获得了 10 多项省部级和国家级科研奖励。难能可贵的是，魏江主持和参与了"高等学校'十四五'科技发展规划""'十二五'国家自主创新能力建设规划"等的编制。此外，他的研究成果还应用于"'十四五'规划和 2035 年远景目标纲要（科技创新领域）"等国家级规划中。他还长期为浙江经济和产业发展提供智库支持，直接为 100 余家企业和多个产业部门设计了创新战略体系。他取得的这些成就，正是我对团队要求的"顶天立地"做研究的具体体现。

最近 6 年，魏江还把他的创新理论应用于人才培养体系的改革，引领了中国商学教育模式变革。他在浙江大学管理学院创立了"数智创新与管理"交叉学科，建构了以"管理理论 + 人文精神 + 科技洞见"为核心内涵的"商学 +"教育生态系统；通过系列举措促进"多学科交叉融合"的学术研究，重构了"应管理实践之需"的教学体系，探索了"与一流企业同行"的"科研 - 教育 - 人才一体化"发展模式。他牵头申报的"构建全球嵌入式商科研究生培养模式"获得了国家级高等教育（研究生）教学成果奖一等奖，为我国商学人才培养提供了"浙大方案"。

本书的共同作者刘洋研究员是浙江大学创新团队的第三代成员，他从本科就跟随魏江学习，以他为代表的新生力量在浙江大学创新团队"高、精、笃、合"文化的熏陶之下，继续发扬浙江大学创新团队立足祖国大地做研究的优良传统，勤奋好学、锲而不舍、勇攀高峰，接续为中国本土创新理论做贡献。看到一代代科研后生对浙江大学创新团队文化的传承和发扬，我甚感欣慰。

二

在新发展阶段，中国企业与西方国家企业之间开展科技合作的环境发生了根本性变化。我国的产业和企业的创新赶超，不仅面临技术巨大变革的挑战，还面临西方"脱钩断链"的威胁。在百年未有之大变局下，中国必须实现科技自立自强，必须探索自己的创新道路，而这给我国的创新管理研究学者提出了全新的要求——构建起具有中国特色的创新管理自主知识体系，以服务国家战略需求。

在这样的变革时代，我看到这本凝聚了魏江和他的团队15年研究心血的"非对称创新"学术专著，甚感欣慰，因为这本专著在今天有特别重要的价值和意义，是浙江大学创新团队回应这个时代之需的理论成果。这本专著不仅仅总结了我国产业创新赶超的历程、经验和规律，还呈现了对新发展阶段的中国创新战略智慧的系统总结，为当下面临全球化新挑战的中国产业和企业提供了全新的赶超思路。专著聚焦"中国企业如何发挥独特的市场体制、制度形态、技术体制的优势，找到与西方企业不一样的技术发展道路？""中国企业自身应采取什么样的非对称创新战略来解决持续的全球化技术追赶难题？"等问题，创造性地提出了中国这一新兴经济体存在的"非对称情境"，提倡中国企业以独特的智慧，把西方理论视角下被认为是不利的市场体制、制度形态、技术体制，转化为创新赶超的有利条件，进而找出独特的创新追赶道路。这本专著通过大量案例，阐述了中国企业可以怎样依托我国独特的创新情境，另辟蹊径，从国际领先的竞争对手不重视或未意识到的行为逻辑中，探索出一条具有中国特色的创新超越之路。

作为兼具国际前沿和中国特色的理论成果，这本专著的理论意义在于：

第一，将改革开放 40 余年的经验和新发展格局所带来的挑战两个方面相结合，从市场体制的非对称性、制度形态的非对称性、技术体制的非对称性三个方面解构中国企业创新追赶的独特情境，系统阐述了如何将中国情境的独特性转化为企业创新优势，驱动企业找到创新赶超的模式和路径；第二，从学习机制、组织架构、追赶路径、组织治理和创新生态五方面，剖析了中国企业通过实践行动，把蕴含于中国独特情境中的非对称资源内化为自身非对称创新能力，进而实现赶超的过程机制；第三，基于情境逻辑和行为逻辑，构建了中国企业非对称创新的理论框架，系统性地勾画了后发经济体企业创新追赶的"中国方案"。

这本专著的现实意义在于：一方面，为中国企业如何把蕴含于中国独特情境中的非对称资源转化为竞争优势提供了可供借鉴并能有所启迪的路线图，为中国企业乃至更多发展中国家企业的创新赶超提供了理论指导；另一方面，为中国乃至其他发展中国家通过制度安排来创造制度型市场，发挥新型举国体制、超大规模市场等独特制度的优势从而助力企业创新追赶提供了政策指导。

三

40 余年前我提出"创新应以企业为主体"，在当今百年未有之大变局下，这一观点依然有重要意义。坚持创新在我国现代化建设全局中处于核心地位，在新一轮科技革命和产业变革迅猛发展，全球治理体系不对称加速演进的背景下，切实强化企业的创新主体地位，提升企业技术创新能力，成为新时代新征程的重要任务。

伟大的变革时代需要自己的理论。中国企业正在经历世界经济史上最为独特的实践创新时期，亟须构建扎根中国实践、具有国际影响力的创新管理理论，我们浙江大学创新团队，理所应当为建构中国自主创新管理知识体系做出贡献。"非对称创新"理论凝练了中国企业创新追赶的实践智慧，拓展了现有理论视野，做出了创新理论贡献。我希望魏江及其团队能够继续深入企业创新管理实践，及时总结中国企业独特的创新智慧，为我国甚至全球做出浙江大学创新团队新的贡献。

习近平总书记 2018 年 12 月 18 日在庆祝改革开放 40 周年大会上的讲话中指出："改革开放 40 年的实践启示我们：创新是改革开放的生命。实践发展永无止境，解放思想永无止境。"[一]期待中国创新管理实践者和创新理论研究者为中国和世界经济增长做出更大的贡献。

中国工程院院士　许庆瑞

2023 年冬

一　中国政府网：习近平，《在庆祝改革开放 40 周年大会上的讲话》。

改革开放以来，中国经济取得了举世瞩目的发展，其中，企业创新赶超发挥了极为重要的作用。中国企业作为参与全球市场竞争的后来者，凭借在市场体制、制度形态和技术体制三个方面的独特情境，创造出独特的科技创新道路和产业赶超道路，部分企业已进入世界领先行列。在新发展阶段、新发展格局下，中国企业与西方企业之间开展科技合作的环境正剧烈变化，这给中国企业的技术赶超和创新路径选择提出了全新挑战。中国企业的创新赶超路径选择，如何既具有参与全球科技创新的合法性，又能最终探索出独特的创新路径，亟须在理论上提出新思路。企业创新能力建设应契合以国内大循环为主体、国内国际双循环相互促进的新发展格局，也需要在理论上有所突破。

本书在总结过去产业创新赶超理论和实践的基础上，结合新发展阶段的中国实践，构建起基于 MIT-LARGE 框架⊖的非对称创新理论。

⊖ 在 MIT-LARGE 框架中，MIT 是三大情境——市场体制（market regime）、制度形态（institutional regime）和技术体制（technological regime）——对应的英文单词首字母组合；LARGE 是五大企业策略行为——学习（learning）、架构（architecture）、路径（roadmap）、治理（governance）与生态（ecosystem）——对应的英文单词首字母组合。

该理论将中国与发达国家的情境做对比，提出了中国作为新兴经济体存在的"非对称情境"——市场体制的非对称性、制度形态的非对称性、技术体制的非对称性。正是中国独特的市场体制、制度形态、技术体制，决定了中国企业创新赶超的非对称行为，由此，本书从行为逻辑阐述了学习机制、组织架构、追赶路径、组织治理、创新生态等的非对称性。**本书的核心研究目标：基于情境逻辑和行为逻辑，构建中国企业非对称创新理论框架，既为中国企业创新赶超提供建议，也驱动构建中国特色创新管理理论有所突破。**

具体地，本书有三个核心目标：①将改革开放以来企业科技创新实践和百年未有之大变局下科技创新面临的挑战相结合，从中国市场体制的非对称性、制度形态的非对称性、技术体制的非对称性三个方面解构中国企业创新赶超的独特情境，剖析中国企业非对称资源的核心来源，为理解中国企业非对称创新行为提供基础；②从典型企业的学习机制设计、组织架构设计、追赶路径设计、组织治理设计和创新生态设计五方面，剖析中国产业通过实践行动把蕴含于中国独特情境中的非对称资源内化为非对称创新能力，从而实现赶超的过程机制；③运用非对称创新理论，针对新发展格局下中国企业持续创新赶超提出政策建议，为相关政府部门制定政策保障中国企业的创新赶超提供思路。

围绕如上目标，本书按照"情境逻辑"与"行为逻辑"两条核心逻辑主线，探究非对称创新的具体情境与行为，具体包含四篇。

- 第 1 篇　总论（非对称创新理论逻辑框架）。本篇是全书的引领性内容，基于改革开放 40 多年来中国企业的非对称创新实践，提出了中国产业赶超的创新演化路径、组织变迁路径、制度演变路径，总结出非对称创新的理论框架，引出该理论的核心内容与核心观点，并对新发展阶段、新发展格局下中国产业未来的创新道路做出思考。
- 第 2 篇　情境逻辑：MIT 模型。本篇包含三章，从市场体制的非

对称性（市场换技术、不均衡市场、制度型市场）、制度形态的非
对称性（混合所有制、制度供给、制度创业）、技术体制的非对称
性（技术能力基础薄弱与全球研发系统构建，不同所有制企业间的
能力失衡与创新溢出，创新独占性缺失、自主创新与知识产权保
护）三个方面出发，通过案例研究和大样本检验，探索中国情境的
独特性，提出中国企业非对称创新的影响机制和边界条件。

- 第3篇　行为逻辑：LARGE框架。本篇包含五章，从非对称学习
  机制（协同学习、逆向组织学习、启发式学习）、非对称组织架构
  （混合型同构、非镜像设计、振荡型演化）、非对称追赶路径（"农
  村包围城市"、从互补技术到核心技术）、非对称组织治理（组织合
  法性与治理机制、组织身份与治理机制、制度双元与治理机制）、
  非对称创新生态（企业创新生态、平台创新生态）五个方面详细探
  究中国企业非对称创新的具体行为。
- 第4篇　结语（中国式创新赶超与超越）。本篇为全书的总结性内
  容，梳理、总结并讨论中国式创新赶超的未来方向，重点对新发展
  格局下的创新赶超路径做前瞻思考，从数字技术创新、国内国际双
  循环创新等角度勾勒非对称创新的理论演化和实践路径。

围绕如上内容，本书主要有以下三个核心论述。**第一，提出了非对称创
新理论，为认识中国产业赶超和企业创新路径提供了新视角**。本书先定义了
三个基本概念。一是非对称资源——与发达经济体行业的领先企业相比，中
国企业拥有的稀缺和差异化的资源，比如，区域发展极不平衡的市场资源、
政府巨大的科技产业风险投资等。这类资源在发达经济体的企业看来是不应
该存在的或者是阻碍创新的，但在中国反而成了"绝招"，因为这些不具竞
争优势的资源植根于中国独特的制度、市场和技术情境，会产生巨大的创新
赶超能量。二是非对称创新能力——中国企业以特定实践将非对称资源嵌入
组织流程，转化为有价值的资源过程和组织惯例。比如，国有企业对民营企
业的技术溢出效应，极大地提高了民营企业的创新能力。三是非对称创新战

略——中国企业通过识别和重新定义非对称资源与能力，逐步获取竞争优势从而实现产业赶超的创新战略。非对称创新理论中的"非对称"是指企业依托中国独特的创新情境，通过采取独特的创新行为和路径，将自身的创新劣势转化为优势的过程。"非对称创新"的一般表征在于，中国企业不是采取与国际领先的对手"对称"的竞争行为，而是另辟蹊径，基于国际领先的对手不重视或未意识到的行为逻辑，形成一条独特的赶超路径。

本书认为，市场体制的独特性、制度形态的独特性、技术体制的独特性构成了中国企业非对称创新的情境基础。非对称资源和非对称创新行为并不能直接使企业获取竞争优势，企业应将二者嵌入市场体制、制度形态和技术体制三类情境中，把非对称资源转化为优势资源，把非对称创新行为转化为竞争行为，从而形成企业的非对称创新能力（涉及学习机制、组织架构、追赶路径、组织治理和创新生态五个方面的具体行为）。这有助于形成中国独特的创新赶超理论。

第二，从市场体制、制度形态和技术体制三个方面的非对称性角度解构了中国情境的独特性。首先，本书认为规模宏大且不均衡的市场蕴含着重要的低端利基市场，这种市场的存在为企业提供了向高端市场阶梯式晋升的经济基础。我国产业赶超的过程就是从低端到高端的全链条市场打通，这使本土企业具备了适应市场需求多变、消费行为差异化、市场竞争激烈和市场机制不稳定的能力——面对西方先发企业带来的竞争时，中国的后发企业拥有了市场的"天然隔离带"。这种**市场体制**的非对称性为中国企业创新赶超提供了独特情境。其次，中国独特的**制度形态**包含强政府、制度缺位⊖和复杂制度环境等，我国企业由于长期直面这样的环境，具备了应对多变环境的动态创新能力和应对复杂的全球市场的国际化能力。比如，中美贸易摩擦和科技博

⊖ 西方学者用"制度缺位"这一具有一定"歧视意味"（pejorative labeling）的概念来标签化转型经济体的国家制度，并主张这会为企业发展带来很多障碍。参见：BOTHELLO J, NASON R S, SCHNYDER G.Institutional voids and organization studies: towards an epistemological rupture[J].Organization studies, 2019, 40(10):1499-1512。

弈存在多年，我国企业不断创造应对策略（如结合新型举国体制），把自身的关键非对称资源转化为核心竞争优势。最后，**技术体制**方面，我国企业要关注知识产权"独占性体制"缺位和"隔离机制"失效，而这是西方发达经济体的企业目前不需要高强度关注的。作为后发经济体，我国在应对快速技术溢出、集群模仿行为、企业模仿创新上积累了独特智慧，创造性地形成了基于合法性的创新保护体系和激励体系，让后发企业基于弱技术体制形成了技术赶超新模式。

第三，提出了企业非对称创新的五大行为逻辑。首先，非对称创新的核心逻辑是使传统意义上技术优势缺失的企业，通过非对称战略构筑起核心竞争力，而后逐步掌握国际话语权，这就要求中国企业采取特定的组织学习机制。后发企业向海外技术领先者学习是技术赶超的关键路径，而不同的学习方式各有优劣，适当地组合才能更有效地利用中国市场体制、制度形态和技术体制三类独特情境中的非对称资源。其次，由于制度和技术的差异，后发企业在构建全球研发网络的过程中会面临"外来者劣势""新兴者劣势"和"来源国劣势"等多种挑战。因此，后发企业如何设计全球创新网络组织，如何利用全球化机会进行资源配置，对其提升自身技术创新能力有着重要的意义。我国企业在适应制度体制方面，非常善于根据多变环境进行制度安排，创造性地提出全球治理体系来撬动全球创新资源，并实现内部网络和外部网络的高效协同治理。比如，中国后发企业在全球创新赶超的过程中，通过实践社会责任战略、管道并购战略并设计隔离机制，消除外部合法性赤字，应对组织身份不对称带来的挑战等。再次，我国后发企业的内部行为具有极强的适应性，企业通过学习机制设计、组织架构设计、组织治理设计，保障自身从市场边缘走向市场核心，从互补技术走向核心技术掌控者，从产业链环节走向完整产业链。最后，我国后发企业依托市场多元性、数据开放性、制度包容性，在短短20年左右的时间里，把数字生态组织推向了世界舞台，企业创新生态系统和平台创新生态系统已经成为我国产业赶超的新空间。

本书的研究意义有以下四个方面。其一，**从市场体制、制度形态、技术**

体制三个维度解构中国管理情境的独特性，勾画了中国创新情境的独特性，为将其转化为产业技术赶超的非对称性提供了系统逻辑。本书将中国企业在技术赶超过程中面临的中国情境的特殊性系统解构为三个方面：市场体制方面，具体涉及市场规模宏大且发展不均衡，市场高度动荡，制度型市场等；制度形态方面，具体涉及强政府、制度缺位和复杂制度环境等；技术体制方面，具体涉及弱保护制度、合法性创新保护、独占性创新体制、创新溢出机制与技术梯度转移等。进一步，本书系统阐述了中国情境的独特性如何转化为企业的竞争优势，驱动企业创新赶超新模式与赶超新路径的涌现，为中国企业后发赶超提供思路。

其二，从学习机制、组织架构、追赶路径、组织治理和创新生态五个方面解构中国企业创新赶超的行为逻辑，为中国企业创新赶超提供借鉴。本书探究了不同学习方式的优劣和具体学习机制的选择，全球研发网络设计、海外进入模式选择、并购后整合架构设计等组织架构设计方式，从市场边缘到市场核心、从互补技术到核心技术、从产业链环节到完整产业链等赶超路径选择，基于合法性获取和身份不对称的组织治理制度设计，基于创新生态系统的产业生态设计等内容，为中国企业创新赶超的具体行为提供理论洞察和实践启示。

其三，提出以 MIT-LARGE 框架为内核的非对称创新理论，为构建具有中国特色的自主创新道路提供理论指导。中国管理学术界一直未解决的一个核心问题是："没有所谓的核心资源且技术基础较为薄弱的中国企业，到底凭什么能在 30 年左右的时间里实现快速赶超？"本书总体按照"从差异性事实出发建构管理学的中国理论"的逻辑，通过"情境化知识与普适化理论的有机结合"以及总结中国企业的创新管理智慧，提出一个中国式创新的思路——非对称创新理论。该理论以 MIT-LARGE 框架为核心，基于外部情境逻辑（市场体制的非对称性、制度形态的非对称性、技术体制的非对称性），构成以特定实践（学习机制、组织架构、追赶路径、组织治理和创新生态）为内在机制的非对称创新赶超路径。该理论从系统层面提出了后发经济体创新赶超的"中国方案"。

其四，面向新发展阶段和新发展格局，本书从创新驱动发展的微观机制揭示了新发展格局下以国内市场创新链为主体、国际国内创新链协调的新赶超路径。基于 MIT-LARGE 框架，本书提出以制度型市场、国家战略科技力量为制度优势，以数字创新生态系统、差序市场为市场优势，以多种所有制创新主体相互协同为技术优势，进一步探寻"产业链－供应链－创新链"三链合一的组织创新战略新路径，以数字产业化和产业数字化为突破，为我国企业和产业提供技术跨越和赛道超越相结合的创新赶超新路径。

本书的理论贡献具体有以下四点。**第一，提出了非对称创新的概念和理论框架，贡献于中国式创新赶超的理论化相关文献。**面临市场和技术双重劣势的后发企业，在中国独特的市场、制度和技术情境中，怎么打破"赶超—落后—再赶超"的"后来者诅咒"(curse to the latecomer) 来成功实现赶超？在中美贸易摩擦愈演愈烈的背景下，中国企业如何发挥自身优势，在关键领域中、在"卡脖子"技术上重点突破？中国企业可以通过什么内在逻辑来解决制度转型、市场多元、能力低弱情境下的全球化赶超难题？这些问题背后的学术问题在于"没有所谓的核心资源的中国企业，到底凭什么逐步实现创新赶超？"。本书在凝练改革开放以来中国企业创新赶超实践的基础上，提出了基于 MIT-LARGE 框架的非对称创新理论，构建了非对称创新的基本内涵和核心理论逻辑，并具体提出了基于技术体制的后发企业技术赶超路径理论、来源国劣势与后发企业全球创新网络构建理论、制度独特性与后发企业创新发展模式理论，试图为构建具有中国特色的创新理论做出贡献。

第二，剖析了中国情境在市场体制、制度形态和技术体制三个方面的独特性，贡献于中国管理理论相关文献。学术界近年来持续呼吁中国管理理论的提出，本书对中国管理理论的贡献反映在四个方面。首先，本书首次提出"制度型市场"的概念，并探索其作用于后发企业创新赶超的机制和边界条件，贡献于后发企业赶超的文献。其次，本书提出了知识产权保护体制在传统集群情境、服务业情境、平台生态系统情境下的合法性治理机制，贡献于知识产权保护理论及其对中国后发企业创新赶超影响的研究。再次，本书提出了超大规模、多梯度市场对后发企业创新赶超的作用机理，为从市场体制角度理解中国企业创新行为的独特性提供借鉴。最后，本书系统解构了中国制度环境的独特性，为探究"新型举国体制"下中国企业的创新行为提供参考。

第三，探究了中国企业在学习机制、组织架构、追赶路径、组织治理和创新生态等方面的独特行为策略，贡献于后发企业创新赶超理论。现有后发企业赶超的核心理论多依托于韩国、新加坡等国家的企业技术赶超实践，它们为理解中国企业创新赶超行为提供了许多借鉴，但不能完全解释中国企业的实践，这在近期有关中国后发企业赶超的文献中多有体现。本书详细剖析了中国企业在学习机制、组织架构、追赶路径、组织治理和创新生态等方面的独特行为策略，为构建中国后发企业创新赶超理论提供了新思路。

第四，探索了新发展阶段、新发展格局下的创新全球化战略新模式，贡献于创新生态系统理论。在百年未有之大变局下，为应对西方对中国的技术封锁，本书提出了基于以国内大循环为主体、国内国际双循环相互促进的新发展格局的创新赶超路径，把 MIT-LARGE 框架应用于创新生态系统重构与模式探索，围绕制度型市场、国家战略科技力量等制度优势，结合国内大市场及其差序格局，探寻了"产业链-供应链-创新链"三链合一的技术跨越和赛道超越相结合的产业赶超路径。

本书还具有重要的应用价值。第一，为中国企业通过非对称创新"走出去""走进去"和"走上去"，最终实现非对称赶超，提供了路线图。后发经济体的企业在国际化过程中一直都面临市场和技术双重劣势的窘境，本书针对两种后发劣势长期积累的特点，阐述了打破"后来者诅咒"的中国实践经验。本书特别聚焦长期存在的"用市场换技术"没有取得预想成效的现状，提出了制度型市场的概念和相关模型，为我国企业打破"引进—落后—再引进—再落后"的赶超怪圈提供了钥匙。本书剖析了中国独特的环境情境，给出了具体的企业非对称创新行为。概括地说，本书对企业层面的应用价值是，为企业"走出去""走进去"和"走上去"提供了具体的路线图。特别要说明的是，万向集团、吉利集团应用本书的理论指导，实现了快速创新赶超，二者均因技术创新管理体系获得了国家科技进步奖二等奖。

第二，为相关政府部门制定和完善企业创新激励政策、赋能企业非对称创新提供了制度性建议。 首先，本书提出的制度型市场概念，可以为中央和地方政府科技政策的制定提供参考，尤其是对社会发展、民生改善、基础设施建设等领域的科技进步提供了有针对性的建议。其次，本书提出了基于合法性的知识产权保护机制，为产业集群和块状经济创新发展提供了创新激励政策建议，也为区域创新体系建设提供了理论依据。再次，本书剖析了知识产权保护制度、政府补贴、超大规模市场等对后发企业非对称创新的重要作用和边界条件，可以为相关政府部门制定相关区域和产业政策提供思路。最后，本书提出了企业在非对称创新的过程中应如何制定学习机制、组织架构、追赶路径、组织治理和创新生态等方面的策略，可以为企业战略制定和产业规划编制提供参考。

本书的研究和出版受到国家自然科学基金重大项目（编号：72091312）"创新驱动下平台企业主导的创业生态系统研究"和国家自然科学基金重点项目（编号：72334005）"数字基础观的技术创新机制、路径与政策"资助。

第2篇　情境逻辑：MIT模型

第3章　市场体制的非对称性

第4章　制度形态的非对称性

第1篇

▲

总　　论

——

中国企业创新追赶

　　我在 2012 年主持国家自然科学基金重点项目"'互联网＋'嵌入企业协同创新生态系统研究：新范式与创新行为"时，提出这样一个问题：我们现在的创新管理理论的出发点和前提是西方的创新理论，我们这个地球上起码有 100 多个国家和地区在用西方的创新理论指导创新实践，那么，为什么中国的企业能够走到世界舞台的中央，而南美、东南亚、非洲国家的企业不行？再者，同一个国家或地区内部的企业，为什么有的能够实现创新追赶，而绝大部分不行？这两个似乎很直白的问题，引发我去探究中国企业技术赶超的智慧。

　　可能很多理论可以解析这种智慧，比如，从模仿到创新、颠覆式创新、破坏式创新、二次创新等。但我在看这些理论时发现，学者提出这些理论并不是基于后发经济体的企业，而是基于发达经济体的企业——这些理论并不完全涉及后发经济体的独特性。于是，我决定回到独特情境的层面来寻找答案——什么是中国独特的创新追赶情境？这些情境是如何作用于企业技术赶超的？进一步思考，如果我们找到了中国企业全球创新追赶的智慧，那这样的理论在百年未有之大变局下是否仍然有效？带着这样的问题，过去 10 多年，我一直在做探索，希望能够为我们建设创新型国家，实现高水平科技自立自强做些贡献。

1.1 新兴经济体企业创新战略概述

近年来，创新管理研究取得了显著进展，⊖相应地，对新兴经济体企业战略管理的研究也有了迅猛发展，⊜将创新管理与战略管理相结合来研究新兴经济体企业的发展也引起学者越来越多的关注⊜。我们对近 30 年涉及新兴经济体企业创新的英文论文进行检索，简要梳理出现有新兴经济体企业创新管理领域涌现的"一个争论"与"四个视角"（见图 1-1）。

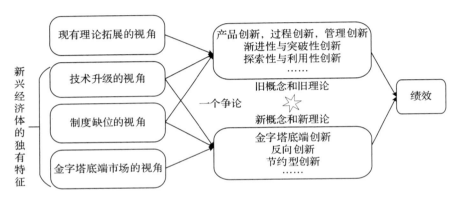

图 1-1　新兴经济体企业创新研究总体框架

一个争论：是否需要新概念和新理论来揭示新兴经济体企业的技术赶超？ 自 Kim 与 Utterback 提出"在发达国家构建和发展的组织与管理理

⊖ ANDERSON N, POTOČNIK K, ZHOU J. Innovation and creativity in organizations: a state-of-the-science review, prospective commentary, and guiding framework[J]. Journal of management, 2014, 40(5): 1297-1333.

⊜ LIU W, HEUGENS P P, WIJEN F,et al. Chinese management studies: a matched-samples meta-analysis and focused review of indigenous theories[J].Journal of management, 2022, In press.
XU D, MEYER K E.Linking theory and context: 'strategy research in emerging economies' after Wright et al. (2005)[J]. Journal of management studies, 2013, 50(7): 1322–1346.

⊜ SUBRAMANIAM M, ERNST H, DUBIEL A.From the special issue editors: innovations for and from emerging markets[J]. Journal of product innovation management, 2015, 32(1): 5-11.

论是否适用于发展中国家?"这一问题以来,⊖许多研究学者在新兴经济体背景下检验现有理论,试图发现并拓展这些理论的适用边界。例如,Li 和 Atuahene-Gima 发现,与发达经济体的小企业相似,执行产品创新战略的中国新创企业在动荡环境中更加成功,同时发现了一些不一致的结论。⊜Zhao 等人在新兴经济体背景下检验了资源基础观视角下的新产品开发过程。⊜Shinkle 和 McCann 提出,对新兴经济体企业而言,创新活动往往是基于模仿的,制度水平、资源条件、竞争程度对这些"基于模仿的企业"的正向影响效应,在转型经济背景下被削弱了。⑳

　　另外一个流派强调新兴经济体与发达经济体情境的差异性,认为创新行为也有很大的区别。首先,新兴经济体往往缺乏完好定义的正式制度环境和相对稳定的政策,使得身处其中的企业的创新存在较多的机会主义行为。例如,缺乏完好定义的知识产权制度将显著影响从创新中获利的过程。⑤其次,新兴经济体企业往往缺乏关键技术资源(如世界领先的技术),⊗致使技术升级变得异常重要但困难。最后,新兴经济体中存在大量对价格敏感的低收入群体(金字塔底端(BOP)市场),他们的可负担性会显著影响企业的创新活动。基于以上三个方面的特征,特别是金字塔底端市场的

⊖　KIM L, UTTERBACK J M. The evolution of organizational structure and technology in a developing country[J]. Management science, 1983, 29(10): 1185-1197.

⊖　LI H, ATUAHENE-GIMA K.Product innovation strategy and the performance of new technology ventures in China[J]. Academy of management journal, 2001, 44(6): 1123-1134.

⊜　ZHAO Y L, LIBAERS D, SONG M. First product success: a mediated moderating model of resources, founding team startup experience, and product-positioning strategy[J]. Journal of product innovation management, 2015, 32(3): 441-458.

⑳　SHINKLE G A, MCCANN B T. New product deployment: the moderating influence of economic institutional context[J]. Strategic management journal, 2013, 35(7): 1090-1101.

⑤　LAMIN A, RAMOS M A.R&D investment dynamics in agglomerations under weak appropriability regimes: evidence from Indian R&D labs[J]. Strategic management journal, 2016, 37(3): 604-621.

⊗　ERNST H, KAHLE H N, DUBIEL A, et al. The antecedents and consequences of affordable value innovations for emerging markets[J]. Journal of product innovation management, 2015, 32(1): 45-66.

特征，这一流派的文献认为现有基于发达经济体的创新概念和理论可能不能解释新兴经济体企业的创新行为，提出了一系列新概念并试图构建对应的理论。例如，Zeschky 等综述了节约式创新、成本性创新、反向创新等相关概念的研究进展。[○]基于上述"是否需要新概念和新理论？"的争论，现有新兴经济体企业创新研究的文献可分为四个主要视角。

视角一：现有理论拓展的视角。这一研究流派主要基于发达经济体企业构建创新理论，以新兴经济体企业为样本进行理论拓展和理论检验，是现有文献的主要流派。例如，Zhang 和 Li 基于创新搜索理论提出与服务中介机构的连带对于新创企业创新的影响机制，并用中国技术集群的样本进行检验。[○]类似地，Zhou 等基于制度理论和代理理论的整合，采用中国工业企业调查数据和中国上市公司数据，详细检验了国有所有权对企业创新投入和产出的影响。[○]

视角二：技术升级的视角。基于前面提及的新兴经济体企业往往缺乏世界领先的技术等关键技术资源，技术升级和实现创新追赶对新兴经济体企业而言至关重要且有独特意义。例如，Radosevic 和 Yoruk 详细阐述了技术升级相关的文献，试图构建一种多层次、多维度的技术升级理论。[○]这一流派的文献大都从"创新追赶"角度切入，探究促使技术能力不断累积的各种因素（涉及制度、市场、组织等）。

视角三：制度缺位的视角。基于新兴经济体存在部分制度缺位、制度

○ ZESCHKY M B, WINTERHALTER S, GASSMANN O. From cost to frugal and reverse innovation: mapping the field and implications for global competitiveness[J]. Research-Technology Management, 2014,57(4):20-27.

○ ZHANG Y, LI H. Innovation search of new ventures in a technology cluster: the role of ties with service intermediaries[J]. Strategic management journal, 2010, 31(1): 88-109.

○ ZHOU K Z, GAO G Y, ZHAO H. State ownership and firm innovation in china: an integrated view of institutional and efficiency logics[J]. Administrative science quarterly, 2017, 62(2): 375-404.

○ RADOSEVIC R, YORUK E. Why do we need a theory and metrics of technology upgrading[J]. Asian journal of technology innovation, 2016, 24(sup1): 8-32.

不稳定等特征,部分学者试图探究这种情境下的新兴经济体企业的创新行为。例如,Lamin 和 Ramos 以 2003 ~ 2010 年印度 3475 个研发实验室的投资决策为样本,试图去解构弱独占性体制(appropriability regimes)下研发投资的动态性和搭便车行为。[一]

视角四:金字塔底端市场的视角。 基于新兴经济体存在大量对价格敏感的低收入群体,这一流派的文献提出了节约式创新、反向创新、金字塔底端创新、可负担价值创新等概念。这些概念刻画了一定的新现象和新行为,但是内涵较为混乱,缺乏测量量表等,这使这一流派的研究十分分散。[二]

总之,通过对新兴经济体企业创新研究文献中"一个争论"与"四个视角"的简要梳理,我们发现:第一,新兴经济体企业与发达经济体企业的创新行为既有相似又有不同,这受到新兴经济体企业独有特征的影响;第二,新兴经济体的独有特征可以主要从技术、制度和市场三个方面刻画,这三个方面的特征将会显著影响企业的创新行为。

1.2　中国企业追赶历程的理论探索

回顾改革开放以来中国经济取得的世界瞩目的成就,企业创新在其中扮演了极为重要的角色。中国企业作为全球市场的后来者,凭借中国市场体制、制度形态(包括文化)和技术体制三个方面的独特情境,创造出独特的科技创新道路和产业追赶道路,快速实现了产业追赶。部分企业已走到了世界前列,探索出了一条整合全球资源实现技术赶超的具有中国特色

[一]　LAMIN A,RAMOS M A.R&D investment dynamics in agglomerations under weak appropriability regimes: evidence from Indian R&D labs[J]. Strategic management journal, 2016, 37(3): 604-621.

[二]　YING Y, WANG S, LIU Y. Make bricks without straw: eco-innovation for resource-constrained firms in emerging markets[J]. Technovation, 2022, 102517.

的新道路。[⊖]

第一阶段，企业模仿创新，探索中国企业核心竞争力的来源与其构建过程。改革开放初期，中国企业凭借自身成本和劳动力优势，以合资企业或 OEM 代工的形式，将基础制造业务融入国际价值链体系。在这一阶段，中国企业对知识和技术的学习主要表现出以技术引进为基础的国际化学习的特征，即通过产品出口并伴随产品生产线引进的方式，学习海外先进的技术经验。这种"出口导向－技术引进"型学习模式虽然帮助中国的后发企业积累了必要的知识基础，但由于创新动力弱化、对国外技术依赖、低端锁定、对创新管理内外部条件管控不足等弊端暴露，企业陷入"引进—落后—再引进—再落后"的恶性循环。针对这一困境，学界开始反思"中国企业究竟如何构建核心竞争力？"这一根本问题，并尝试探索中国企业核心竞争力的来源与其构建过程。

当时，国际主流研究认为企业核心能力是企业竞争优势的重要来源，[⊖]而技术能力是企业核心能力的关键组成部分。基于这一观点，中国学者从知识基础观和能力基础观等视角出发，探索企业技术能力的提升过程、机制与路径。[⊜]例如，基于知识基础观，魏江从知识学习和积累、知识扩散与激活等方面探究了中国企业技术能力的提升过程，从内部知识网络的构建、知识的交叉和重构等角度提出了企业知识的扩展路径。[⊗]魏江和葛朝阳提出了基于纵向时间维度的"平台－台阶"型技术创新能力演化过程和模式，并从技术监测能力、消化吸收能力和技术创新能力三个层面提出了中国企业技术能力的提升路径。[⊕]

⊖　魏江,王丁,刘洋.非对称创新:中国企业的创新追赶之路 [J].管理学季刊，2020，5(2): 46-59.

⊖　PRAHALAD C, HAMEL G. The core competence of corporation[J]. Harvard business review, 1990, 69(5): 275-292.

⊜　魏江.企业技术能力论:技术创新的一个新视角 [M].北京:科学出版社，2002.魏江.知识学习与企业技术能力增长 [M].北京:科学出版社，2006.

⊗　魏江.知识特征和企业知识管理 [J].科研管理，2000(3): 6-10.

⊕　魏江,葛朝阳.组织技术能力增长轨迹研究 [J].科学学研究，2001(2): 69-75.

　　第二阶段,企业国际化,剖析研发国际化情境下的中国企业创新追赶理论。 2001 年中国加入 WTO 后,企业国际化进程持续深入,开始全面融入全球创新网络,整合全球科技资源。在这一阶段,随着全球产业分工的纵深发展和战略性新兴产业的快速迭代,中国企业只依靠原有的创新战略,通过溢出机制去获取核心技术的难度日益加大。面对全球产业呈现网络国际化、生产体系化、产业集群化、区域经济集团化的格局,中国企业必须创新研发组织,建立设计制造与服务协同、组织内和组织间协同、本土与全球协同的动态研发网络。总体上,在这一阶段,大多数企业仍处于从技术学习到能力追赶的过程中,普遍面临核心技术受制于人、企业全球研发网络布局不合理、研发网络治理缺乏有效机制、研发网络中的人才整合困难等挑战。由此,"中国企业的全球化能力结构如何形成和演进?""企业创新能力跃迁与创新组织模式如何共演?""作为后来者,如何去治理高度不确定的全球创新活动?"等一系列问题都亟待得到答案。

　　为了回答上述问题,学界综合网络治理理论、组织学习理论、吸收能力理论和架构理论等视角,聚焦于案例研究,深入剖析了银轮、海尔、海康威视、吉利、万向等企业成功的创新追赶实践,试图归纳出中国企业创新全球化的内在逻辑规律。具体来讲,在全球创新网络布局上,探索并提出了中国后发企业基于地理边界、组织边界、知识边界进行研发网络构建,并实现技术赶超的过程与机制。⊖在全球创新能力结构上,构建了转型经济背景下,中国企业所面临的环境、企业战略、组织过程和能力追赶的共演模型。⊜此外,揭示了企业研发网络分散化与收敛化的过程中,组织学习顺序与研发网络结构的动态匹配关系。⊜在全球创新网络治理上,系统解构了

⊖ 刘洋,魏江,江诗松.后发企业如何进行创新追赶?——研发网络边界拓展的视角 [J]. 管理世界,2013(3): 96-110.

⊜ 江诗松,龚丽敏,魏江.转型经济背景下后发企业的能力追赶:一个共演模型——以吉利集团为例 [J]. 管理世界,2011(4): 122-137.

⊜ 魏江,黄学,刘洋.基于组织模块化与技术模块化"同构/异构"协同的跨边界研发网络架构 [J]. 中国工业经济,2014(4): 148-160.

组织模块化和技术模块化之间同构与异构的协同方式，建立了基于组织模块化和技术模块化协同的跨边界研发网络架构，并探索了跨边界网络架构的协同运作机制和设计规则。[⊖]综合上述研究，我们系统地提出了"网络形态 – 能力结构 – 组织演化 – 治理方式"四位一体的创新全球化的内在逻辑。

第三阶段，创新全球赶超，聚焦中国情境的特征探索中国企业的非对称创新路径。关注中国企业从技术跟随到技术赶超的实践，有一个根本性的问题一直困扰着学界：创新缺乏核心技术、知名品牌等战略性资产的中国企业，[⊜]到底凭什么逐步实现技术赶超？按以资源基础观为核心的战略管理逻辑，竞争优势的来源是有价值的、稀缺的、不可模仿的、不可替代的资源，[⊜]但这一直是中国企业所欠缺的。[⊛]基于韩国、新加坡等国的企业的技术赶超过程提出的理论，[⊛]为中国企业的技术赶超提供了借鉴，但似乎不能完全解释中国企业的创新追赶实践。这是因为中国转型经济体的情境与韩国、新加坡等国新兴工业化国家的情境存在明显差异，[⊗]而中国创新追赶情境的独特性，必然导致中国企业技术赶超的起点、过程和路径具有独特性。

⊖ 魏江，黄学.后发企业全球研发系统架构的设计规则——基于多案例比较的研发"走出去"过程研究 [J].科学学研究，2014，32(11): 1668-1678.

⊜ LUO Y, TUNG R L. International expansion of emerging market enterprises: a springboard perspective[J]. Journal of international business studies, 2007, 38(4): 481-498.

⊜ BARNEY J. Firm resources and sustained competitive advantage[J]. Journal of management, 1991, 17(1): 99-120.

⊛ LUO Y.The cultural relevance of the composition-based view[J].Asia Pacific journal of management, 2019, 38(3): 815-824.
LUO Y, CHILD J. A composition-based view of firm growth[J]. Management and organization review, 2015, 11(3): 379-411.
DENG P, LIU Y, GALLAGHER V C, et al. International strategies of emerging market multinationals: a dynamic capabilities perspective[J]. Journal of management & organization, 2020, 26(4): 408-425.

⊛ KIM L. Imitation to innovation: the dynamics of Korea's technological learning[M]. Boston: Harvard Business Press, 1997.

⊗ 江诗松，龚丽敏，魏江.转型经济背景下后发企业的能力追赶：一个共演模型——以吉利集团为例 [J].管理世界，2011(4): 122-137.

例如，Kim 提出的强政府干预下的"引进 – 消化 – 改进"观点[⊖]在中国企业创新追赶的早期被广泛采纳，但这一过程依赖统一且强有力的产业政策、外资引入、本国狭窄的知识基础和极端专业化，[⊜]而中国的快速变革、具有地区差异的复杂制度环境、巨大的本土市场和逐步形成的多样化且专业化的产业基础，让中国走出了一条不一样的追赶道路。

从这个阶段尚没有完成的 2018 年起，整个国际格局发生了根本性变化。百年未有之大变局下，中国企业"走出去"，更需要有大智慧。当下，我国企业去发达经济体投资遇到越来越多的制度和环境"不对称"的情形。发达经济体普遍以"异样眼光"看待中国企业，这种眼光被称为"刻板印象"——认为中国企业抢了它们自己企业的生意，拿走了它们的技术。它们会给中国企业投资制造障碍，有的国家和地区甚至排斥中国企业去投资，比如，不单单是美国，日本、韩国以及东欧等国也是如此，甚至更加严重。正是因为这种深度"不对称"关系的存在，导致我国企业"走出去"要面临比西方企业更大的困难，要克服这些困难，就需要企业和企业家具有更大的智慧。其实，这方面中国企业已经积累了不少经验，这里举两个例子。

例子一：宁波均胜电子收购德国普瑞（Preh）。2011 年，宁波均胜电子全资收购德国汽车电子领先企业 Preh，并派出公司高管赴德国管理 Preh。为了处理好并购后双方的整合问题，均胜电子不但全部聘用德国的工程师和管理层人员，还策略性地安排 Preh 来到宁波投资，在宁波成立普瑞均胜，向均胜电子传授技术、生产和专利等方面的知识。这有利于绕开具有国别属性的技术与专利限制，更重要的是，此举向 Preh 的员工证明了，均胜电子是讲信誉的，是保护 Preh 的利益的。在管理团队整合方面，均胜电子特别安排 Preh 的副总裁兼首席技术官担任普瑞均胜的总经理。Preh

---

⊖ KIM L .Imitation to innovation: The dynamics of Korea's technological learning[M]. Boston: Harvard Business Press, 1997.

⊜ ERNST D. Catching-up crisis and industrial upgrading: evolutionary aspects of technological learning in Korea's electronics industry[J]. Asia Pacific journal of management, 1998, 15(2): 247-283.

之所以愿意与中国企业合作，是因为中国拥有汽车电子行业的巨大市场空间，可以支持 Preh 的技术迭代升级。⊖这一例子涉及跨国企业的治理结构、企业合法性、组织跨国学习等一系列问题，背后的战略和策略问题非常值得研究，如海外子公司的本土化（localized）发展和母公司的跨国本土化（globalized）之间的平衡问题，后发经济体去发达经济体投资的子公司合法性和母公司跨国合法性之间的平衡问题，等等。

　　例子二：吉利收购瑞典沃尔沃。吉利收购沃尔沃可谓是后发经济体企业全资收购全球著名企业的经典案例。这个案例大家都比较熟悉，这里仅仅描述收购后吉利是如何"艺术化"地解决并购双方的技术整合问题的。吉利为了解决沃尔沃的专利国别限制问题，并没有通过母子公司之间的技术转让、人才流动、技术学习来获得沃尔沃的专利，而是遵从沃尔沃的文化，把"母子公司"作为"兄弟公司"来管理，采取隔离机制（isolated mechanism）来消除沃尔沃员工的合法性偏见。然后，吉利在沃尔沃位于瑞典的公司总部附近设立了全资的吉利研究院，吉利研究院按照"另起炉灶"原则组织研发人员自主开发技术体系，并在我国香港地区建立了新车型的专利体系，按照市场交易规则，向沃尔沃、吉利或者其他企业进行技术授权，由此绕开了专利所有权和技术标准归属权冲突的问题，并取得了沃尔沃全体员工的信任。特别地，在发展过程中，沃尔沃认识到吉利是全心全意帮助自己发展中国市场的，让濒临破产的企业走上了健康发展的通路，这让并购双方实现了更加高效的整合。这个例子展现了作为后发经济体企业，吉利为了解决国际化背后的合法性缺失和技术劣势，创新出发达经济体企业所没有想到的跨国治理模式。这背后涉及具有来源国劣势、技术劣势和后来者劣势的企业如何有效治理跨国企业的战略问题，还涉及跨国企业在东道国总部如何选址、跨国企业如何合法地学习东道国企业先进技术的策略问题。

　　⊖　截至 2023 年底，中国新能源汽车产销量占全球比重超过 60%，连续 9 年位居世界第一（新华社：《我国新能源汽车产销量连续 9 年位居世界第一》）。

　　企业实践领先于管理理论，需要我们去深入研究。以上两个例子启发我们，在百年未有之大变局下，中国企业更加需要基于自己的市场、制度和技术等的独特情境，创造性地开展"非对称创新"。这里的"非对称"是相对于发达经济体的理论和实践而言的——中国企业未能享有发达经济体企业跨国投资的合法性优势，此外，它们需要面对来源国劣势、外来者劣势、后来者劣势等，因此它们需要"非对称思维"。我在调研企业海外投资的问题和对策时，深切体会到中国民营企业和企业家在探索国际化时经历的艰辛，也深刻地感受到需要建立与传统国际商务理论非对称的理论来解释中国企业的国际化发展。

　　基于对中国企业全球化追赶过程实践的系统梳理，我们认为，中国企业的全球技术赶超过程不但面临国内产业基础薄弱、区域创新发展不平衡、多种所有制并存、高度开放与封闭并存等复杂情境，还面临与发达经济体之间长期持续存在的不对称竞争环境的影响。未来，中国与发达经济体之间的巨大差异的制度竞争、高度差异的价值观竞争、截然不同的意识形态差异，必然要求中国企业更多地从制度、规则、管理、文化和标准等方面出发，探索未来的创新赶超道路。这也是本书的核心出发点。本书将中国企业在技术赶超过程中面临的情境特殊性系统解构为市场体制、制度形态、技术体制，进而提出了中国企业的创新赶超模式与赶超路径，建构了具有中国企业智慧的非对称创新理论。⊖下章将详细介绍我们提出的非对称创新理论逻辑框架。

⊖　WEI J, WANG D, LIU Y. Towards an asymmetry-based view of Chinese firms' technological catch-up[J]. Frontiers of business research in China, 2018, 12(1): 1-13.

魏江，刘洋. 中国企业的非对称创新战略 [J]. 清华管理评论，2017(10)：20-26.

魏江，刘洋，黄学，等. 非对称创新战略：中国企业的跨越（理论辑）[M]. 北京：科学出版社，2017.

第 2 章 ▶ CHAPTER 2

非对称创新理论逻辑框架

要回答清楚中国企业快速实现创新追赶的根本原因，我们认为必须从中国企业所处环境的独特情境去寻找答案，为此，本章聚焦于阐述非对称创新理论的基本逻辑与企业追赶的实践策略。

2.1 非对称创新概念界定

2.1.1 管理学中的"非对称"

"非对称"在物理学意义上指图形或物体对某一点或直线在内容、大小、形状和排列上表现出的差异性。后来，"非对称"这个概念用于经济学、管理学领域，最具代表性的是"非对称信息"（asymmetric information，包括非对称时间、非对称内容等），它指某些参与者拥有但另一些参与者不拥有的信息。

要判断事物之间是否对称，从物理学意义上说，需要有一个中间镜像（对称轴）。但在经济学、管理学场景中，往往不存在某个客观镜像，而是存在大家公认的一种观照，比如，一种被普遍接受的自然状态，以惯例和规则为形式而存在的文化传统、价值判断等。如果实际出现的事物或行为与公认观照不一致，就存在"非对称性"。以军事领域为例，我把常被提及的"非对称战术"概括为四种类型，"相生相克""各打各的""迂回战术"

和"死缠烂打"。所谓"相生相克"就是兵来将挡,水来土掩,以己之长击他之短。比如,你生产航母,我制造导弹;你生产卫星,我制造干扰雷达;你生产芯片,我控制稀土等。所谓"各打各的"就是你打你的,我打我的,各自扬己之所长,独辟蹊径攻击对方,不被对方的战术干扰。比如,你做塞班系统,我做安卓系统;你做 GPS,我做北斗系统。所谓"迂回战术"就是明修栈道,暗度陈仓。比如,华为的产品国际化走"农村包围城市"的道路,先盯周边市场,再攻主体市场。这是后发经济体企业最常见的非对称战术。所谓"死缠烂打"就是想法困住对手的手脚,使其难施拳脚,就像拳击比赛中你猛击,我死缠——你要脱钩,我就用市场需求来绑住供应链。

从管理学视角建构"非对称性"存在已久。我们查阅了 *Academy of Management Journal, Strategic Management Journal, Administrative Science Quarterly, Journal of International Business Studies, Organization Science, Research Policy* 等管理学重要期刊在过去 20 年出现了"非对称""非对称性""不对称"等词的文章共 859 篇,通读上下文并了解内涵后,选出了 58 篇文章,发现非对称观点(asymmetry-based view)在战略管理、国际商务等宏观层面主要出现在资源和能力两个方面。非对称资源被描述为特定企业拥有的其他企业难以模仿的要素,虽然相关差异本身可能并不必然存在价值,如团队组成、项目、过程、资产、知识或产品等独特的难以被其他组织模仿的要素(Mille, 2003)。非对称创新能力则被描述为企业在一般甚至劣势的资源地位上隐藏的潜力被发挥出来而使企业获得竞争优势(Miller, 2003; Madhok and Keyhani, 2012)。

2.1.2 非对称创新概念

要定义"非对称创新",先要界定两个前提概念:"非对称资源"和"非对称创新能力"。非对称资源特指与发达经济体企业相比,后发经济体企业所拥有的稀缺和差异化的资源，而这些资源在发达经济体企业来看不是核心竞争优势的来源。[一]这一概念来自 Miller（2003），其原意是指企业的竞争对手不会或难以用可承受的经济成本进行复制的技能、过程或资产。我们运用非对称资源这一概念，突出非对称资源的核心内涵在于独特性和不可模仿性，以及由此带来的潜在优势。[二]同时，这类具有独特性但暂时可能还不是核心竞争优势来源的资源植根于中国独特的市场、制度和技术情境。中国企业正是通过重组那些蕴含于所谓的制度缺位中的非对称资源，形成了于全球竞争的独特核心能力。比如，四川电信逐步形成了供应链双元金融模型来弥补融资制度的不完善，并最终使之演变成了竞争优势。[三]

非对称创新能力则特指相较于发达经济体企业，后发经济体企业依赖于所处的情境，以特定实践将非对称资源嵌入组织流程，转化为有价值的资源过程和组织惯例的能力。[四]

我们用一个较为宽泛的视角，把非对称创新定义为后发经济体企业通过识别和重新定义非对称资源，运用非对称创新能力，逐步获取竞争优势，实现创新追赶的过程、机制和战略。[五]需要指出的是：一方面，非对称创新中的"非对称"指代识别独特但无价值的非对称资源并将之转化为独特且有价值的"对称资源"的过程；另一方面，非对称创新更一般地表征中国企业另辟蹊径，从国际领先的竞争对手不重视的要素出发，逐步形成优势，

[一]　MILLER D. An asymmetry-based view of advantage: towards an attainable sustainability[J]. Strategic management journal, 2003, 24(10): 961-976.

[二]　MADHOK A, KEYHANI M. Acquisitions as entrepreneurship: asymmetries, opportunities, and the internationalization of multinationals from emerging economies[J]. Global strategy journal, 2012, 2(1): 26-40.

[三]　AMANKWAH-AMOAH J, CHEN X, WANG X, et al.Overcoming institutional voids as a pathway to becoming ambidextrous: the case of China's Sichuan Telecom[J].Long range planning, 2019, 52(4): 101-871.

[四]　WEI J, WANG D, LIU Y. Towards an asymmetry-based view of Chinese firms' technological catch-up[J]. Frontiers of business research in China, 2018, 12(1): 1-13.

[五]　魏江，王丁，刘洋. 非对称创新：中国企业的创新追赶之路 [J]. 管理学季刊，2020，5(2): 46-59.

而不是与国际领先的竞争对手按照它们所主导的范式进行"对称竞争"。

例如，Williamson 总结海尔等企业的竞争优势在于成本性创新：以低价格方式开发高技术、多样化和定制化的产品，并把原本定位于细分市场的产品重新定位于大众市场，带来"物超所值"（value-for-money）的革命。⊖ 这种创新战略跳出了国际市场上的主流"游戏规则"，而这一另辟蹊径的举动得以实现的根本原因，一是本土市场的规模足够大，其"细分市场"的规模可能比某些发达经济体的"大众市场"的规模都大；二是本土市场上高度专业化的制造体系让低成本实现多样化和定制化的产品制造成为可能。海尔等企业正是通过撬动蕴含于中国独特情境中的非对称资源并将之转化为竞争优势这一非对称创新战略逐步实现了赶超。

基于上述定义，要将情境、资源、能力、行为统一起来去理解非对称创新——正是因为发达经济体和新兴经济体之间存在情境的巨大差异，非对称创新才能具有强大的生命力。由此，本章从情境逻辑和行为逻辑提出非对称创新理论的核心内容。关于外部情境逻辑，即中国市场体制的独特性、制度形态的独特性、技术体制的独特性（MIT 模型），这三者是中国企业非对称资源和非对称创新能力形成的重要来源，构成了企业非对称创新追赶的基础。这一部分是我们前期探索的重点，接下来将详细阐述中国独特的 MIT 模型如何为中国企业提供非对称资源基础（见图 2-1）。

⊖ WILLIAMSON P J. Cost innovation: preparing for a 'value-for-money' revolution[J]. Long range planning, 2010, 43(2-3): 343-353.

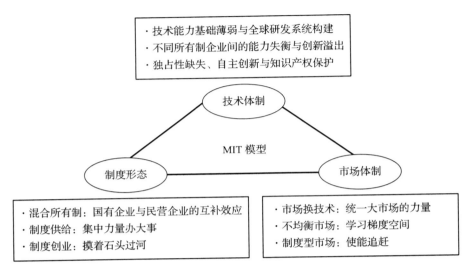

图 2-1　MIT 模型

2.2　情境逻辑：MIT 模型

2.2.1　中国市场体制的独特性

中国独特的市场特征，具体包括市场规模宏大且发展不均衡，市场高度动荡等。在市场规模上，根据世界经济论坛发布的《全球竞争力报告》[○]，约14亿人口组成了世界上最大的市场，规模指标持续位列世界首位。但同时，中国市场的另一个重要特征是发展不均衡。发展不均衡具体表现在区域间和区域内部市场成熟度、消费者需求和购买力的巨大差异，例如东西部、城乡之间的市场差异。规模宏大且发展不均衡的市场蕴含的重要的非对称资源是未被满足的低端利基市场以及从低端到高端的阶梯式全链条市场。一方面，这种市场的不均衡特征将规模宏大的市场天然分隔为多个利

○　资料来源：世界经济论坛官方网站。

基市场，处于低端的利基市场往往为在位企业所忽视。[⊖]事实上，2023 年中国乡村人口仍然占比 34% 左右，[⊜]这一规模宏大的中低端市场往往不是国际领先企业的重心所在，这就为缺乏核心资源的中国企业提供了生存和试错的空间。另一方面，从低端到高端的阶梯式全链条市场的存在，为中国企业逐步试错和学习提升能力提供了足够的市场空间。[⊜]把蕴含于规模宏大且发展不均衡的市场中的非对称资源转化为竞争优势的常见路径是以低成本、节约式创新满足低端市场的需求，再通过自下而上的颠覆式创新逐步积累能力，实现对国际领先对手的赶超。

此外，**转型经济背景下的市场特征被刻画为具有高度动荡性，具体表现在市场需求多变、消费行为差异化程度高、市场竞争激烈和市场机制不稳定等**。市场的高度动荡性一直被认为是企业的"负债"而不是"优势来源"，但换个角度看，其存在亦为中国企业获取非对称资源提供了可能。多变的市场需求、差异化的消费行为、激烈的市场竞争和不稳定的市场机制等特征交织在一起，形成了中国市场的"天然隔离带"：所有企业要想赢得竞争必须深入理解中国的市场特征。例如，联合利华（中国）总经理提及："我们必须对中国的所有统计数据进行'解构'。如果我们试图向全国的消费者销售同一种产品，我们注定会失败。"[⊛]中国企业基于对本土市场的天然和深入的理解，能够把蕴含于高度动荡的市场中的非对称资源转化为竞争优势。

2.2.2　中国制度形态的独特性

中国独特的制度形态包含强政府、制度缺位和复杂制度环境等，这些

⊖ CHRISTENSEN C M, BOWER J L. Customer power, strategic investment, and the failure of leading firms[J]. Strategic management journal, 1996, 17(3): 197-218.

⊜ 国家统计局：《中华人民共和国 2023 年国民经济和社会发展统计公报》。

⊜ 郭斌. 独有优势造就中国企业长达 40 年的快速成长 [J]. 经理人，2018(9): 52-57.

⊛ CHANG S J, PARK S H. Winning strategies in China: competitive dynamics between MNCs and local firms[J]. Long range planning, 2012, 45(1): 1-15.

特征蕴含了驱动中国企业构建核心竞争优势的关键非对称资源。第一，强政府通过要素供给驱动企业创新。转型期的中国政府掌握着大量的关键资源，例如土地、资金、技术等核心要素资源，并通过控制和分配要素资源引领创新方向。直接的制度支持已经被证明对中国企业的创新能力提升有重要影响，⊖我们强调的是强政府主导模式下的中国企业对非对称资源的获取。例如，我们提出制度型市场的概念，用来指代"由政府战略性地、适时地创造出的独特市场，并配以政策和资源的支持"。⊜这一市场对所有企业（包括本土企业和国际企业）开放：一方面，吸引了全球企业的进入，让本土企业有了技术学习的机会；另一方面，基于对中国制度运行逻辑的熟悉，本土企业可以敏捷地反应，进而有可能形成自己的竞争优势。例如，海康威视、大华等民用安防企业就是从"平安中国""智慧城市"等的相关政策中寻求机会，把政府创造的市场与自身能力结合，形成了非对称创新能力，逐步成为世界安防领域的领导者。

第二，制度缺位促使企业通过制度创业驱动创新。"制度缺位"和"强政府"是一枚硬币的两面，政府的强力介入会牺牲市场制度的有效性。中国的一些领域存在制度不完善或执行不完备的状况，这就为企业通过制度创业获取非对称资源并转化为竞争优势提供了可能。中国企业在规则不完备的条件下，对自身所拥有的能力和特质进行创造性的拼凑组合，逐步构建新的优势，这反过来会促进制度的建设。⊜我们把将制度缺位蕴含的非对称资源转化为优势的战略概括为政治战略和结网战略——当正式制度相对

⊖ LIU F C, SIMON D F, SUN Y T, et al.China's innovation policies: evolution, institutional structure, and trajectory[J]. Research policy, 2011, 40(7): 917-931.

⊜ WEI J, SUN C,WANG Q, et al. The critical role of the institution-led market in the technological catch-up of emerging market enterprises: evidence from Chinese enterprises[J]. R&D management, 2020, 50: 478-493.

魏江，潘秋玥，王诗翔. 制度型市场与技术追赶 [J]. 中国工业经济，2016(9):93-108.

⊜ MADHOK A, KEYHANI M. Acquisitions as entrepreneurship: asymmetries, opportunities, and the internationalization of multinationals from emerging economies[J]. Global strategy journal, 2012, 2(1): 26-40.

不完善的时候，非正式制度能扮演重要的补充作用。[一]通过政治战略和结网战略，中国企业可以在与利益相关者不断互动的过程中，把制度缺位之下的许多运营障碍转化为优势，进而赢过与其直接竞争的国际领先企业。

第三，复杂制度环境可包容企业的多种形式创新。转型经济体的制度复杂性主要指场域内多重不一致，甚至相互矛盾的制度逻辑。[二]具体来讲，制度转型过程中的中国有着复杂的制度体系，例如政府机构、行业协会、战略集团、社区等不同主体之间存在制度逻辑复杂性，中央政府、地方政府等不同层级之间存在制度逻辑复杂性，正式制度与区域文化和规范之间存在制度逻辑复杂性，不同所有制组织之间存在制度逻辑复杂性等。举个例子，复杂制度环境的存在，不仅有助于吉利的收购行动筹集大量资金，还在整合阶段促成了沃尔沃制造基地在中国的成功落地，从而使吉利与沃尔沃实现了共赢。

2.2.3　中国技术体制的独特性

技术体制被定义为技术机会、创新独占性、技术进步累积、知识产权的集合。[三]技术体制通过决定企业研发活动投入与产出的关系，影响后发企业的创新追赶。[四]事实上，中国市场中的发达经济体企业拥有先进的核心技术，并在很长一段时间内引领了产业技术的变革，而经过多年的发展，尽管有些中国企业的技术水平达到了世界领先水平，但总体而言二者还是存

　　[一]　PENG M W, LUO Y. Managerial ties and firm performance in a transition economy: the nature of a micro-macro link[J]. Academy of management journal, 2000, 43(3): 486-501.

　　[二]　LUO X R, WANG D, ZHANG J.Whose call to answer: institutional complexity and firms' CSR reporting[J]. Academy of management journal, 2017, 60(1): 321-344.

　　[三]　LEE K, MALERBA F. Catch-up cycles and changes in industrial leadership: windows of opportunity and responses of firms and countries in the evolution of sectoral systems[J]. Research policy, 2017, 46(2): 338-351.

　　[四]　LEE K, LIM C. Technological regimes, catching-up and leapfrogging: findings from the Korean industries[J]. Research policy, 2001, 30(3): 459-483.

在巨大的差异。[⊖]尽管如此，中国企业还是在弱技术体制中逐步识别出了许多非对称资源，并将其转化为竞争优势。事实上，早期，中国企业技术能力薄弱，弱知识产权保护体制和以代工为主要模式的大规模制造帮助中国逐步形成了完善的制造体系。例如，浙江涌现了一大批产业集群，如台州汽摩配集群、桐庐制笔集群、诸暨大唐袜业集群等，它们就是在弱技术体制背景下成长起来的。由于早期知识产权独占性体制缺位、隔离机制失效，加之集群的地理临近性特征，先进技术可以在集群内实现快速传播和溢出，由此培育了大量专业化中介组织和标准化模块生产企业，而通用部件的大规模生产使得单个部件的成本大幅下降。在弱技术体制下形成的这一完备、高效率的制造体系，逐步成为中国的国家竞争优势，为后期我国制造业的快速发展和转型升级奠定了坚实的基础。[⊖]中国企业在弱技术体制背景下实现追赶的一个重要策略就是把高效率的制造体系这一国家竞争优势转化为企业的竞争优势。例如，以小米公司为代表的大批以"性价比"为卖点的企业所依托的正是逐步完善的制造体系。

2.3　行为逻辑：LARGE 框架

中国企业战略性地把非对称资源和非对称能力嵌入企业所在的市场体制、制度形态和技术体制情境中，通过特定的实践行动实现创新追赶。本节就来回答企业是如何把非对称资源和非对称能力直接转化为竞争优势的。在大量案例研究的基础上，我们把行为逻辑分为学习机制、组织架构、追赶路径、组织治理和创新生态五方面，由此揭示中国企业实现非对称创新的五大策略性设计（见图 2-2）。

⊖　CHANG S J, PARK S H. Winning strategies in China: competitive dynamics between MNCs and local firms[J]. Long range planning, 2012, 45(1): 1-15.

⊖　GRANT R M.Porter's 'competitive advantage of nations': an assessment[J]. Strategic management journal, 1991, 12(7): 535-548.

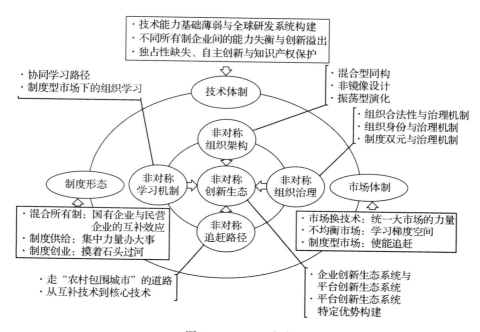

图 2-2　LARGE 框架

2.3.1　非对称学习机制

非对称创新的核心逻辑是把传统意义上并不是竞争优势来源的资源逐步变成核心竞争力，而后逐步掌握国际话语权，这就要求中国企业采取特定的组织学习模式。后发企业向海外技术领先者学习是实现技术追赶的关键路径，而不同的学习模式各有优劣，⊖适当的组合才能够更有效地利用中国的市场体制、制度形态和技术体制三类独特情境中的非对称资源。例如，我们在分析制度型市场内涵与特征的基础上，系统识别了制度型市场与技术不连续交互驱动效应下企业所采用的学习模式，包括"并进式""内控

⊖　LIU Y, LV D, YING Y, et al. Improvisation for innovation: the contingent role of resource and structural factors in explaining innovation capability[J]. Technovation, 2018, 74: 32-41.

式""外植式"和"采购式"四种类型。○例如，在强制度型市场和高技术不连续性条件下，企业同时进行高内向学习和高外向学习的"并进式"学习更有益于实现技术追赶。该学习模式的特征在于，依托中国的超大规模市场，通过内部学习将国际先进技术导入国内以掌握核心技术，又在外部通过分支机构的设立充分获取前沿技术以持续保持领先。以中国南车股份有限公司（简称"中国南车"）为例，在内向学习的过程中，中国南车持续高强度地引进"日本大联合"（川崎重工、三菱电机、日立等六家企业）的核心技术，在整体研发系统架构内进行再创新。在外向学习的过程中，中国南车通过与庞巴迪、通用等机车、轨道制造巨头共同组建海外合资公司，在美国建立海外研发中心等方式，尽可能地获取领域中的前沿知识和技术以及先进的管理、运营和项目孵化经验，这使其更快实现了关键技术的突破，并在核心领域保持竞争优势。

2.3.2　非对称组织架构

由于制度和技术的差异，后发企业在构建全球研发网络的过程中面临着外来者劣势、新兴者劣势、来源国劣势等多种挑战。○因此，后发企业如何设计全球创新网络组织形式，对于其自身依托全球化机会进行资源配置，进而提升技术创新能力有着重要意义。首先，在全球跨边界研发系统的设计规则上，我们分析了在技术差距、制度差距的背景下，后发企业在目标选择、系统组建步骤和协调策略三个方面针对全球研发系统的设计规则，并归纳了四种不同的技术架构和组织架构的模块性实现路径。此外，进一步揭示了中国独特的制度和技术情境下，中国企业研发系统架构的设计规则，即应当综合考虑技术差距和制度差距带来的影响，通过研发系统架构

○ 魏江，王诗翔，杨洋.向谁同构？中国跨国企业海外子公司对制度双元的响应 [J].管理世界，2016(10): 134-149.

○ 魏江，王丁，刘洋.来源国劣势与合法化战略——新兴经济企业跨国并购的案例研究 [J].管理世界，2020, 36(3): 101-120.

构建过程中目标、步骤和协调机制的设计，实现技术架构和组织架构之间的协同，从而获得研发"走出去"的成功。[①]

其次，在全球研发海外进入模式选择上，我们系统分析了后发企业研发国际化动机和进入模式选择的内在逻辑。具体来讲，在技术和市场的双元驱动下，中国后发企业表现出三种研发国际化动机，即新技术探索 + 国内市场竞争力提升、已有技术利用 + 海外市场扩张、新技术探索 + 海外市场扩张。中国后发企业应根据不同的研发国际化机下的内外部合法性需求对研发海外进入模式和组织结构进行安排。在这一过程中，中国后发企业逐步实现从通过自主研发和合作创新积累一定的技术基础"走出去"进行海外市场的扩张，到撬动海外新技术并"拿回来"服务本地市场的飞跃。随着技术和市场方面的积累，中国企业开始瞄准海外的先进技术和广阔市场，实行"两手抓"，力图全面实现技术和市场的双重追赶，最终实现国际市场的"走进去"和"走上去"。[②]

最后，在并购后整合的架构设计上，中国后发企业并不总遵循已有研究中的镜像假设观点来对被并购方进行整合，而是会综合并购动机、组织身份不对称性、知识差距和技术动荡性等情境的特征对组织模块化程度和技术模块化程度进行设计，从而更好实现对被并购方的知识与技术的整合。进而，我们全方面考察了来源国劣势下，在组织身份、并购动机共同构成的组织情境中，后发跨国企业对协调机制的设计和安排是如何帮助它们成功撬动自身和被并购方的知识基础与原有经验，从而推进新知识的创造和转变，最终实现能力提升的。[③]

[①]　魏江，黄学 . 后发企业全球研发系统架构的设计规则——基于多案例比较的研发"走出去"过程研究 [J]. 科学学研究，2014, 32(11): 1668-1678.

[②]　杨洋，魏江，王诗翔 . 内外部合法性平衡：全球研发的海外进入模式选择 [J]. 科学学研究，2017, 35(1): 73-84.

[③]　WEI J, YANG Y, LI S. Mirror or no mirror? Architectural design of cross-border integration of Chinese multinational enterprises[J]. Asia Pacific journal of management, 2019, 38: 1399–1430.

2.3.3   非对称追赶路径

学习机制设计、组织架构设计、组织治理设计保障了中国企业通过独特的创新追赶路径实现超越。"走'农村包围城市'的道路"这一创新追赶路径是许多中国制造企业实现追赶的策略选择。例如,华为一开始聚焦于被国际主流电信巨头忽视的农村市场,在中国市场占据一定地位后进入非洲、亚洲等地区十几个第三世界国家,而后逐步包围发达经济体,慢慢打开市场。这一策略的好处是通过进入边缘市场可以获得大量资金以支撑技术的开发,同时,边缘市场中的独特需求往往蕴含着许多创新机会,甚至可能颠覆主流市场。此外,"从互补技术到核心技术"亦是一条常见的非对称创新追赶路径。例如,吉利一开始就依托广阔的低端市场,专注于降低互补技术部件的成本,而核心技术通过购买的方式获取,快速累积知识,而后逐步通过跨国并购等策略掌握核心技术,最终实现追赶。这一路径的优势在于避开了技术壁垒,通过特定细分市场获取资金并积累行业相关的知识基础。

2.3.4   非对称组织治理

与组织架构设计直接关联的是制度机制设计,特别是对撬动全球创新资源的企业内部网络和吸纳全球创新资源的企业外部网络的治理机制设计。中国后发企业在治理全球创新网络的过程中,面临外部合法性赤字、组织身份不对称等挑战,对此,后发企业应采取与之相匹配的治理机制来做出回应。为应对外部合法性赤字,我们分析后发企业海外子公司合法化战略选择的动态演化过程,发现后发企业海外子公司会在国际化的不同阶段,动态地切换应用反应型和前摄型两类合法化战略以有效获取并维持其在东道国的合法性。进一步地,我们揭示了后发企业克服来源国劣势的两类机

制——直接获取机制和间接维持机制。[⊖]

同时，我们聚焦于后发企业在发达经济体的分支机构（如子公司和被并购企业）所面临的组织身份不对称问题，发现后发企业可以通过隐性协调机制、实时沟通机制、协调人机制和模块化机制等的设计，缓解外部形象和地位的不对称，以及内部文化和惯例的不对称，从而破解自身跨国并购后的组织协同与学习障碍。例如，在万向并购 A123 的项目中，一方是中国的民营企业，另一方是美国"新能源明星"，二者身份的高度不对称引发了诸如研发人员大规模离职、双方技术协同困难等一系列问题。对此，万向创造性地采用了"反向吸收"的治理策略，将万向的电池业务反向并入 A123 的体系，由 A123 的团队负责万向全球业务的经营管理。此举不仅帮助 A123 最大限度地保留了原管理团队及研发人员队伍，在短时间内迅速扭亏为盈，还帮助 A123 在启停电池、储能等多项技术上实现了新突破。

2.3.5　非对称创新生态

随着数字技术带来的变革愈加深刻，产业创新生态愈加成为竞争的关键所在，构建创新生态系统吸引多方参与者成为企业获取外部互补资源的重要途径——企业需要与不同的参与者互动、合作来共同助力价值创造和非对称创新。事实上，数字变革时代，吉利、海尔、正泰等企业正进行重要变革：利用数字技术构筑面向全球的开放式创新生态，为中国后发制造企业实现创新赶超提供技术和需求机会窗口。[⊜]例如，吉利成立科技集团，积极布局新能源科技、智能驾驶、车联网、低轨卫星、激光通信等领

⊖　魏江，王诗翔.从"反应"到"前摄"：万向在美国的合法性战略演化 (1994 ～ 2015)[J].管理世界，2017(8): 136-153.

⊜　柳卸林，董彩婷，丁雪辰.数字创新时代：中国的机遇与挑战 [J].科学学与科学技术管理，2020, 41(6): 3-15.
柳卸林，王倩.创新管理研究的新范式：创新生态系统管理 [J].科学学与科学技术管理，2021, 42(10): 20-33.

域，尝试构建未来智慧立体出行生态；海尔创立卡奥斯 COSMOPlat 工业互联网平台，不断摸索、迭代面向家电家居、能源、装备等行业的智能制造和数字创新服务模式；正泰推出"一云两网"战略，尝试构建以"正泰云"为载体，以工业物联网与能源物联网为依托的智能制造和智慧能源生态。这些探索启示我们，数字经济时代，企业间的竞争不仅仅是产品间的竞争，更多的是生态系统间的竞争，应该引入创新生态系统的视角进行深入剖析。⊖

创新生态系统基于核心企业通过一系列的组织变革和制度设计，将自身建设成一个边界更加清晰的企业创新生态系统，即基于一个平台组织结构，由组织内外部不同的参与者构成跨层次的价值交换系统。由于结构和创新主体的异质性，企业创新生态系统在实现非对称创新时，其资源协调机制和竞争优势构建过程等都不同于传统的创新组织模式。

至此，本章对非对称创新理论逻辑框架进行了剖析。接下来，我们将聚焦于"情境逻辑"（第2篇）和"行为逻辑（第3篇）"，系统阐述非对称创新理论的内容。具体而言，第3章到第5章分别讨论"市场体制的非对称性""制度形态的非对称性""技术体制的非对称性"；第6章到第10章分别讨论"非对称学习机制""非对称组织架构""非对称追赶路径""非对称组织治理""非对称创新生态"。本书最后，我们从企业、产业和政府三层次阐述"大变局下的中国式技术赶超"（第11章），并基于"数字时代的非对称创新"（第12章）提出非对称创新理论的发展方向。

⊖ MALERBA F, LEE K. An evolutionary perspective on economic catch-up by latecomers[J]. Industrial and corporate change, 2021, 30(4): 986-1010.

第 2 篇

▲

情境逻辑：MIT 模型

——

如今，对中国情境下的管理理论和实践研究成为全球重点关注的焦点之一。2020年，我们在全球最大的文献数据库 Web of Science 进行了粗略检索，按照 "TS = ((China AND management) OR (China AND strategy*) OR (China AND innovation*) OR (China AND organization*) OR (China AND internationalization) OR (China AND business*))" 的检索式，数据库设置为核心合集，研究方向设置为 "Business Economics"，最终得到超过6.6万条检索结果，其中竟然有6.5万条出版于2000年之后。把时间窗口缩小至5年（2016~2020年），依然有接近3.3万条，几乎为总数的一半。由此，一个显而易见的趋势呈现出来——中国管理研究的国际化进程在急剧加速，甚至比学者针对20世纪八九十年代国际顶尖管理杂志分析得到的结果更为激进。近年来，许多主流管理期刊还以特刊的形式凝练和聚合中国管理问题，中国元素的影响力也可见一斑。

学术关注度的快速提升催生了更深层次的理论研究。在初步形成对中国独特制度情境的认识和理解后，学者尝试进行解释性研究，借助西方主流管理研究的成熟理论与方法，对中国情境究竟如何影响企业战略制定与组织管理的过程和机制开展进一步研究。在这个阶段，仅仅寻求建立两个或多个变量间联系的描述性研究已经"落后"了。可能是受制于西方研究范式下的研究视角的局限，抑或是受学术视野和研究水平的局限，当前有关中国的研究仍主要集中在诸如"投资并购""战略联盟""研发网络"等有关战略、创新以及国际商务领域的传统命题上。例如，以夏军为代表的部分华人学者关注国有企业或混合所有制企业的国际化问题，试图探究国家所有制、隶属关系、高管政治经历等制度要素对企业跨国并购、对外直接投资

（OFDI）、投资区位选择等国际化行为与绩效的影响。⊖尽管我们承认这些研究对中国管理理论具有不可磨灭的贡献，但由于它们忽视了对中国独特的本土命题和真实管理问题的提炼，要借助这些研究构筑起中国本土的理论和范式是非常困难的——难以走出"西方判断标准"。有一个形象的比喻：如今的中国学者已经站在了国际管理研究舞台的正中心，同西方学者一同分享聚光灯，但身上却仅披了件西服，缺了中国的内核。而要填补这一内核，就需要找到中国独特的制度情境，并将其深刻嵌入管理研究当中。

我们团队 20 余年来始终带着提炼和传播中国管理哲学的使命感，始终关注中国独特的制度情境及其对企业、产业创新追赶的影响等核心问题，真正做到了坚守和耕耘属于自己的"一亩三分地"。我们研究发现，要真正抓准并理解中国企业独到的管理哲学和创新追赶智慧，当务之急是解构和刻画独特但又仍没说清楚究竟哪里独特的中国情境。据此，我们提出了基于市场体制、制度形态以及技术体制的 MIT 模型，认为只有在特定的时间和空间限制下考察企业战略与组织管理的动因、过程以及绩效，才不会陷入"常量解释变量"的逻辑陷阱。⊖

市场体制层面，对于企业而言，"大市场""巨型市场"具有两层含义：中国拥有"大市场""巨型市场"，表面是巨大的体量和开发潜力，更深层而独有的特征在于市场结构存在两个悖论——不均衡悖论和动荡性悖论。前者表现为区域间和区域内的市场在结构和需求等方面有"云泥之别"，由此产生的错位需求为中国企业提供了宝贵的学习梯度空间；后者则表现在

⊖ 魏江，陈光沛. 管理研究中的"中国元素"：从情境到理论——兼评李家涛《从中国元素到全球管理理论——中国管理研究回顾与展望》[J]. 管理学季刊，2022,7(1): 35-46.

⊖ 魏江，王丁，刘洋. 非对称创新：中国企业的创新追赶之路 [J]. 管理学季刊，2020,5(2): 46-59.

市场需求多变、市场机制不稳定和部分市场中上部"沦陷"等方面。但与西方理论所预言的不同,这些特征交织在一起时不仅不会构成一种"负债",反而会形成一条天然的"隔离带",成为中国企业参与国际博弈的强大力量的一部分,对中国企业的全球化和创新追赶具有特别重要的意义。制度形态层面,即使在形式上通过"国有企业股份制改革""管办分离"等措施让渡了部分价值资源的所有权,但在转型期,中国政府依然控制着对核心资源的配置权,辅以强力的政策工具,深刻影响着产业发展和企业创新。政府通过创造"制度型市场",为企业提供创新追赶的机会窗口。[⊖]技术体制层面,尽管许多学者很客气地说,相比于 20 世纪八九十年代的相对落后,今天许多中国企业已经站在了世界科技的最前沿,但我们团队在调研走访后发现,时至今日,中国落后的产业和企业仍为数不少,更有"坐吃山空"者。"弱知识基础和技术体制"仍然并且在未来相当长的一段时间内都会是中国企业的一个符号,并且这一符号是与中国的政策旋律相互交织的,因为在很大程度上,中国各种"充满抱负"的政策都是为推动技术进步和科技创新而孕育的。

上述基于市场体制、制度形态以及技术体制的 MIT 模型是笔者及所在团队多年将中国实际与理论前沿"交叉育种"而得到的结果,包含了对万向、海尔、海康威视等企业 10 年甚至 20 年的扎根钻研所得到的智慧。我们认为,中国的 MIT 情境是中国企业实现技术赶超的前提条件,其重要性甚至超过了组织资源禀赋、组织学习能力、动态能力、技术轨迹等被西方理论奉为圭臬的因素。这挑战甚至颠覆了主流观点。相应地,

⊖ WEI J, SUN C, WANG Q, et al. The critical role of the institution-led market in the technological catch-up of emerging market enterprises: evidence from Chinese enterprises[J]. R&D management, 2020, 50: 478-493.

我们认为正是由于中国存在非对称的 MIT 情境，中国企业要想实现创新层面的赶超，必不能按照西方所主导的竞争范式和行为逻辑建构并执行战略，而是要识别和利用在西方职业经理人和管理学者眼中无价值的非对称资源，并将其转化为有价值的资源过程和组织惯例。换句话说，制度形态的非对称性构成了研究企业全球创新追赶行为的基础；从 MIT 情境去探究"治理架构""跨国并购""研发网络""合法化战略"等议题，才是构成"非对称创新"的核心逻辑、实现过程、绩效方差、边界条件的前提。

本篇包含三章，从市场体制的非对称性（市场换技术、不均衡市场、制度型市场）、制度形态的非对称性（混合所有制、制度供给、制度创业）、技术体制的非对称性（技术能力基础薄弱与全球研发系统构建，不同所有制企业间的能力失衡与创新溢出，创新独占性缺失、自主创新与知识产权保护）三个方面探索中国情境的非对称性，提出中国企业非对称创新的影响机制和边界条件。

第 3 章 ▶ CHAPTER 3

市场体制的非对称性

正如第 2 章所述，支撑中国企业独辟蹊径跳出国际市场主流"游戏规则"的重要支撑力量是中国巨大的本土市场，细分的利基市场可能远大于发达经济体的均衡市场。这不禁引发我们思考：中国的市场体制有哪些特征？这一特殊市场体制对中国企业提供了何种机遇和机会？本章将从外部情境逻辑出发，以市场体制的视角切入，介绍企业实现非对称创新追赶的重要基础。具体地，从"条件 – 过程 – 结果"这一逻辑线条剖析中国市场体制的非对称性特征，不均衡市场中学习梯度空间的形成过程，制度型市场的产生与使能追赶机理。

3.1 市场换技术：统一大市场的力量

中国与其他新兴工业化国家和地区的一个显著不同在于约 14 亿人口带来的市场红利。中国广阔的市场不仅仅是一种战略资产，帮助企业换取核心技术，更是中国企业崛起的试验田和孕育地，如何运用好这一资源，成为中国企业实现创新追赶的关键。本章将详细描述中国独特的市场体制特征、映射到企业组织层面的非对称市场焦点，并讨论中国长久以来存在的市场换技术悖论。

3.1.1　中国市场体制的独特性

市场的宏观环境特征导致了中微观层面企业行为的差异。中国市场体制的独特属性，表现在市场规模宏大且发展不均衡、市场高度动荡、要素市场扭曲等方面。下面，我们对这三个独特属性进行分点介绍。

1. 市场规模宏大且发展不均衡

首先，在市场规模上，世界经济论坛发布的《全球竞争力报告》⊖显示，中国约 14 亿人口组成了世界上最大的市场，规模指标持续位列世界首位，能够与我国人口规模匹敌的只有印度。因此，在不依赖出口的条件下，中国也可以较为方便地依靠国内市场需求驱动实现规模经济。我国 2023 年 GDP 超 126 万亿元，体现出大规模的经济总量。此外，这一规模宏大的市场容量具有天然的蓄水池功能，对于我国企业人才、资金、领先企业的聚集作用十分显著。国务院发展研究中心课题组的研究显示，中国具有经济超大规模属性，依托超大规模的人口、国土空间、经济体量和统一市场所形成的叠加耦合效应，在运行效率、产业构成、空间格局、动态演化、全球影响等方面展现出独特性。⊜超大规模的市场为产业领域拓宽和产业链分工深化提供了空间与机会，相较于较小的经济体来说，中国的宏大市场规模享有得天独厚的优势。

中国市场的另一个重要特征是发展不均衡。发展不均衡具体表现在区域间和区域内部市场成熟度、消费者需求和购买力的巨大差异，例如东西部、城乡之间的市场差异（国家统计局公布的数据显示，2022 年中国城乡收入倍差为 2.45⊕）。

这些差异使得中国的市场变得显著不均衡，特别是约 4.8 亿的乡村常

⊖　资料来源：世界经济论坛官方网站。
⊜　国务院发展研究中心课题组，马建堂，张军扩. 充分发挥"超大规模性"优势推动我国经济实现从"超大"到"超强"的转变 [J]. 管理世界，2020,36(1): 1-7.
⊕　光明网：《【2022 中国经济年报】我国农村居民人均可支配收入首次迈上 2 万元新台阶！》。

住人口[○]仍处于金字塔底端，他们与城市人口的需求有着巨大差异，金字塔底端的不连续创新层出不穷，对发达经济体形成了一定的冲击，但保护主义的市场环境、低效率的交易过程和低市场透明度所带来的负面影响，导致信息不对称性带来的逆向选择和机会主义盛行的问题更加严重。由此，广阔的地域和不同发展层次的社会经济、文化水平使市场分割的特征更为突出，使我国市场呈现高度多层次性和多样化。在此情境下，本土企业由于文化因素对我国市场表现出更深的理解，而这在一定程度上弥补了其自身在技术知识和管理经验匮乏方面的弱点。

2. 市场高度动荡

其次，转型经济背景下的市场特征被刻画为具有高度动荡性，具体表现在市场需求多变、消费行为差异化程度高、市场竞争激烈和市场机制不稳定等方面。市场的高度动荡性一直被认为是企业的"负债"而不是"优势来源"，例如，随着人民生活水平日益提升，消费者的需求偏好变化迅速；区域文化的差异导致各地消费者行为的巨大差异；国内企业的快速发展和跨国企业的进入使国内市场的竞争异常激烈；制度不完善致使来自非正规部门（如未进行工商注册的个体户）的非法竞争（如盗用品牌、非法模仿）频发。把动荡的市场环境变成自己的助力可能是中国后发企业赢得竞争的另一关键所在。

我们认为，企业可以在中国高度动荡的市场中持续地调整其产品与服务，从而满足消费者不断变化的偏好。市场动荡性指消费者的组成成分及其偏好的变化率。在更加动荡的市场中经营的组织，更可能持续地调整其产品与服务，从而满足消费者不断变化的偏好。相反，在稳定的市场中，即在消费者的偏好变化不大的市场中，组织的产品与服务可能需要较少的调整。因此，组织在更加动荡的市场环境中经营比在稳定的市场中经营更需要市场导向（如跟踪并响应不断变化的消费者偏好）。张婧和段艳玲以中

○　国家统计局：《中华人民共和国 2023 年国民经济和社会发展统计公报》。

国制造型企业为研究样本，研究结果表明环境动荡性对市场导向二元性的两个维度（平衡二元性和联合二元性）与产品创新绩效之间的关系有显著的正向调节作用。[一]

3. 要素市场扭曲

最后，市场体制层面的另一特征——要素市场扭曲，体现为转型经济体的要素市场和产品市场的市场化进程发展并不同步，这是各地区行政管控和干预程度与当地的资源禀赋差异导致的。政府对当地土地、资本、劳动力等市场要素的管控和干预，造成了市场要素存在流动障碍、价格刚性、价格差别化等扭曲现象。[二]当要素市场扭曲程度高的时候，存在着大量的"寻租"空间。因而，在要素市场扭曲程度高的地区，尽管地方政府还是会有"父爱主义"来保护和偏向国有企业，但是因为"寻租"活动的存在，民营企业也有可能通过"公关"行为来获取优惠的资源和保护。然而，"寻租"活动的存在占用了企业的人力、物力，使民营企业原有的管理能力优势会被削弱。

更进一步，国家宏观制度下的地方性制度差异会造成存在于省份间的不同程度的市场信息不对称、中介组织和知识产权的保护不足、政府政策具有不确定性和各种制度缺位。在中国，最大的结构性差异被视为省级地方的计划经济向市场经济的过渡。省级机构的差异通常源于这两种经济系统的不同组合和组合程度——同一国家的内共生。中介组织和经济基础设施发展的不同速度会影响地方区域经济机构的成熟度。地方性机构的差异也可能是政策制定和执行方面的差异造成的。虽然法律和法规是在国家一级制定的，但国家一级以下各级政府在执法方面确实有一定程度的自主权，因此不同地方的行政组织对吸引资本流入的政策方式不尽相同，具体体现

㊀　张婧，段艳玲. 市场导向均衡对制造型企业产品创新绩效影响的实证研究 [J]. 管理世界，2010(12): 119-130.

㊁　杨洋，魏江，罗来军. 谁在利用政府补贴进行创新？——所有制和要素市场扭曲的联合调节效应 [J]. 管理世界，2015(1): 75-86.

在税收减免和财政激励等问题上。[⊖]

3.1.2 市场非对称焦点动机

1. 中国企业以超大规模市场置换发达经济体的先进技术

20 世纪 80 年代初，我国曾采用"市场换技术"的政策吸引海外企业，将先进技术转移到我国。最初，这一政策主要是被汽车产业运用，而后在化工和电子产业也普及开来。我国通过提供一些偏好性的政策、税收减免和银行贷款的优先获取权吸引海外企业，同时，我国庞大的市场容量对海外企业的扩张具有天然的吸引力，且宏观制度的变革和政府政策驱动的综合为新的市场机会涌现创造了积极的条件，海外企业正好需要寻找本土企业作为伙伴，以助其克服商业障碍并获取进入本土商业网络和政治网络的渠道。[⊖]这些针对外商直接投资（FDI）的母国政策对于跨国企业来说非常重要，因为这些政策会改变跨国企业投资企业的成本结构。不仅如此，在1979 年通过的《中华人民共和国中外合资经营企业法》中，对外资企业提供初始投资技术和设备来提高中国企业的技术和设备做出了规定与要求，这是从国家层面做出的"以牺牲国内市场占有率来换取核心技术"的重要方针，也体现了我国早期技术追赶的特色方式。

学者对"市场换技术"情境开展了丰富的研究，发现中国利用世界第一的市场容量优势，推动进驻国内的海外先进制造商签订核心技术转让协议，并通过本土合资企业、实验室的建立来获取相关制造技术、装配工程技术以促进技术诀窍的本土传播。之后，有学者更进一步，针对这一非对

⊖ LUO Y. Determinants of entry in an emerging economy: a multilevel approach[J]. Journal of management studies, 2001, 38(3): 443-472.

⊖ SHI Y. Technological capabilities and international production strategy of firms: the case of foreign direct investment in China[J]. Journal of world business, 2001, 36(2): 184-204.

称焦点动机产生的不理想结果做出建议[○]——针对"肉包子打狗"现象，即丧失国内市场巨大份额的同时，并没有成功获取海外先进技术，甚至被外商技术锁定而产生严重的技术依赖，陷入"引进—落后—再引进—再落后"的追赶怪圈，[○]需要我国政府"集中市场，统一对外"，改进早期的"市场换技术"政策，在尊重市场经济规则的前提下充分利用我国科技、经济体制与政治体制的独特优势，更好地发挥以政府为主导、企业为主体的产学研战略联盟在发展战略性新兴产业及军工、国防等重要产业中的重要作用，推进我国重点产业开展技术追赶。

2. 新进入企业采取破坏性创新逐步侵蚀在位企业的市场

中国外部市场环境的独特性进一步导致了本土企业市场焦点动机呈现非对称的特征，企业通过实施差异化创新策略，实现技术追赶和战略变革。具体地说，在位企业需要满足现有客户的利益，往往采取维持性创新策略，并没有很强的战略变革动机进行颠覆性技术变革，这就是所谓的先发者劣势。新进入企业往往最初进入被在位企业忽略的低端市场，关注偏离主流市场的产品或服务并进行新技术探索或进行各种技术融合、技术集成。[○]这些创新满足了那些对价格敏感的位于金字塔底端的客户的需求，同时使企业避开了高端市场的激烈竞争并迅速成长壮大——部分替代或颠覆现有主流市场的产品或服务，成功实现破坏性创新，^⑨依靠后来者优势实现超越。例如，吉利一开始就依托广阔的低端市场，专注于降低互补技术部件的成本，而核心技术通过购买的方式获取，快速累积知识，而后逐步通过跨国

○ ZHENG G, MENG Y, HE Y. 2012 International Symposium on Management of Technology (ISMOT), November 8-9, 2012[C]. Hangzhou: IEEE Xplore, 2012.

○ 江诗松, 龚丽敏, 魏江. 转型经济中后发企业的创新能力追赶路径: 国有企业和民营企业的双城故事 [J]. 管理世界, 2011(12): 96-115.

○ CHRISTENSEN C M, BOWER J L. Customer power, strategic investment, and the failure of leading firms[J]. Strategic management journal, 1996, 17(3): 197-218.

⑨ CHRISTENSEN C M. The innovator's dilemma: when new technologies cause great firms to fail[M]. Boston: Harvard Business Review Press, 2013.

并购等策略掌握核心技术。这一路径的优势在于避开了技术壁垒，通过特定的细分市场获取资金并积累行业相关的基础知识。

3. 新进入企业依靠"足够好"的产品和服务侵蚀竞争对手的市场[⊖]

市场体制引发的另一个非对称创新作用路径是改变市场偏好重叠度，这同样会导致新进入企业采取差异化的创新策略。新进入企业通过开发"足够好"的产品和服务进行破坏性创新，逐步侵蚀在位企业的市场，最终掌握自身所处市场的主导权。该策略的逻辑是，随着技术不断成熟，现有市场中的产品和服务的性能都能满足消费者的最低要求，在那些技术领先企业通过持续性改进来吸引消费者时，会出现产品价值剩余，消费者就会不愿意继续为先进性能付费，此时，那些性能稍弱但价格更加低廉的产品和服务会对消费者产生强烈的吸引力，这给基于低成本创新的后发企业提供了有利赶超机会。随着细分市场偏好的重叠度增加，企业会有更大的动机进入竞争对手的市场。当市场偏好重叠不对称时，新进入者的技术会对竞争对手造成更大的绩效阴影，越来越多的消费者会选择理性需求，新进入者就可能实现对先发者的赶超。

3.1.3　市场换技术悖论：双刃刀效应

现阶段中国各领域的中高端市场几乎均被跨国企业把控，造成这一现状的核心可能在于早年"市场换技术"这一策略带来的双刃刀效应。实际上，中国广阔的市场不仅仅是一种战略资产，帮助企业换取核心技术，更是中国企业崛起的试验田和孕育地。"交出市场是否真的换来了技术？"学界与实践界对这一政策的运用产生了怀疑。时任科技部副部长刘燕华曾在"中国科学与人文论坛"上指出，中国的市场是有限的，一旦让给海外企业，夺回来的过程将十分艰辛，并且中国出让市场份额并不一定能够换来

⊖　ADNER R. When are technologies disruptive? A demand-based view of the emergence of competition[J]. Strategic management journal, 2002, 23(8): 667-688.

技术；更重要的是，出让市场会废掉中国企业自己的技术，成为依附国外企业的缺乏核心技术的企业，最终导致国家依附发达经济体，彻底地受制于人。⊖

事实证明，改革开放初期的"市场换技术"政策在汽车、材料、电视、大飞机等产业被证明存在较大的失误，即使到现阶段，这些产业的中高端市场仍被跨国企业把控。例如，以前上海、长春都有中国自己的汽车生产能力和研发团队，但当时为了引进德国大众品牌，中国选择放弃自己的民族品牌，同样被放弃的还有积累的研究队伍和研究平台，这造成了当时"买一套生产线生产一批汽车，再买一套生产线再生产一批汽车"的被动局面，直接导致中国 90% 以上的汽车市场被跨国企业占领的后果。2001 年中国正式加入 WTO 之后开始提倡自主创新，同时注重对引进技术的消化吸收。2006 年全国科学技术大会提出自主创新、建设创新型国家战略。通过充分发挥超大规模市场的优势，依靠自主创新、集成创新和"技术引进—消化吸收—自主创新"三步走，我国的高铁、商用飞机、新能源汽车等产业很快实现了技术追赶。

3.2　不均衡市场：学习梯度空间

前面论述到，规模宏大且发展不均衡的市场包含未被满足的低端利基市场以及阶梯式全链条市场，这种重要的非对称资源为中国企业的快速发展提供了巨大空间。同时，我们注意到，新兴经济体中高度细分的市场需求结构，以及不同技术水平的供给侧结构，都呈现了"阶梯式"的特征。⊜由于中国市场的巨大，每一级的差序细分市场相对于西方国家来说都是个

⊖ 中国政府网：《科技部副部长刘燕华：实现自主创新的八个关注点》。
⊜ CHEN X, GUO B, GUO J, et al. Technology decomposition and technology recombination in industrial catch-up for large emerging economies: evidence from Chinese manufacturing industries[J]. Management and organization review, 2022, 18(1): 167-202.

大市场。与这样的差序市场阶梯对应形成的是产品技术阶梯。

我们认为，"阶梯"概念可以很好地解释后发企业追赶环境中的技术市场多层次性，进一步，我们提出阶梯式不均衡市场产生了学习梯度空间，能够帮助企业实现技术梯度转移、产业梯度转移，让技术溢出的成本得到弥补。而且，由于市场空间大，不同区域之间的技术投资、企业投资都有能力带动区域经济发展，形成巨型市场的独特优势——技术溢出方即使在研发投入上出现了"公共产品"，也能在经济上得到弥补，这便体现了激励技术创新的市场空间。本节将对上述效应的产生机制与学习类型进行详细论述。

3.2.1　学习梯度空间的形成

1. 市场规模总量弥补成本

我国于 1978 年开始实施改革开放，借助全球化的契机，在社会经济发展初期就迅速全面融入全球经济发展，并表现出很高的开放度。庞大的市场容量对海外企业的扩张产生了天然的吸引力，大量的海外跨国企业涌入中国，在带来激烈竞争的同时，也为更多的本土企业带来了学习机会。并且，我国的市场体制显著不同于韩国、日本等于 20 世纪后期崛起的国家，因为中国具有更加广阔的国土面积和更加庞大的人口基数，在市场容量和消费能力方面都远优于韩国、日本等国，在不依赖出口的条件下也可以实现规模经济。

具体地说，宏大的市场规模由细分的差序市场和技术阶梯构成，其中技术阶梯将技术分解为具体的学习机会和空间，细化的技术模块组合降低了追赶过程中的学习门槛，给企业吸收和学习提供了阶梯式的攀登路径并降低了难度。也就是说，分解技术和大量的学习梯度空间的存在可以减少获得知识信息的成本和时间，"化整体为局部"，以宏大的市场总量提供连续性的学习攀升阶梯，增加了企业找到适合的学习目标的可能性以及实现目标的概率。

2. 区域经济发展不均衡提供机会

不均衡市场蕴含着一种十分重要的非对称资源——未被满足的低端利基市场以及从低端到高端的阶梯式全链条市场，这为中国企业的快速发展提供了丰厚沃土。高度细分的技术和市场意味着后发企业有选择学习过程与机制的充分空间，可以因地制宜地根据具体区域经济环境匹配合适的学习路径。

一方面，这种市场的不均衡特征将规模宏大的市场天然分隔为多个利基市场，处于低端的利基市场往往为在位企业所忽视。[⊖]事实上，2023 年中国乡村人口仍然占比 34% 左右，这一规模宏大的中低端市场往往不是国际领先企业的重心所在，这就为缺乏核心资源的中国企业提供了生存和试错的空间。基于连续的市场细分阶梯，中国企业可以在技术重组的过程中充分学习，将现有技术和能力水平匹配进行技术创新，并运用在相应的细分市场中。这为广大的中低端后发企业提供了生存和发展空间。

另一方面，从低端到高端的阶梯式全链条市场的存在，为中国企业逐步试错和学习提升能力提供了足够的市场空间。[⊜]处于阶梯式市场中的任何一家企业都可以找到相邻的上下端企业进行知识引入、学习和模仿，不均衡市场带来的多元化市场为组织学习提供了充足的机会。在中高端细分市场中，企业可以通过攀升学习阶梯逐渐了解消费者的偏好，将已有知识和技术进行迁移，利用已有的阶梯市场台阶进行试错升级，并投资更多的研发资源、人员和设备，尝试向上一级阶梯的攀登。

3. 顾客需求和消费行为差异创造优势

市场的动荡性为中国企业获取非对称资源并培育差异化竞争优势提供了可能。动荡性的环境使一些未能识别环境中的机会的企业被迅速淘汰。

⊖ CHRISTENSEN C M, BOWER J L. Customer power, strategic investment, and the failure of leading firms[J]. Strategic management journal, 1996, 17(3): 197-218.

⊜ 郭斌 . 独有优势造就中国企业长达 40 年的快速成长 [J]. 经理人 , 2018(9): 52-57.

多变的市场需求、差异化的消费行为、激烈的市场竞争和不稳定的市场机
制等特征交织在一起，形成了中国市场的"天然隔离带"。这一动荡的市场
情境也对企业差异化学习提出了更高的要求，迫使企业密切关注多样化的
消费者需求以及蕴含在未发觉的市场中的巨大机遇。针对中低端市场中的
消费者，企业可以学习提供"足够好"的产品和服务满足需求。针对更高
阶的挑剔的消费者，企业要更贴合实际的客户需求，充分使用多种学习策
略，在产品设计和制造等方面有突破式进展。

此外，部分中国企业依托对本地市场的深刻理解，能够把蕴含于高度
动荡市场中的非对称资源转化为竞争优势，从而赢得与跨国企业的竞争。
例如，淘宝能够赢得与 eBay 中国的竞争的关键在于基于对中国消费者需求
的深入理解，把动荡的市场环境变成了与 eBay 中国竞争的有力武器。具体
而言，淘宝先采用免费模式而不是 eBay 已经在发达经济体验证过的收取中
介佣金的模式，采用中国传统集市模式而不是美国成熟的拍卖模式。进一
步地，与 eBay 极力阻止卖家和买家交流，并采用发达经济体成熟的信用卡
支付体系不同，淘宝推出了支付宝和旺旺软件，并解决了中国电子商务早
期面临的信用问题。

3.2.2 具有多样性的学习梯度空间

1. 阶梯式的创新人才资源

除了超大规模的不均衡市场以外，丰富多元的创新劳动资源为实现创
新追赶提供了必不可少的生产要素。其中，不仅有海量的普通劳动者、具
备高技能的技术工人，还有高文化水平的管理者。根据教育部发布的数据，
2022 年在学研究生人数达 365 万。[⊖]这为我国建设完备的产业体系，实现
技术梯度转移和产业梯度转移输送了源源不断的创新人才资源。

⊖ 中国政府网：《我国已累计培养 1100 多万名研究生》。

具体来说，在低端产业链上，能有与普通劳动工人匹配的适应技术；在中高端产业链攀升阶段，也有高质量人才衔接输送全球先进的前沿技术。阶梯式的创新人才在知识吸收和转化方面承担了重要的实现功能，也加强了先前提到的区域发展不平衡、地区间资源禀赋差异大等产生的阶梯效应。与此同时，这种阶梯的层次性和多元性创造了地区间转移和产业链升级的巨大空间，为消化每年超大规模的创新人才输入做了接纳准备。

2. 低成本、节约式创新

把蕴含于规模宏大且发展不均衡的市场中的非对称资源转化为竞争优势的常见路径是以低成本、节约式创新满足低端市场的需求，再通过自下而上的颠覆式创新逐步积累能力，实现对国际领先对手的赶超。例如，华为就利用"农村包围城市"的策略，在主流高端市场上避开与拥有高质量产品的发达经济体通信业巨头的直接竞争，转而进入中国广大的农村市场，并紧密结合中低端市场的需求，开发了一系列质量过得去但成本低廉的颠覆式创新产品（如分布式基站解决方案等）。通过细致的服务逐步占领中国县级和乡镇级等的中低端市场后，华为获得了大量资金和客户知识等资源，而后不断投入研发并向高端市场延伸，并最终自下而上地实现了在中国市场中对思科（Cisco）、爱立信（Ericsson）等在位企业的赶超。

3.3　制度型市场：使能追赶

如前所述，缺乏核心技术、知名品牌等战略性资产的中国企业难以实现创新追赶。[一]我们研究发现，后发企业通过适当组合不同的学习方式能够更有效地利用中国的市场体制、制度形态和技术体制三类独特情境中的非

㊀　LUO Y, TUNG R L. International expansion of emerging market enterprises: a springboard perspective[J]. Journal of international business studies, 2007, 38(4): 481-498.

对称资源，形成关键的追赶路径并成功实现技术追赶。[⊖]本节先从制度型市场的概念和内涵进行详细阐述，然后剖析其与技术不连续性的交互作用，最后阐明组织学习方式方面的一些新发现。

3.3.1　制度型市场的概念和内涵

本书第 2 章提出了"制度型市场"的概念，用来指代"由政府战略性地、适时地创造出的独特市场，并配以政策和资源的支持"。[⊖]这一独特的制度形态为本土企业获得技术学习机会并实现追赶提供了竞争优势。具体来说，制度型市场一般存在于转型经济体和新兴经济体之中，因为这些经济体有很强的政府力量，能够直接发挥"看得见的手"的作用去驱动需求。所以制度型市场是制度层面的概念，是指国家通过政策驱动，在相对较短的时期内带来本土市场的机会，这种机会往往是国家为了战略需要而直接创造的。

制度型市场具体包含三层内涵。①制度型市场是由中央和地方的制度安排变迁带来的，是国家为了满足社会发展、民生改善、基础设施建设等的需要，发挥资源集中性和政策强制性作用带来的需求机会。②制度型市场是一种市场机会，不指向特定企业，对国内企业具有相对公平性。所以，从这个意义上说，制度型市场与其他的自发形成市场在本质上没有区别，只是触发制度型市场的主体是国家，该机会的出现并没有改变市场化的运行机制，也未对国内外竞争者搞封闭或者垄断，但会给本土企业创造"近水楼台先得月"的机会。③制度型市场包含市场创造和市场开发两方面。市场创造是政府直接创造需求，可以是政府购买，也可以是驱动市场潜力

⊖　LIU Y, LV D, YING Y, et al.Improvisation for innovation: the contingent role of resource and structural factors in explaining innovation capability[J]. Technovation, 2018, 74: 32-41.

⊜　WEI J, SUN C,WANG Q, et al.The critical role of the institution-led market in the technological catch-up of emerging market enterprises: evidence from Chinese enterprises[J]. R&D management, 2020, 50: 478-493.

魏江，潘秋玥，王诗翔．制度型市场与技术追赶 [J]. 中国工业经济，2016(9) :93-108.

的激发。高铁、安防方面更多的是基础设施投入，购买者主要是政府或者其代理机构；通信行业则通过政府的强制性要求激发了客户的需求（如标准升级）。市场开发则是政府通过资源直接支持、议价门槛设计，在相对较短的时期内把需求激发出来。

3.3.1.1 概念提出及内涵辨析

为了进一步刻画制度型市场的内涵，我们将"制度型市场"与"制度支持""自发形成市场"等相关概念进行了比较（见表 3-1）。通过对比，发现以下三点。①制度型市场与制度支持存在本质不同。制度支持的本质在于制度性的政策供给（政策设计），支持产业发展的政策、文件、规划等都属于制度支持。制度支持不直接创造市场，而是旨在规范市场环境。制度型市场的本质是市场机会创造，关注市场空间的制度性来源。目前，制度型市场的重要来源是公共产品和公共服务的国家投入所创造的市场机会。制度型市场的三要素中，市场创造是本质要素，它属于产业共享的制度红利，不具有特定的指向性，资源支持和议价能力是派生要素。②制度型市场与制度支持的作用对象不同。制度支持主要作用于产业，一般不针对特定企业，强调公平性，一般通过产业政策来推动。制度型市场中的资源支持和议价能力属于制度支持的范畴，对产业技术赶超发挥辅助作用。制度型市场的作用对象是市场，直接创造需求，但不针对特定企业。③制度型市场与自发形成市场的来源和市场特征不同。制度型市场源于制度，是制度驱动下产生的全新市场，而自发形成市场是基于消费者需求而涌现的细分市场。

表 3-1 "制度型市场"与相关概念的比较

	制度型市场	制度支持	自发形成市场
本质	市场机会	政策设计	市场机会
来源	制度安排	制度安排	市场自发
作用	创造市场	规范和完善市场环境	激发市场

（续）

	制度型市场	制度支持	自发形成市场
市场特征	制度带来的迸发式市场机会	—	消费者需求激发而形成的细分市场

资料来源：魏江，潘秋玥，王诗翔．制度型市场与技术追赶 [J]．中国工业经济，2016(9): 93-108。

3.3.1.2　制度型市场的三要素

按照市场创造和市场开发两个维度，制度型市场的构成要素分为市场创造、资源支持、议价能力。其中，市场创造是制度型市场的核心要素，是"根本条件"，制度变迁驱动了市场机会的产生，而资源支持、议价能力的意义是鼓励本国企业开发好市场机会，属于派生要素。下面对制度型市场的内涵做进一步讨论。

1. 制度型市场的本质是制度变迁所引致的市场机会

从制度供给角度看，产业政策下的市场机会创造是解释市场驱动结果的重要理论，为此提供了审视市场驱动行为的重要手段。[⊖]传统的制度供给是不主张直接干预市场的，但在转型经济体制下，国家仍需要通过公共产品和服务的投入来刺激需求，这就给后发企业提供了独特的市场窗口机会。政府通过刺激铁路基础设施、通信基础设施、安防基础设施等的投入来创造巨大的市场需求机会。比如，政府对铁路基础设施的需求创造了高铁机车和轨道的市场机会，2023 年底中国所创造的高铁营运里程达 4.5 万公里，占世界高铁总里程的 70% 以上。再如，"平安中国""智慧城市"等基础设施建设，给安防产业提供了"近水楼台先得月"的契机，使原先未被释放的安防监控设备市场被极大地激发。在这样的制度供给下，海康威视凭借自身对智能行业趋势的把握和多年的技术积累，前瞻性地发布了智能建筑综合解决方案，使其高清化、智能化的视频监控设备无论是技术方面还是

⊖　BAKER T, NELSON R E. Creating something from nothing: resource construction through entrepreneurial bricolage[J]. Administrative science quarterly, 2005, 50(3): 329-366.

销量方面数年稳居国际第一；中国南车和中国北车（已合并为中国中车）则依托独一无二的国内"试验田"，通过全球化集成创新实现了高铁技术追赶。

2. 制度型市场的开发通过资源支持获得保障

制度理论提出，国家设计的激励机制和经济专业化规则，通过决定基础设施、人力资源质量和创新可获得资源，对国家创新体系产生深远影响。⊖在转型经济体制下，中央和地方政府的资源支持主要来自两个方面。①政府采购。高铁、通信、安防三个产业的产品，中央和地方政府都是重要的采购方。例如，大宗政府采购和城镇化建设进程加速带来国家财政的大力支持，加快了海康的发展；中兴通讯多年获得年均超 20 亿元的国家财政补贴，源自政府的声誉背书为其开展国际合作提供了支持。②创新资源，包括人才资源、财政资源、平台资源等。例如，为支持中国南车发展，国家部委统筹国内 25 所重点高校、11 家科研院所、51 家国家级实验室和工程技术研究中心进行全面技术研发。又如，海康威视总裁胡扬忠在访谈中介绍，海康威视受益于股东中国电子科技集团公司第五十二研究所丰富的内部研究成果输送和人才储备，在 2003 年创立初期就具有较高的技术追赶起点。资源支持是制度支持的要素，但这种政策性支持不属于制度型市场的核心要素，而是对市场机会有辅助作用，可以激发后发企业利用市场窗口实现技术追赶的动力。

3. 制度型市场的开发，政府可以通过议价能力给予支持

制度影响企业战略行为的内生作用正在不断得到识别和强化，对企业规划和执行战略直接的指示性作用不断凸显。⊜政府设计议价门槛是国际普遍采用的方式，美国和欧洲各国的各种审查制度以及日本、韩国对本土产

　　⊖　HARE P G. Institutional change and economic performance in the transition economies[J]. Economic survey of Europe, 2001, 2: 77-92.
　　⊜　INGRAM P L, SILVERMAN B S. The new institutionalism in strategic management[M]. Amsterdam: Elsevier, 2002.

业的保护等，都是通过提高对外来企业的议价门槛来实现的。[一]高铁发展
初期，德国西门子、法国阿尔斯通、加拿大庞巴迪、日本日立和川崎重工
都参与了招标，中国铁道部强制性地提出了"双 80% 原则"：中标者需价
格合理且必须转让 80% 的技术，并对核心技术进行说明；采购的机车 80%
必须在国内制造并完成组装，要进入中国市场必须"按照中国规矩办事"。
当时，日企联合体代表无法接受中国南车四方机车的代表提出的核心技术
必须转让的条件，威胁要退出谈判。但由于觊觎中国庞大的高铁市场，日
本代表没有踏出门口，重回谈判桌。[一]这种议价门槛是在法律范畴下按照
国际通用规则设计的，保障了后发企业从被动技术合作方选择和被动学习，
转向主导合作关系和主动学习。这是技术追赶过程中又一重要的制度支持，
发挥了制度供给的作用。

3.3.2　制度型市场与技术追赶

为了探究制度型市场如何与技术不连续性形成交互驱动，我们分析了
企业所面临的技术机会与市场机会，考察了企业如何利用制度型市场把握
技术不连续性带来的技术机会，以及两者驱动技术追赶的具体交互机制。
我们发现了制度型市场与技术不连续性的三种交互作用。

1. 市场创造为后发企业抓住技术不连续性机会提供了互补能力

市场能力是技术创新的战略性互补能力，但技术不连续性给企业带来
非线性跃迁机会的同时，也带来了破坏性和不确定性的挑战。当不连续性
技术出现时，市场试错机会的缺失给新技术变革带来路径转化、采用速度
等方面的限制，而且，既有技术路径越强大的先发者，采用不连续性技术

㊀ LAZZARINI S G. Strategizing by the government: can industrial policy create firm-level
competitive advantage?[J]. Strategic management journal, 2015, 36(1): 97-112.

㊁ 高铁见闻.高铁风云录：首部世界高铁发展史 [M]. 长沙：湖南文艺出版社，2015.

向新产品市场转化就越困难。[⊖]此时，制度型市场的作用所创造的需求不仅仅可以给新技术产业化提供试验场、转化场，更可以帮助企业以巨大的本土市场容量为筹码吸引海外企业提供新一代高端技术。这种独特的制度型市场发挥了后来者优势，与不连续性技术互补，实现了技术跨越。例如，2008 年前，海康威视曾经对高清化移动图像捕捉进行技术预研，2010 年上海世博会召开以及"平安中国""智慧城市"建设等制度红利出现时，海康威视便在安防产业"近水楼台先得月"，获得了国际上其他企业所没有的市场机会。随后，海康威视把中国广阔的本土市场作为技术检验场所，对视频监控产品进行了产业化应用和改进。先发企业则缺少高清化移动图像技术快速市场应用的机会，这给海康威视、大华等我国企业依靠互补能力实现技术创新追赶带来了难得的机遇——后发经济体的市场优势成为产业技术追赶的"王牌"。

2. 资源支持为后发企业抓住技术不连续性机会提供了辅助能力

对于追赶企业来说，财务、人才等非技术性资源虽然不是核心资源，但是必不可少的辅助资源。技术不连续性可能带来"突破性的、革命性的变革"，并对现有技术技能和知识、设计和生产技巧、厂房和设备的原有投资产生重大冲击。[⊖]在此情境下，必须发挥制度优势来强制性、高强度地集中财务资源和人才资源（如明星科学家、高技能员工），投入关键技术、系统技术的研发和集成中。此时，财务和人才成了最为重要的辅助资源。由于技术发展的路径锁定和人才流动的高市场化，先发企业往往难以依靠自身资源集聚来解决辅助能力问题，这反而给后发企业创造了获取辅助能力优势的可能性。例如，中国南车的快速发展正是得益于新旧高铁系统技术切换时期，国家在人力、物力、财力方面的全方位支持——2008 年企业获

⊖ HOISL K, STELZER T, BIALA S. Forecasting technological discontinuities in the ICT industry[J]. Research policy, 2015, 44(2): 522-532.

⊖ UTTERBACK J M, KIM L. Invasion of a stable business by radical innovation[M]. Boston: Springer US, 1985: 113-151.

得国家科技部和铁道部联合实施的《中国高速列车自主创新联合行动计划》的支持，具备统筹国内重点高校、科研院所、国家级实验室和工程技术研究中心及高速列车零部件配套企业的技术权限，整合高铁领域的各类高层次人才队伍，使他们全力配合中国南车的前沿技术研发。这大大缩短了我国向高铁技术迭代的周期。

3. 议价能力为后发企业抓住技术不连续性机会提供了制度保障

技术不连续性经常对产业结构产生破坏性作用，产业涌现出成熟化以及更多的新生特征，这使在位企业在适应新技术时面临严峻的挑战。⊖而后发企业原本就处于技术劣势，这更加削弱了其在国际创新网络中的话语权。但制度型市场中政府的声誉背书效应，将大大提升后发企业及其产品的国际知名度——充分发挥国家旗舰作用来拓宽国内外市场渠道并吸引研发伙伴。例如，中兴通讯为瑞典提供 UMTS/FDD-LTE/TD LTE 基站以及配套的微波和数据通信设备，建立全球第一个规模商用融合网络。在 3G 向 4G 技术升级的时期，政府的外交支持为中兴通讯在海外技术基建工作的开展发挥了重要的支持作用，中兴通讯逐步规模化进入主流国家和跨国运营商——2014 年 4G 基站发货量继续上升，全球市场份额占比超过 25%，继 2013 年再度成为全球 4G 增速最快的厂商。

总体而言，技术不连续性的出现是科技进步的结果，具有相对的客观性，而制度型市场是政府政策设计产生的结果，具有主观能动性。技术不连续性与制度型市场的交互驱动内在地反映了中国政府和企业要相互协同，正确判断技术非线性变迁的时机，并通过本土强大的制度型市场强化最新技术的利用和整合。制度型市场的存在还有利于提升焦点企业在其主导的创新网络中的议价能力，吸引和整合海外伙伴的技术参与，以把握技术不连续性所带来的机遇。 因此，技术不连续性与制度型市场的交互提供了技

⊖   TUSHMAN M L, ANDERSON P.Technological discontinuities and organizational environments[J]. Administrative science quarterly, 1986, 31(3): 439-465.

术窗口和市场窗口的协同，为后发企业的技术追赶提供了独特的战略机遇。

这三种交互作用催生了中国企业的非对称创新。①**制度型市场下的逆向组织学习**。我国早期大部分机械工具企业主要通过逆向工程来模仿国外产品，在此过程中，企业分析并学习机械细节和目标产品说明书（涉及结构、布局、部件和材料）。通过分析和再生产过程中的参与，企业逐渐有能力积累技术竞争力和制造经验，然后企业会尝试对模仿的产品进行渐进式的改进，如加入新的功能或者采用不同的部件、材料，来适应本地制造条件（如本地供应的可得性）或者面向本地客户的需要（如低成本产品、易于维修）。重新构建机器不仅需要重新设计机械元素，还需要学会在设计的变化中解决问题。在此过程中，学者识别了制造经验的学习是产业竞争力的重要来源，在持续的重新设计和问题识别、问题解决的过程中，本地化的技术得到了具有深远意义的提升。⊖制造知识是隐性且不可编码的，很大程度上基于实践经验培养，嵌入制造活动中的工程师身上。⊜因此，组织学习必须高度重视经验丰富的工程师，人才及其内嵌的隐性知识成为企业创新成果形成的核心。逆向组织学习是技术追赶实现的重要过程机制，我们将在本书的第 6 章对非对称学习机制予以详细阐述。

②**构建非对称学习能力**。Yang 等研究发现，非联盟企业比联盟合作伙伴有更高的学习动力去获取更多的私有收益，有更好的表现或获得更好的市场回报。⊜许多中国企业通过重组蕴含于所谓的制度缺位中的非对称资源，形成自身的核心能力。比如，四川电信逐步形成了供应链双元金融模型来弥补融资制度的不完善，最终将其转化为竞争优势。⊗这一过程当然依赖于

⊖　CHEN L C. Learning through informal local and global linkages: the case of Chinese Taiwan's machine tool industry[J]. Research policy, 2009, 38(3): 527-535.

⊜　MALERBA F. Innovation and the evolution of industries[J]. Journal of evolutionary economics, 2005, 16(1): 3-23.

⊜　YANG H, ZHENG Y, ZAHEER A. Asymmetric learning capabilities and stock market returns[J]. Academy of management journal, 2015, 58(2): 356-374.

⊗　AMANKWAH-AMOAH J, CHEN X, WANG X, et al. Overcoming institutional voids as a pathway to becoming ambidextrous: the case of China's Sichuan Telecom[J]. Long range planning, 2019, 52(4): 101-871.

中国企业以特定实践将非对称资源嵌入组织流程、组织惯例并转化为有价值的资源的非对称创新能力。⊖

　　③实现不连续创新。技术组织经济学认为，产业发展的不连续性会摧毁在位企业的竞争优势，同时为外来者提供技术追赶、获取市场地位的机会。⊜中国电动汽车产业的崛起就是实现不连续创新的典型范例。早在2001 年，科技部就启动了电动汽车重大科技专项，确立了以混合动力汽车、纯电动汽车、燃料电池汽车为"三纵"，电池、电机、电控为"三横"的"三纵三横"总体研发布局。动力电池、驱动电机、电控系统等核心零部件都属于新兴领域，这为市场参与者开辟了全新赛道，为后来者提供了弯道超车的可能。同时，我国在充换电站、5G 通信等基础设施建设方面拥有优势，又有超大规模市场作为依托，这为国产新能源汽车提供了"深踩油门""快速突围"的条件。科技部原部长王志刚在"中国电动汽车百人会论坛（2021）"指出，"通过政策引导、市场主导、科技先行等多方共同作用，我国形成了一批国际一流的技术成果，诞生了一批具有国际竞争力的新能源汽车企业，建立起了全球最完善的新能源汽车产业链"。⊜目前，我国新能源汽车产业正由零部件、整车研发生产及营销服务企业之间的"链式关系"，逐步演变成汽车、能源、交通、信息通信等多领域多主体参与的"网状生态"。新能源汽车的发展，带动了产业链上制造业企业的转型升级，实现了更多跨领域、跨行业的资源整合，成为撬动高质量发展的新支点。

⊖　WEI J, WANG D, LIU Y. Towards an asymmetry-based view of Chinese firms' technological catch-up[J]. Frontiers of business research in China, 2018, 12(1): 1-13.

⊜　HILL C T, UTTERBACK J M. The dynamics of product and process innovation[J]. Management review, 1980, 69(1): 14-20.
ROTHAERMEL F T, HILL C W. Technological discontinuities and complementary assets: a longitudinal study of industry and firm performance[J]. Organization science, 2005, 16(1): 52-70.

⊜　新华网：《"十四五"新能源汽车科技创新这样攻坚》。

制度形态的非对称性

本章聚焦于 MIT 模型中的非对称制度形态。我国的制度形态和西方的制度形态完全不一样，这是常识。问题是，西方学者"絮絮叨叨"地评论中国制度是阻碍创新的，而事实是，至少到目前为止，我们的制度形态在追赶期是有效的。那么，需要分析，相较于西方逻辑，存在于我国的非对称性制度形态有哪些特征。从创新经济学角度看，我国经济体制的改革过程通过国有企业改革、管办分离等措施让渡了部分价值资源的所有权，总体上，转型期的中国政府依然控制着核心资源的配置权，辅以强力的政策工具，深刻影响着产业发展和企业创新。政府在过去"市场换技术"政策失效的教训中，创造性地探索出"制度型市场"，为企业提供创新追赶的机会窗口。因此，本章先探究混合所有制的运作逻辑，而后从制度供给角度阐述新型举国体制与创新能力提升的底层逻辑，最后剖析"摸着石头过河"的制度创业过程。

4.1 混合所有制：国有企业与民营企业的互补效应

国家资本主义因其与自由资本主义相区别的制度逻辑而得到学者的广泛关注。近年来，一种介于政治组织与经济组织之间的具有双重属性的混合型组织——混合所有制企业在世界范围内兴起，尤其地，在中国制度情境中焕发出新的活力。我们认为，这种半政治、半经济的组织形式脱胎于中国独特的政体结构，演化自国有企业使命导向的政治属性，是原存在于计划经济体制中的国有企业经历多轮市场化改革的产物。其激励结构与治理机制，不论是与国有企业还是与民营企业，都有很大的不同，能够有效整合二者的资源与能力以发挥互补效应，值得被单独考察。据此，本章先分别考察国有企业面临的制度情境以及其开展创新活动的体制、机制，民营企业在国家和区域创新系统中的战略定位及其独特的政治战略，之后探讨国有企业与民营企业的协同创新，涉及混合所有制企业的治理结构、资源互补效应等命题。

4.1.1　国有企业的创新动力与政策设计

1. 国有企业面临的特殊制度情境

作为政府代理人，国有企业在中国这样的新兴经济体（或者用更时髦的话说，"有抱负的经济体"）中扮演了至关重要的角色。国有企业因为有国家所有制的合法性，代表母国政府参与"国际擂台比武"，出人意料地取得了不俗的成绩。在《财富》杂志公布的 2020 年世界 100 强企业榜单中，上榜的 25 家中国企业中有 22 家为国有企业，且无论是否由国家通过建立股权或隶属关系而直接施以控制，全部 25 家上榜企业都是各个战略领域的产业龙头。[⊖]

那么，作为在约 20 年前就被外国学者断言是"正在死去的巨型恐龙"，[⊖]这些来自中国的国有企业是如何在当今极具动态性的竞争环境中活下来的？它们又是如何形成了一套领先整个产业的创新能力体系的？要回答这些问题，解构中国国有企业竞争优势的来源，在根本上还是要回归其所

⊖　财富中文网：2020 年《财富》世界 500 强排行榜。

⊖　RALSTON A, TERPSTRA-TONG J, TERPSTRA R H. Today's state-owned enterprises of China: are they dying dinosaurs or dynamic dynamos?[J]. Strategic management journal, 2006, 27(9): 825-843.

深度嵌入的独特制度情境。

中国制度情境存在某种特殊性，这已被学界、业界普遍觉察，但究竟哪里特殊，这种特殊性又如何表征并影响企业战略与组织管理实践，一直缺乏明确的答案和系统的洞见。学者只是笼统地勾勒了一个大致的轮廓，即中国是崛起的、巨型的、有抱负的新兴力量，但对于这幅画的细节未予呈现，有时甚至照猫画虎，只识其表面。

例如，西方学者，甚至一些华人学者，习惯用"制度真空"这一全凭想象的术语来形容中国的环境。从字面理解，"制度真空"所指向的对象几乎没有制度可言。这显然是缺乏事实根据的。即使是作为一种比喻以突出制度的不健全性，也依然过于简化和极端：中国有制度，更有由多个子系统构成的复杂制度网络，不能因为与欧美不一样，就被认为制度缺位或者"不完美"，甚至不存在。[⊖]

再如，学者习惯于用政府对市场活动的强干预来表征中国制度的独特性，但如若不能提炼出具体的路径、机制以及干预起作用的边界条件，只是说中国政府能够凭借制度力量来影响甚至主导市场、经济、科技创新等活动，那么这与存在了约半个世纪的"新凯恩斯主义""北京共识"等强调政府干预的西方主流经济学理论并无本质不同。

经过多年的扎根研究，我们提出，中国国有企业面临的制度环境复杂而独特，这种独特性可以被归纳为两个方面：**"强政府"和制度逻辑复杂**。①**"强政府"**。从资源观的角度，中国政府作为各种规则的制定者，掌握了包括土地、资金、技术在内的大量关键资源，能够直接影响甚至决定企业乃至整个产业的盛衰兴废。例如，已有大量研究证明，来自政府的研发或非研发补贴、税收减免以及大规模采购等对中国企业创新能力的提升具有至关重要的作用。

从制度观的角度，我国以公有制为主体、多种所有制经济共同发展的

　⊖　CUERVO-CAZURRA A, MUDAMBI R,PEDERSEN T. Clarifying the relationships between institutions and global strategy[J]. Global strategy journal, 2019, 9(2): 151-175.

基本经济制度在世界主要经济体中独树一帜；政府通过国资委、财政部等国家机构间接控制的国有企业把控了我国经济的大动脉。不同于西方经济体制中政府更多作为市场失灵时介入干预的主体（如出台反垄断法等），我国政府拥有的强话语权使其能够与市场并驾驱动经济，这也直接导致了作为政府代理人的国有企业在市场经济活动中具有举足轻重的地位，其制定和执行战略的逻辑注定有别于来自其他政体的国有企业。

②**制度逻辑复杂。**转型经济体的制度复杂性主要指场域内同时存在难以协调、兼顾，有时甚至相互矛盾的制度逻辑。具体来讲，由历史、地理、体制等因素决定，中国天然拥有庞大而复杂的制度网络，囊括了诸如政府、行业协会、战略集团、社区等不同的制度行动者，而其中仅政府就可以被进一步区分为中央政府、地方政府、政府支持型机构（如公共研发机构）等。此外，丰富多元的地区文化、根深蒂固的社会认知等进一步加剧了整个制度网络的复杂性。更为重要的是，中国作为转型经济体，或者说"有抱负的经济体"，具有制度更迭迅速，在市场导向和混合经济体制之间反复切换而非完全依赖自由市场等特点，[⊖]这直接导致企业需要同时采纳并协调好不同的制度逻辑。

例如，代表政府意志的国有企业在从事商业活动的过程中就注定不能将效率和利润作为追求的唯一目标，合法性、社会责任以及国家战略等成为其在制定战略时所不可忽略的要素。同时，国有企业面临的来自政府的合法性压力具有异质性，这进一步加剧了制度逻辑的复杂性：附属于中央政府的国有企业面临着响应国家创新战略和满足国家经济发展需求的压力，相比之下，附属于地方政府的国有企业需将更多资源用于改善企业的短期绩效，进而保障税收、稳定就业、提高产值，它们面临的直接来自地方政府的创新压力相对较小。[⊜]中央政府与地方政府在制度逻辑方面的冲突为

⊖　BRUTON G D, AHLSTROM D, CHEN J.China has emerged as an aspirant economy[J]. Asia Pacific journal of management, 2019, 38(1): 1-15.

⊜　LI J, XIA J, LIN Z. Cross-border acquisitions by state-owned firms: how do legitimacy concerns affect the completion and duration of their acquisitions?[J]. Strategic management journal, 2017, 38(9): 1915-1934.

管理学者提供了很好的研究土壤：中央政府的目标为将整个国家引向创新驱动的经济体发展，并将创新视为实现这一目标的重要途径。也因此，中央政府常常会设立众多具有重大影响力的科学研究项目，以此为那些"跟着政府走"的企业提供诸如金融、人力、研发等方面的资源支持。与之相对，地方政府更关心本地民生（如就业）和财政收入状况，会将资源向能够提高企业利润的部门集中，甚至不惜以牺牲创新为代价。由此导致的直接结果是，国有企业在进行制度设计和战略制定时需要在效率逻辑和制度逻辑之间找到平衡，并形成在这两种甚至更多种制度逻辑之间灵活切换的能力，⊖以兼顾来自中央政府和地方政府的合法性压力。

2. 国有企业改革：从"保值"到"创新"

中国特殊的制度环境从根本上决定了执行国家意志、代表人民利益的国有企业具有半政治、半经济的组织属性，这进而使国有企业形成了独特的市场定位、社会职能以及治理机制等。一方面，套用西方经济学家提出的所谓的"国家资本主义"概念，尽管隶属于政府，但国有企业作为资本与国家政权相互结合的一种经济组织，依然采用追求股东财富最大化的效率逻辑，并适用约束一般经济主体的市场规则，需要通过市场化经营手段创造和获取价值。另一方面，我国的国家体制决定了经济属性并不一定是国有企业的根本属性，国有企业需要履行政府代理人的职责，将国家的意志和利益整合至市场与创新活动中，在兼顾效益的同时，提升社会的公共福祉。这直接从性质上区别了中国国有企业与那些将市场完全建立在西方经济学理论基础之上的国家或地区（如东欧）的国有企业。

然而，尽管国有企业的双重属性使其在市场话语权与资源配置权等方面具有与生俱来的优势，但不可忽视的一个现象是，我们的国有企业在相当长的一段时间内只能"戴着镣铐起舞"，既要为发挥市场主体职能和执行

⊖　ZHOU K Z, GAO G Y, ZHAO H. State ownership and firm innovation in China: an integrated view of institutional and efficiency logics[J]. Administrative science quarterly, 2017, 62(2): 375-404.

国家创新战略承担必要的风险，又要应对由政治属性带来的"防止国有资产流失"的保值压力——制度逻辑不一致成为国有企业在制定战略、开展商业活动时面临的最突出挑战。

在此背景下，为形成鼓励创新、尊重市场的激励结构和治理体系，中国政府明确了"产权清晰、权责明确、政企分开、管理科学"的改革方向，自 20 世纪 90 年代起，围绕国有企业的目标定位、产权结构、治理机制、高管激励四个方面进行了一系列大刀阔斧的改革。[⊖]目标定位方面，国有企业作为经济组织的市场属性得到增强。在市场准入限制逐步放开的背景下，国有企业需要通过不断提高产品质量和财务绩效方能在和民营企业的竞争中取得优势。产权结构方面，国家逐步引导民营资本进入国有企业的股权架构，使国有企业真正成为市场主体。对于不是战略要冲的领域，引导国有资本有序退出，最终完全交还给市场。其中，股权分置改革就是国家为优化产权结构、激发创新动力而做出的最为典型的制度安排之一，通过逐渐减持国有股，旨在根本解决多年来掣肘资本市场发展的同股不同权问题。在治理机制方面，构建三层国有资本管理模式，即在政府和企业中间引入相对独立的第三类组织作为缓冲，这类组织一般以国有控股公司为主，代表政府进行授权经营，本身不参与下辖企业的日常运作。借助这种方式，国有企业形成了准去中心化的混合式治理体系，这使"既当运动员，又当裁判员"等不利于市场公平和有序发展的现象得到有效遏制。高管激励方面，改革之前，国有企业的高管更多受命于服务政治目标的达成，对于战略制定和执行的自由裁量权较小，因此，高管理所当然地将重心放在履行"铁饭碗"职责和追求个人政治前途上。[⊜]改革之后，随着自主裁量权的大

⊖　GENIN A L, TAN J, SONG J.State governance and technological innovation in emerging economies: state-owned enterprise restructuration and institutional logic dissonance in China's high-speed train sector[J]. Journal of international business studies, 2021, 52(4): 621-645.

⊜　HASSARD J, MORRIS J, SHEEHAN J, et al.China's state-owned enterprises: economic reform and organizational restructuring[J]. Journal of organizational change management, 2010, 23(5): 500-516.

幅提升以及市场导向的绩效考评体系的建立，国有企业的高管正逐渐从政治官僚向职业经理人转型，真正开发出适应当下市场要求的企业家才能。

3. 国家所有权与企业绩效

有关国有企业讨论最多的话题在于两个悖论：资源获取和利用的悖论，以及是否有益于国际化的悖论。一方面，国家所有权已被大量研究证明有益于企业获取关键的战略资源，且国家持股比例越高或所属政府级别越高，企业所获得的资源就越能满足构成可持续竞争优势的条件。⊖尤其是在中国这样由政府控制核心生产要素所有权的经济体中，与政府具有先天密切联系的国有企业自然而然地具有关键资源（有价值的、稀缺的、难以替代和难以模仿的）的优先获取权，依托政府补贴、定向招标、政府背书、政策信息以及国家实验室等各式各样的支持，至少在资源层面建立了民营企业难以企及的优势。例如，在德国西门子、法国阿尔斯通、加拿大庞巴迪、日本日立和川崎重工等技术领先企业试图进入中国高铁市场时，中国铁道部提出了强制性的"双 80% 原则"，即中标者需价格合理且必须转让 80% 的技术，并对核心技术进行了说明，此外，采购机车的 80% 必须在中国国内制造并完成组装——在真正意义上实现了要进入中国市场必须"按照中国规矩办事"的原则。政府直接参与议价为后来中国南车等国有车企通过学习吸收先进技术实现快速追赶奠定了基础。

另一方面，我们需要注意到，因组织结构僵化、委托代理问题、制度逻辑不一致等内部原因，加之政府对国有企业的角色定位在于改善公共福祉而非单纯追求利益最大化，国有企业被发现并不能很好地利用这些资源，

⊖　BAI T, CHEN S, XU Y. Formal and informal influences of the state on OFDI of hybrid state-owned enterprises in China[J].International business review, 2021, 30(5): 101864.
　　ZHOU K Z, GAO G Y, ZHAO H.State ownership and firm innovation in China: an integrated view of institutional and efficiency logics[J]. Administrative science quarterly, 2017, 62(2): 375-404.

这导致它们的创新绩效普遍低于预期。[一]例如，国有企业被发现存在突出的"双重代理"问题，尽管国有企业的高管是名义上的代理人，但由于实质上的委托人缺位，这些高管同时成为实质上的委托人。[二]从名义上讲，国有企业属于全体公民，但由于缺乏契约和监督机制来供公民行使所有权，委代双方的利益一致性无法得到保障，这些有政客属性的企业高管有动机和机会去牺牲委托人利益（企业效益）以换取个人利益（如政治抱负）。此外，国有企业的高管的任命更多是出于政治考虑，其作为经理人的营商能力并不是重要的考量因素。因此，这些高管更像官僚而非生意人，大都缺乏使企业高效运转的管理能力。即使存在具备合格的管理能力和一定的商业思维的高管，但由于利益分配、绩效考评等体制、机制的不完善，他们也缺乏改革和创新的动力与承担风险及责任的魄力。

关于国有企业的另一个焦点议题有关 OFDI，学者从不同的理论视角切入往往会得到截然相反的答案。一些学者认为，国家所有权不利于企业国际化战略的实施，这主要表现在动机和绩效两个层面。动机层面，有学者指出，由于长期在政府的"偏袒"和所谓的"预算软约束"的背景下进行市场与创新活动，加上与之竞争的民营企业普遍面临资源约束、创新能力积弱等问题，国有企业在国内市场具有无可比拟的竞争优势，能够较为轻松地兼顾政治与商业目标，这导致其高管倾向于将重心留在国内市场，不愿意迈出"舒适圈"。同时，学者怀疑国有企业能否在脱离了政府支持的市场环境中保持竞争力。

绩效层面，有研究发现，国有企业在进行跨国并购时屡屡受挫，主要原因是国有跨国企业常常被视为母国政府的代理人，追求政治目的的达成，

[一] GENIN A L, TAN J, SONG J.State governance and technological innovation in emerging economies: state-owned enterprise restructuration and institutional logic dissonance in China's high-speed train sector[J]. Journal of international business studies, 2021, 52(4): 621-645.

[二] CUERVO-CAZURRA A, INKPEN A, MUSACCHIO, et al.Governments as owners: state-owned multinational companies[J]. Journal of international business studies, 2014, 45(8): 919-942.

可能会利用被并购公司来实现母国政府的政治意志。[一]国有企业还被认为管理效率低下，难以完成并购后的整合活动——不仅不利于被并购企业的生存和创新，也不能给当地经济的发展带来增益。另外，国有企业被指具有"不透明劣势"（liability of opaqueness），[二]外部监督的成本较高，且常常持有政府补贴，这也与强调自由竞争的所谓的"西方市场原则"相悖。

然而，另一些学者提出了相反的观点，认为背靠"强力政府"这座大山反而使国有企业更具有决心和底气去开展国际化活动，尤其是开展针对发达经济体的投资。例如，有学者提出，由于中国政府强烈希望在世界舞台上表达和维护本国的利益与意志，国有企业（尤其是隶属于中央政府的国有企业）会义不容辞地承担起这份责任，通过面向发达经济体开展高水平的国际化活动以获取合法性。[三]还有研究发现，背靠"强政府"的中国国有企业在进行国际化布局的过程中享有来自其他地区或其他组织形式的企业所不具备的优势，表现为税收激励、债权融资等的财务支持，以及海外投资机会和东道国政策动态的信息支持等。[四]

4.1.2　民营企业的战略定位与创新机制

1. 中国民营企业于创新生态系统中的战略定位

中国的创新生态系统和市场经济体制被认为以强力政府的广泛参与和

[一] LI J, XIA J, LIN Z.Cross-border acquisitions by state-owned firms: how do legitimacy concerns affect the completion and duration of their acquisitions?[J]. Strategic management journal, 2017, 38(9): 1915-1934.

[二] LI J, LI P, WANG B.The liability of opaqueness: state ownership and the likelihood of deal completion in international acquisitions by Chinese firms[J]. Strategic management journal, 2019, 40(2): 303-327.

[三] WANG C, HONG J, KAFOUROS M, et al. Exploring the role of government involvement in outward FDI from emerging economies[J]. Journal of international business studies, 2012, 43(7): 655-676.

[四] BAI T, CHEN S, XU Y.Formal and informal influences of the state on OFDI of hybrid state-owned enterprises in China[J]. International business review, 2021, 30(5): 101864.

国有资本的主体作用为核心特点，这一观点尤其体现在西方学者对中国经济形式的论断上——他们认为，中国的市场经济与西方的完全自由市场经济存在根本差异，其本质原因在于前者脱胎于计划经济，仍保留了诸如国有企业、混合所有制企业、频发的宏观调控等常见于计划经济的制度元素。

然而，事实却是经过多轮的体制、机制改革，国有资本已有序退出了非国家战略性产业，保留下来的国有企业、混合所有制企业也几乎形成了市场导向的激励结构和商业模式。在此背景下，市场与创新活力得到最大限度的释放，民营企业在不到 30 年的时间内迅速崛起，成为中国创新生态系统中不可或缺的行动者，其在市场和创新过程中的主体作用也于近 10 年被政府以政策、法规等形式正式制度化。

实际上，民营企业一直被视为中国创新发展的"无名英雄"，贡献了中国 2/3 的经济增长和超过 90% 的就业岗位。[一]除了在整个国家创新生态系统中发挥着"发动机"的作用，民营企业在部分产业创新生态系统中还扮演着"领航员"的角色。最为典型的，在国有企业鲜有突破的半导体行业中，民营企业承担了几乎全部的创新策源和技术引进任务。在芯片设计端，以紫光展锐、华为海思为代表的民营企业直接将整个产业的技术水平拉升到具有一定国际竞争力的高度。对于资本高度密集型的芯片制造端，即使国有企业拥有诸如资金、设备等得天独厚的先决条件，但走在技术攻坚最前沿的依然是民营企业。更为重要的是，除了在国家和产业创新生态系统中发挥着关键主体作用，中国的民营企业在近 10 年数字化的浪潮中还形成了多个以创新领导型企业为核心、共性技术平台为基础架构的企业创新生态系统。例如，Lundvall 和 Rikap 发现在腾讯、阿里巴巴以及百度等互联网企业的主导下，中国的人工智能产业形成了多个由产业内部不断向外扩散、吸收与整合的大型企业创新生态系统，并快速实现了创新追赶，使中

㊀ CHESBROUGH H, HEATON S, MEI L.Open innovation with Chinese characteristics: a dynamic capabilities perspective[J]. R&D management, 2021, 51(3): 247-259.

国成为全球人工智能领域的创新高地。[⊖]

目前，越来越多的学者关注民营企业如何在对其不那么"友好"的制度环境中生存、发展甚至引领创新，形成较之国有企业乃至外资企业的竞争优势。例如，大量学者关注了民营企业的国际化行为与绩效。他们发现，在 2003 年以前，民营企业还因不具备境外投资资质而几乎完全没有国际化的知识与经验，但仅仅不到 20 年后，民营企业凭借其在组织效率、商业模式、动态能力、机会识别、研发创新、营销能力等方面较之国有企业的优势，快速实现了海外商业与创新版图布局，其速度与程度甚至远远超过了"提前起跑"的国有企业。再如，有学者发现，较之国有企业，民营企业更善于利用来自政府的研发或非研发补贴，尤其是在制度发展水平较高的市场环境中。[⊜]近年来，有学者提出"国家冠军"的概念，用于表征政府有意识、针对性地扶持部分具有较好的能力基础和极大发展潜力的企业，提供有关市场进入和资本获取的优惠条件等，使其代表国家参与国际创新竞赛并形成一定的竞争力，进而领导整个民族产业的发展。

一般而言，学者在探究"国家冠军"时，更多关注与政府具有天然纽带的国有企业，但有学者发现，民营企业也可以被选为"国家冠军"，在政府支持和背书下，代表整个产业参与国际竞争，华为就是其中最为典型的代表。[⊜]诚然，尽管我们注意到民营企业在中国各类创新生态系统以及各种商业与创新活动中所扮演的角色愈发关键，但不可否认的是，我国的市场化改革是一个仍然在进行的渐进式过程，民营企业依然需要面临诸多挑战和困难，现行的许多制度和限制仍不利于其发展和发挥优势。例如，对于许多事关关键核心技术攻坚或复杂产品系统建设的重大项目招投标，民营

⊖ LUNDVALL B, RIKAP C. China's catching-up in artificial intelligence seen as a co-evolution of corporate and national innovation systems[J]. Research policy, 2022, 51(1): 104395.

⊜ 杨洋，魏江，罗来军. 谁在利用政府补贴进行创新？——所有制和要素市场扭曲的联合调节效应 [J]. 管理世界，2015(1): 75-86.

⊜ MUSACCHIO A, LAZZARINI S G, AGUILERA R V. New varieties of state capitalism: strategic and governance implications[J]. Academy of management perspectives, 2015, 29(1): 115-131.

企业有时需要依托国有企业来建立商业纽带，并以承担分包项目的形式间接参与，致使主体能动性和创新优势不能尽数发挥。⊖

2. 民营企业创新：打好"政府"这张牌

民营企业提高创新绩效的一个秘密"法宝"在于政治关联。相应地，企业需要制定和实施独特的政治战略以建立政治关联，进而提高创新绩效。相比于天然与政府具有紧密纽带的国有企业，政治关联与政治战略对于民营企业更为重要。需要说明的是，尽管个人或组织与政府机构形成或紧或松的社会纽带并不罕见（在西方自由资本主义体制中同样盛行），但中国的政治制度和社交文化还是赋予了政治关联以特殊意味，导致其在一些英语刊物中被直接音译为"guanxi"。

例如，吉利在啃下沃尔沃这一块组建全球研发网络的关键拼图时，就将政治关联带来的效益发挥到了极致。比如，在从代表国家意志的政策性银行——国家开发银行借来了一笔"救命"贷款之后，为使该项并购顺利落地，又成功从大庆与成都市政府直接或间接地筹措了超过 80 亿元的过渡资金。可以说，如果没有政治战略所起到的支撑作用，吉利未必能吞下沃尔沃这头巨象。再如，研究发现，在向欧美市场进军的初期，华为受来自母国政府的负向的规制合法性溢出影响而屡屡受挫。之后，华为积极运用有关桥接、缓冲、隔离、网络等的政治战略，规避负向的规制合法性溢出，吸收和利用正向的规制合法性溢出，最终成功打入并坐稳欧美市场，成为全球第一大电信设备制造商。⊖

需要强调，政治关联作为一种制度资源，具有"双刃剑效应"。一方面，政治关联能对企业起到保护作用，一定程度上防止来自政府的价值侵

⊖ HASSARD J, MORRIS J, SHEEHAN J, et al.China's state-owned enterprises: economic reform and organizational restructuring[J]. Journal of organizational change management, 2010, 23(5): 500-516.

⊖ 魏江，赵齐禹 . 规制合法性溢出和企业政治战略——基于华为公司的案例研究 [J]. 科学学研究 , 2019, 37(4): 651-663.

占，[⊖]而且，政治关联还被证明可以通过提供制度和财务资源、深度的政策和海外投资信息等形式促进企业国际化和创新绩效的达成。另一方面，政治关联可能以职务委任、身份背书等形式，成为政府管制企业的一种有效手段，反而使企业的决策与经营活动受到限制。研究发现，在非正式市场规则之下，民营企业可采取政治战略建立政治纽带，尽量避免来自政府的价值侵占，也避免通过"寻租"的方式获取超额收益。为了达成上述目的，民营企业普遍具有较高的股权集中度——提高股东的利益一致性，降低共同行动的成本和风险，更好地实施政治战略以获取资源。[⊜]

4.1.3　国有企业与民营企业的协同创新效应

1. 建立混合治理结构

近年来，兼具制度力量和效率优势的混合所有制企业正成为学界关注的焦点。人们越发感受到，在"两个毫不动摇"的指引下，国有资本与民间资本的融合不再是一个伪命题，混合所有制企业也不再仅仅是"换了装束"的国有企业。事实上，在过去几十年间，中国国有企业已从曾经被政府全权控股的"巨型恐龙"，逐步改制为由公共与私人利益代表共同持股的混合型组织，相应形成了混合式的管理团队。在多元化股权结构与现代化公司治理体系下，民营资本具有了一定的话语权，也可以影响甚至决定企业的重大战略决策。由此，兼容了公权力影响与私人利益诉求的价值共享与权力制衡体系，在中国以混合所有制企业的样貌诞生了。

前面提到，导致国有企业经营绩效低于预期的根源在"双重代理"问题，即从名义上讲，国有企业的最终受益人是公民，但这个群体过于庞大

⊖　ZHOU J, GE L G, LI J, et al. Entrepreneurs' socioeconomic status and government expropriation in an emerging economy[J]. Strategic entrepreneurship journal, 2020, 14(3): 396-418.

⊜　CHEN C J P, LI Z, SU X, et al.Rent-seeking incentives, corporate political connections, and the control structure of private firms: Chinese evidence[J]. Journal of corporate finance, 2011, 17(2): 229-243.

且分散，加之国有企业的经营信息涉及财政部、国务院、行业部门等多个行政主体，缺乏行之有效的监督和行权机制，○最终使经理人有动机和条件追逐个人利益而牺牲企业整体的效益。但在整合了民间资本的混合所有制企业中，"双重代理"问题将会得到很大程度上的解决，原因在于：在混合所有制企业中，经理人所受托的对象不再仅仅是政府，还有追求投资回报最大化的个人或机构股东，这些股东为了降低代理成本从而确保自身权益，会引入诸如基于绩效的薪酬系统、监事会、独立董事等的激励与监督机制。○由此，企业作为经济组织的市场主体属性得到加强，在进行投资决策时更多遵循能够使股东财富最大化的效率逻辑。还有研究发现，民间资本对于国有资本在公司治理上的这种制衡作用在机构投资人大量持股的背景下会得到进一步加强。○在与国有资本代表的共同治理过程中，机构投资人能够凭借更多的内部监督渠道、外部金融资源以及声誉背书等取得更高的决策话语权，从而最终保证企业最大限度地按照效率逻辑开展投资与经营活动。

2. 发挥互补效应

除了通过建立价值共享与权力制衡体系以解决"双重代理"问题，中国的混合所有制企业还有另一大优势，就是兼顾了效率逻辑与合法性逻辑（见图 4-1）。一方面，在混合所有制企业中，战略决策是经理人及其背后的股东围绕经济目标和政治利益相互妥协后的结果，不再是由政府单纯出于政治或公共目的而做出的。○从这个角度上讲，代表政府利益的国有资本不

○ BRUTON G D, AHLSTROM D, CHEN J. China has emerged as an aspirant economy[J]. Asia Pacific journal of management, 2019, 38(1): 1-15.

○ INOUE C F, LAZZARINI S G, MUSACCHIO A.Leviathan as a minority shareholder: firm-level implications of state equity purchases[J]. Academy of management journal, 2013, 56(6): 1775-1801.

○ HE X, EDEN L, HITT M A.Shared governance: institutional investors as a counterbalance to the state in state owned multinationals[J].Journal of international management, 2016, 22(2): 115-130.

○ JAMES B E, VAALER P M. Minority rules: credible state ownership and investment risk around the world[J]. Organization science, 2018, 29(4): 653-677.

会也不能对企业的重大战略决策和日常管理经营施以太多的干预，由此在很大程度上解决了过往掣肘国有企业发展的激励结构与监督机制问题，可以保障企业按照市场化的效率逻辑开展投资和经营活动。

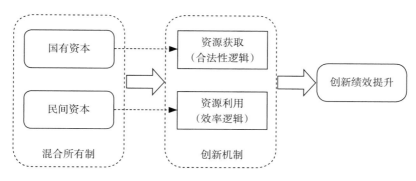

图 4-1　混合所有制企业的互补效应

另一方面，即使仅持有少数股份，国有资本也依然可以通过管制、裁定以及对大量资源的配置来对企业施以巨大影响。[⊖]例如，拥有部分国有资本背景的企业更容易从国有银行、开发银行、主权基金、各类国属基金（如养老金、健康保险等）中获得财务资源，且融资成本低廉。同时，国有企业在政府项目招标的过程中也具有绝对的优先权，有的项目甚至直接将有国有资本背景设为竞标门槛。换言之，尽管国有资本仅持有了部分甚至是小部分股份，不能直接决定企业的战略决策，但其为企业带来的背书作用与政治资源还是能够显著提升企业的经营与财务绩效。在国际安防市场中独树一帜的海康威视就是成功的典例，借助"平安中国"的政策东风，海康威视在由大量政府订单作支撑的制度型市场中找到了试错型学习的空间，并使技术与产品快速迭代至国际领先水平，最终取得世界安防产业龙头的地位。此外，国有资本作为社会公众的委托人，在整合与传递价值主张的过程中会更多强调创造社会公共福祉。相较于追求短期利润最大化的

⊖　JAMES B E, VAALER P M. Minority rules: credible state ownership and investment risk around the world[J]. Organization science, 2018, 29(4): 653-677.

个人与机构股东，国有资本在进行投资项目选择时表现出更高的战略前瞻性，对于经理人的投资决策与绩效表现反而更有耐心与容忍度。[⊖]

4.2   制度供给：集中力量办大事

除了兼具合法性逻辑与效率逻辑的混合所有制企业带动产业追赶创新，并塑造市场、制度乃至技术形态，更为重要的因素是中国制度的本身。一言以概之，中国制度的核心优势表现为集中力量办大事，政府通过供给制度资源，有效利用制度工具，及时创造激发创新主体活力的制度环境，在极短的时间内塑造原本并不存在于系统中的强大力量，构筑起中国企业创新的"护城河"。据此，本部分对中国制度进行解构，探究政府对资源的配置权、新型举国体制以及相关制度特征对企业创新的影响，试图提炼其独特性。

4.2.1   配置资源以引领创新方向

1. 转型期的"强政府"

在中国，资源作为一种制度工具在塑造市场结构和驱动企业创新的过程中具有特殊作用。国有企业股份制改革、管办分离、股权分置改革等政策在很大程度上打破了计划经济时期阻碍资源自由流动的制度藩篱，并将许多非核心却依然有价值的资源从公共系统中剥离，但转型期的中国政府仍然控制着土地、资金、技术等大量关键资源，直接影响甚至决定了企业乃至整个产业的盛衰兴废。[⊜]有学者提出，在中国，大型银行基本为国有，导致政府在借贷决策上拥有最终的"拍板权"。还有学者提出，由国家体制

⊖　INOUE C F, LAZZARINI S G, MUSACCHIO A. Leviathan as a minority shareholder: firm-level implications of state equity purchases[J].Academy of management journal, 2013, 56(6): 1775-1801.

⊜　魏江，王丁，刘洋 . 非对称创新：中国企业的创新追赶之路 [J]. 管理学季刊，2020, 5(2): 46-59.

决定，作为基本生产要素的土地由政府牢牢掌握，围绕土地使用权的交易活动相应成为地方政府提高财政收入、驱动产业发展的重要手段。

当然，在讨论"强政府"如何促进企业创新之前，我们需要意识到资源过度集中在政府手中会产生哪些弊端。其一，政府对核心资源的控制和分配会直接造成国有企业的"预算软约束"问题，这不仅可能加剧国有企业内部的委托代理问题，⊖更可能扭曲国有企业与民营企业作为两大市场主体的竞争关系。其二，在该体制下，政府（尤其是具有"锦标赛"压力的地方政府）更可能形成对价值资源的"猎食性"。例如，有研究发现，政府可能根据所有者的社会地位来判断企业是否掌握有价值的资源，并以"摊派"的形式对其进行侵占。⊜

2. 制度资源供给与企业创新

中国政府在通过制度资源供给以提升企业创新绩效方面表现出显著的优越性，或者至少说独特性。当对外开放作为一项基本国策被实施后，大量外资企业来华，它们通过设立合资企业或绿地投资等形式参与中国国内的市场竞争。毫不夸张地说，在这一过程的初始阶段，外资企业几近"降维打击"，不论是技术、产品，还是营销、服务，中国本土企业都毫无还手之力。在此背景下，中国政府通过提供融资、补贴以及公共研发部门等各类资源支持，为创新能力积弱的本土企业赋能，保护并培养其逐渐具备与外资企业竞争的能力。⊜例如，海康威视借助中国政府发起的"平安中国""智慧城市"等大型项目，获得了大量政府订单，并在央企中电集团的

⊖ ZHOU K Z, GAO G Y, ZHAO H. State ownership and firm innovation in China: an integrated view of institutional and efficiency logics[J]. Administrative science quarterly, 2017, 62(2): 375-404.

⊜ ZHOU J, GE L G, LI J, et al. Entrepreneurs' socioeconomic status and government expropriation in an emerging economy[J]. Strategic entrepreneurship journal, 2020, 14(3): 396-418.

⊜ WEI J, SUN C, WANG Q, et al. The critical role of the institution-led market in the technological catch-up of emerging market enterprises: evidence from Chinese enterprises[J]. R&D management, 2020, 50: 478-493.

技术支持下，快速进行产品迭代，一跃成为全球安防市场首屈一指的创新标兵。近年来，中国政府开始将战略目光投向海外，发起了"一带一路"等国际合作倡议，背后的核心逻辑依然是利用政府"集中力量办大事"的制度优势带动本土企业创新创业，而企业在开发新产品、新技术的过程中也的确会在很大程度上获益于由这些创新政策所带来的制度资源（甚至出现了一些"政策投机型"企业）。

3. 政府补贴的信号作用

此处将进一步讨论政府补贴的信号作用。[一]政府研发补贴是激励企业投入创新的重要手段，研发补贴对企业的影响已成为企业管理和公共政策研究的热点话题。以往的研究主要关注政府的研发补贴如何直接影响受补贴企业对创新的投入、创新组织过程以及创新绩效，但对转型经济体中补贴所起到的间接作用缺乏足够的关注，同时，关于转型经济体情境特殊性的作用缺乏充分的考虑。我们认为，中央政府的研发补贴向资本市场传递了关于被补贴企业的负面信号，进而阻碍了这些企业的市场融资；相反地，地方政府关于被补贴企业的研发补贴传递了正面信号，有利于其从资本市场融资。

我们认为，中国的中央政府优先考虑国家经济的整体和长期增长。企业在研发上的投资会催生创新，促进国家经济增长，中央政府可以通过补贴来选择和支持研发项目，以刺激企业的研发活动。在分配补贴时，中央政府倾向于选择具有高溢出效应或低独占性的研发项目。低独占性的研发项目会对其他地区的企业产生知识溢出，这种外部性是中国国民经济整体增长的重要动力。与此相反，高独占性会保护创新企业的知识不扩散。虽然低溢出效应的研发项目对创新企业和创新企业所在地区有很大的好处，但创新企业的目标是促进整个国家的经济发展，因此不太可能满足中央政

㊀   WEI J, ZUO Y. The certification effect of R&D subsidies from the central and local governments: evidence from China[J]. R&D management, 2018, 48(5): 615-626.

府的要求。具有高溢出效应的研发项目将阻碍企业投资，因为企业无法从实施这些项目中获益，因此需要公共刺激。事实上，不完全适宜性是公众支持企业创新并使整个社会受益于溢出效应的主要理由。由于具有高溢出效应的研发项目具有惠及全国的巨大潜力，且往往投资不足，得不到补贴，中央政府会选择这类项目进行补贴。

此外，中央政府倾向于资助企业的战略研发项目，这类项目具有带来前沿和激进的技术创新的潜力。这些投资一旦成功，将推动中国经济的长期持续增长，并在全球范围内获得竞争优势。这些研发项目的特点是私人公司投资不足，因为成功的风险高，而且满足商业化潜力的周期长。中央政府将倾向于对这些项目给予补贴，因为它们从长远来看可以促进经济发展，并且依赖于公众的支持来实现"社会需要的"投资水平。

资本市场的投资者则倾向于回避这两类研发项目。实施具有高溢出效应的研发项目的企业往往不能从创新中获得太多利润，而投资者寻找的是具有最大未来利润的项目或企业。企业创新的低收益率降低了股权资本提供者的投资回报，或者增加了债务资本提供者的投资风险，使其预期回报率得不到保证。同样，投资者倾向于区别对待周期长或风险高的项目，往往需要回报溢价。因此，随着企业从中央政府获得研发补贴，一个信号被释放出来，即补贴项目具有高溢出、高风险或长周期，收到这个信号的投资者往往就会减少在这些补贴项目上的投资。

与其他司法管辖区相比，中国地方政府在短期内更重视本管辖区的相对经济增长。中国市场转型初期后，中央政府的财政分成合同使地方政府能够从地方经济增长中受益，从而为它们创造了促进增长的激励——在接下来的几十年里，GDP 增长几乎是唯一重要的指标，并成为评价和提拔来自多个司法管辖区候选官员的最重要标准。这种评价传统被称为治理中国地方官员的"锦标赛"。此外，地方官员的任期很短（据报道，省级官员的平均任期为 3 年），而对官员绩效的评估主要基于他们任期内的平均结果。为了最大限度地提高升迁可能性，地方官员在其任期内将利用一切机会促进本行政区域相对于其他区域的经济增长。地方政府意识到企业研发投资是经济增长的重要动力，往往会利用补贴来促进低风险、短周期的研发项目，以实现商业潜力。低风险的研发项目因为具备较高的商业潜力，更有可能促进其管辖范围内的经济。短周期的研发项目因为对经济指标的影响能相对较快地体现出来，更会受到官员的青睐。这也是地方官员任期短导致决策短视的主要原因。地方政府支出、税收策略、企业社会责任预期都被这种导向扭曲。此外，地方官员还会歧视研发项目，因为这些项目通过知识溢出很可能对周边的司法管辖区的经济改善有利，结果反而降低了本司法辖区晋升的可能性。概括地说，当企业从地方政府获得补贴时，就会向市场发出一个信号：该投资项目溢出效应低、风险低、周期短，投资者可以通过展示项目的这些特点，提高项目被补贴或者被增加投资的可能性。

4.2.2　新型举国体制与创新能力

1. 新型举国体制的内涵与特征

近年来，新型举国体制作为一个中国特有的概念被政府以政策文件的形式正式提出，引发了学者对其内涵与特征的广泛讨论。在定义新型举国体制之前，需要先明确什么是举国体制。举国体制原特指国家体育管理机构在全国范围内调动相关资源和力量，由国家负担经费来配置优秀的教练员和软硬件设施，集中选拔、培养、训练有天赋的优秀体育运动员参加奥运会等国际体育赛事的体育体制。新型举国体制沿用了这一定义中有关国家集中调动资源和力量的概念，但适用的场景和指代的对象截然不同。新型举国体制更多被放置于科技创新治理体系中讨论，指以国家利益为最高战略优先级，在全国范围内动员和统筹有关力量，包括精神意志和物质资源等，攻克世界尖端领域或国家特别重大项目的工作体系和运行机制。[⊖]

─────────────

⊖　蔡跃洲. 中国共产党领导的科技创新治理及其数字化转型——数据驱动的新型举国体制构建完善视角 [J]. 管理世界，2021, 37(8): 30-46.

学者路风和何鹏宇对这一概念有更加具象化的理解，他们认为在铁路、桥梁等我国屡创奇迹的领域内都存在一个强有力的领导和执行机构，在国家力量的背书作用下，指挥经济主体并调动市场资源，创造和激发本不存在的产业创新能力，如铁路总公司之于高铁、中央专委会之于"两弹一艇一星"等。[⊖]他们认为这种以特殊机构领导完成重大任务的方式就是新型举国体制的表征，且并非中国特色社会主义的政治体制所特有，即使在像美国这样以自由市场为特点的资本主义政治体制中也存在新型举国体制，只是在不同历史时期表现形式不同而已。

对于中国这样的后发经济体而言，新型举国体制的存在至关重要，原因在于：市场并不会自发形成突破式创新，仅仅依靠企业自身的力量很难在从 0 到 1 的巴斯德象限取得成绩，且往往会产生所谓的"创新者窘境""谁先创新谁先出局"情况。因此，通过国家力量调动市场资源并整合科技力量，让企业连同高校、公共研发机构一起在巴斯德象限进行创新，能够显著提高重大突破产生的可能与速度。尤其是在关键核心技术领域，创新突破往往涉及大型产品或复杂工程系统，具有链条超长、结构复杂等特征，创新主体间高效协同的难度巨大。新型举国体制则能够有效实现强力政府和自由市场的优势互补，提高国家创新体系中各主体之间在开展科技创新活动过程中的协同效率。[⊖]

2. 新型举国体制下的企业创新

在新型举国体制下，企业的创新战略及其实践，较之在完全市场环境下，会发生重大改变，且都饱含了中国管理哲学的独特深厚智慧。比如，中国铁道部在 2004 年提出了"引进、吸收、再创新"的发展路线，出台了包括"四纵四横"等在内的重要政策，计划建设客运专线超 1.2 万公里（这几

⊖　路风, 何鹏宇. 举国体制与重大突破——以特殊机构执行和完成重大任务的历史经验及启示 [J]. 管理世界, 2021, 37(7): 1-18.

⊖　蔡跃洲. 中国共产党领导的科技创新治理及其数字化转型——数据驱动的新型举国体制构建完善视角 [J]. 管理世界, 2021, 37(8): 30-46.

乎等于当时世界上其他国家高铁里程的总和）。要完成这样一个看似不可能的目标，只有依靠新型举国体制和该制度下企业独特的创新实践。在政府的引导和支持下，包括中国南车、中国北车在内的车企主导打开组织边界，一方面通过项目合作的形式吸收国外先进技术，另一方面与大学、研发机构、国家实验室与工程中心这些战略科技力量紧密合作，形成了由公共与私人部门作为双主体的协同创新网络，开发了具有自主知识产权的 CRH380 动车组。 此外，这些车企在中央政府和铁道部（铁路总公司）的有意设计下还形成了所谓的"有控制的竞争关系"，使铁路产业的形态由过去单纯服从行政指令的计划经济模式快速转向由供需关系决定的市场经济模式。

　　需要注意到，尽管"全国上下一盘棋"的整体性政策框架与"集中力量办大事"的资源配置能力保障了企业的生存和发展，并且在多个领域成功激发了创新，但这种高效的制度仍避免不了被贴上"集权主义""贸易保护主义""政府寻租"等常见于西方价值体系的负面标签，导致中国企业在开展国际化活动时面临独特的来源国劣势。 例如，在"一带一路"倡议落地的过程中，一些政治性的考虑会降低中国企业的议价权，并增加东道国或第三国企业入围的可能。 我们在企业调研中观察到，来源国劣势会使中国出海企业面临严重的外部合法性赤字，并相应形成独特的海外研发网络结构、海外子公司同构模式、跨国母子公司结耦战略等。

4.3　制度创业：摸着石头过河

　　制度资源供给和新型举国体制固然能带来"集中力量办大事"的制

　　⊖　CHESBROUGH H, HEATON S, MEI L.Open innovation with Chinese characteristics: a dynamic capabilities perspective[J]. R&D management, 2021, 51(3): 247-259.

　　⊜　魏江, 王丁, 刘洋. 非对称创新：中国企业的创新追赶之路 [J]. 管理学季刊, 2020, 5(2): 46-59.

　　⊛　LI J, VAN ASSCHE A, LI L, et al. Foreign direct investment along the Belt and Road: a political economy perspective[J]. Journal of international business studies, 2021: 1-18.

度优势，但任何制度以及该制度下产生的政策、规则、规范等制度要素都不是一蹴而就的，更不能意味着一劳永逸。实际上，制度以及制度行动者本身就是在一个相互塑造的过程中共同演化，且这一共演过程几乎存在于所有制度环境中，无论其文化背景、政治形态、市场体制等如何。不同在于，在中国的制度情境下，制度创业不仅仅是一个自下而上的自发性过程，更是一个自上而下的"有计划的涌现"过程：政府一方面默许甚至主动授意民间力量在不论是成熟场域还是新兴场域中开展制度创业，另一方面在国家政策层面发起并推动制度创业，以政策试点的形式不断迭代、优化制度，提高制度支撑经济活动开展效率的程度。我们团队以"摸着石头过河"来形容中国制度情境的这一特点，认为正是发生在民间和国家层面的制度创业活动进一步激发了企业的创新活力，提升了产业乃至整个国家的创新能力。

4.3.1　政府背书下的民间制度创业

与东欧国家的民营企业大都脱胎于国有企业改制不同，绝大部分中国的民营企业都是由企业家依靠个人和团队打拼从无到有建立起来的。[⊖]在这个过程中，中国已逐渐在国家层面形成了一个由企业主导、政府鼎力支持的创业生态系统，而这一系统的背后是国家和政府对民间创业精神的认可。在创业生态系统中，相互依存的制度行动者和一组相互关联的制度要素以一种能够使能有效创业的形式在一个特定的地理区域与活动范围内被统一协调起来。通俗地讲，新创企业因为对市场、资金、政策、人才等要素的迫切需求，会在共同发展的过程中逐渐形成相互依赖的关系并共同演化。尽管依然有不少创业主体最终被迫退出市场，即所谓的创业失败，但相较于缺乏基础设施和政策支持的"单打独斗"型创业，创业生态系统能够显

⊖　CHEN C J P, LI Z, SU X, et al.Rent-seeking incentives, corporate political connections, and the control structure of private firms: Chinese evidence[J]. Journal of corporate finance, 2011, 17(2): 229-243.

著提高新创企业的存活率和成长速度。

国家对民间创业精神的认可对于创业绩效乃至整个创业生态系统至关重要。原因在于，政府有关创业的政策及其相应带来的资源被发现能够显著影响甚至直觉决定一个区域内民间创业的整体绩效。[⊖]首先，政府能够统筹并协调创新主体以及互补性资源在一定区域范围内的快速集聚，高校、创业服务型企业、产业上下游配套企业等在政府的统一引导下能够形成紧密的社会网络、创新网络，加快知识的生产，并向外溢出至新创企业，提升其创业与创新绩效。其次，政府能够以出台政策和规制的形式建立有利于创业活动开展的制度环境，尤其是治理能力较强的地方政府，其提供的公共服务和基础设施能够在很大程度上帮助新创企业快速进入成长阶段。Wei 就通过实证研究发现，由地方政府提供的公共和社会服务以及在政府引导下形成的由高校、研发机构等构成的社会网络能够显著促进本地创业机会的增长并带动民间创业。[⊖]然而，相较于在创新系统中所发挥的协调和引导作用，政府在创新生态系统更多是发挥辅助性支撑作用。换言之，政府在最大限度上限制对创业活动的干预力度，与其对创业精神的认可和对创业活动的支持同样重要——共同构成创业成功的先决条件。

然而，尽管地方政府被发现能够通过政策支持来促进创业者开发市场机会、发展自身业务等，但仅仅依靠政府本身仍不足以支撑充满活力的可自我维持的创业活动，因为负责协调创业资源并利用这些资源构建商业模式以实现价值创造最大化的主体依然是新创企业本身。据此，有学者提出，政府的认可和支持固然重要，但更为关键的还在于创业者如何利用政府所提供的资源以及不完美的制度环境开展试错型学习。实际上，从某种程度上讲，创业的过程实质就是企业不断犯错再不断纠错的过程，企业在经历尝试与错误的交替循环中通过不断汲取经验、及时调整目标与行为等方式

⊖⊖　WEI Y. Regional governments and opportunity entrepreneurship in underdeveloped institutional environments: an entrepreneurial ecosystem perspective[J]. Research policy, 2022, 51(1): 104380.

逐渐降低错误率。[⊖]然而，不仅犯错会耗费企业的资源，不断地纠错也会产生大量成本，这就需要企业学会利用政府的扶持、补贴政策，在合理的范围内适度开展试错型学习。例如，政府塑造的制度型市场就为新创企业带来了天然的"试验场"。[⊜]具体而言，新创企业开展试错型学习的一大基本条件就是持续不断得获得市场反馈，丰富的显性市场信息与客户资源能够很好满足试错开展的条件。同时，试错型学习不可避免地会产生试错成本，需要额外的资源输入作为补偿，资金、技术、信息等资源都能够有效帮助企业开展试错。在此背景下，制度型市场通过市场创造、资源支持以及对内外资的吸引，为新创企业开展试错型学习创造了得天独厚的条件。

4.3.2　国家主导的制度创业：先试点，再推广

学者普遍认识到试错型学习在企业创新过程中发挥着重要作用，并开展了广泛的讨论，形成了诸多成果，如"双环式学习""经验式学习""干中学"等经典概念，承袭了试错型学习的核心内涵。然而，尽管试错型学习及其相关的观点与假设大量用于解释企业创新问题，其在公共政策制定与国家制度设计过程中所能发挥的功能却较受忽视，一些零星的研究成果也大都乏善可陈。

一般而言，试错型学习在国家治理和公共政策层面的映射为试错型治理（experimentalist governance），即基于深思熟虑的制度设计和来自现实的经验证据开展治理活动。[⊕]这一模式的出现是对命令与控制式的治理模式的补充，且更加契合当今快速变化的制度环境。试错型治理最典型的表现形

⊖　RERUP C, FELDMAN M S. Routines as a source of change in organizational schemata: the role of trial-and-error learning[J]. Academy of management journal, 2011, 54(3): 577-610.

⊜　魏江, 潘秋玥, 王诗翔. 制度型市场与技术追赶 [J]. 中国工业经济, 2016(9): 93-108.

⊕　KIVIMAA P, ROGGE K S. Interplay of policy experimentation and institutional change in sustainability transitions: the case of mobility as a service in Finland[J]. Research policy, 2022, 51(1): 104412.

式为政策试点，这被定义为出于形成多个新的政策方案（表现为临时性的政策设计、制度安排等）的目的，开展的有组织、有计划的制度活动，部分产生于这些制度活动中的政策方案经小规模的试验、论证后，会进入正式的政策制定过程，并在更大的规模上进行复制，最终正式成为国家法律、制度、规则、准则等。

从上述定义中，可以提炼出政策试点的几个基本特征：首先，政策试点是对某种新想法、新模式的尝试；其次，至少相对于正式制度而言，政策试点应该是小规模的，有着明确的制度边界；再次，作为制度过程或制度活动，政策试点是暂时性的，不论其产生的结果最终是否以制度化的形式保留下来；最后，政策试点是试错型学习的过程，涉及开展试验、结果评估、问题识别、经验总结等环节。根据上述特点，现有研究主要区分了两种类型的政策试点——渐进式和突破式，前者发生于现有创新政策的边界之内，后者则发生于现有创新政策的边界之外。[⊖]

基于政策试点开展的试错型治理被认为是政府能力的重要表现之一，在很大程度上决定了创新政策组合的制定与实施效果。这是因为，尽管本身是暂期性的，但是政策试点对整个制度体系的建立和演化发挥着长期的、根本的影响。产生满意结果的试验型政策会被永久制度化下来，更为重要的是，无论是否被保留或淘汰，政策试点能够改变制度行动者的认知体系和行为规范，使其意识到变革的必要性以及正确开展变革的方式。

此外，相较于全国规模的永久性创新政策，政策试点所产生的成本更低，牵涉的利益相关者更少，受到抵制的可能性以及抵制的规模都更小且可控。因此，中国政府始终将"先试点，再推广"的试错逻辑作为法宝，引导国家制度创业活动。例如，在将对外开放作为基本国策实施初期，为规避制度不确定性带来的风险以及公众认知无法快速跟上等问题，国家首

⊖ KIVIMAA P, ROGGE K S.Interplay of policy experimentation and institutional change in sustainability transitions: the case of mobility as a service in Finland[J]. Research policy, 2022, 51(1): 104412.

先选择在深圳、珠海、汕头和厦门试点，这四个城市也被冠以"经济特区"的称号，以突出其试验性质。再如，多个研究发现对外开放作为一项在有计划的试错中推进的基本国策，的确吸引来了大量外资企业来华设立合资企业或绿地投资盘活当地经济。

当合资和外资控股这两种常见于发达经济体中的经济组织形式出现在转型经济体中时，由于要遭遇政府的强力管控和频繁干预，就会加剧转型经济体中企业的高管派系冲突、不当市场竞争等。随着开放程度加深，制度不断健全完善，不少合资企业转向了独资公司或者外商全资子公司，努力摆脱政府规制的束缚。但同时，转型经济体的政府机构往往会通过不断放宽或者收紧政策口径来调整政策弹性，为本土企业提供政策扶植，持续提高本土企业与外资企业竞争的能力。这是国际上通用的"追赶规则"。

此外，政策试点能在最大限度上降低制度纠错的成本，政府可以基于政策实施的结果来决定是否继续开展试验。例如，昆明市政府在 2020 年曾连续撤销多个开发区建制，及时调整产业布局，避免了低效的资源过度专业化问题。学者 Lazzarini 就提出，在推行纵向的产业政策时，有能力的政府会鼓励新的试验，并根据试验结果调整产业的资源配置，防止资源的过度专业化。⊖

⊖　LAZZARINI S G. Strategizing by the government: can industrial policy create firm-level competitive advantage?[J]. Strategic management journal, 2015, 36(1): 97-112.

技术体制的非对称性

尽管理论界和实践界都普遍认同中国企业在创新追赶过程中具有非常强的学习能力，但学习能力并不是中国企业和中国企业家独有的能力，所以这不能完全解释中国企业实现追赶的奇迹。我们认为，技术体制的非对称性是我国企业技术追赶的独特情境，正是这种独特的技术体制让中国企业的创新追赶获益颇多。技术体制包括技术机会、创新独占性、技术累积性和支撑企业创新活动的知识基础等。相较于被追赶的发达经济体，中国企业面对的技术体制表现出三方面的非对称性特征：技术能力基础薄弱、不同所有制的企业能力失衡、创新独占性缺失。

为什么在此种非对称的技术体制下，中国企业能如此快速地完成追赶呢？显然，正是因为技术能力基础薄弱，出现了许多"反正底子很薄，怎么学、学什么都可以"的现象，在技术引进阶段只要抓住机会就能促使企业快速成长；正是因为不同所有制的企业在技术发展上的不均衡性，在技术消化吸收的过程中，不同所有制的企业之间、传统产业和新兴产业之间产生了强烈的互补效应，从而加快了中国企业整体的技术创新追赶；正是因为创新独占性缺失，新的技术和知识能够在学习过程中快速扩散。但在技术追赶的后期阶段，独占性缺失会损害企业的自主创新动力，有必要实现更为合理的知识资产治理。

本章依照技术追赶的"技术引进—消化吸收—自主创新"三阶段过程展开。首先，聚焦于技术追赶的技术引进阶段，基于我国技术体制非对称的技术能力基础薄弱特征，探讨技术能力基础薄弱的后发企业如何构建全球研发系统，为技术引进提供支撑。**其次，聚焦于技术追赶的消化吸收阶段**，基于技术体制非对称的不同所有制企业间的能力失衡特征，讨论国有企业和民营企业在技术引进、技术活动、人员流动过程中的互补关系，进而阐释不同所有制的企业能力失衡所产生的互补效应促进中国企业引进技术消化吸收的机制。**最后，聚焦于技术追赶的自主创新阶段**，基于技术体制非对称的独占性缺失特征，以集群经济、专业服务业和平台网络为典型案例阐释独占性缺失对技术创新发展的阻碍，并从知识资产治理的角度出发，提出知识资产治理的转变路径，为中国企业技术追赶的创新提供启示。

5.1　技术能力基础薄弱与全球研发系统构建

相较于发达经济体，早期我国整体工业水平相对落后，处于后发者地位的中国企业通常选择向发达经济体的企业学习，通过发挥后发者优势实现技术的创新追赶。后发者学习的路径和方式有很多，其中构建全球研发系统被认为是较易成功的一种方式，但是这种学习方式本身存在一定的困难。本节首先讨论非对称技术体制下的镜像假设缘何不成立以及由此带来的后发企业全球研发系统的构建困境，以及在此背景下后发企业构建全球研发系统的三大设计规则。

5.1.1　镜像假设与全球研发系统架构构建

系统架构是系统的构成要素及其相互关系，[⊖]模块化架构和一体化架构是常见的系统架构分类。当一个系统包含一系列模块，每个模块具有一个

⊖ SANCHEZ R, MAHONEY J T. Modularity and economic organization: Concepts, theory, observations, and predictions[M]. Cheltenham, UK; Northampton, MA: Edward Elgar Publishing, 2013: 383-399.

或多个独特功能，模块间通过明确定义的界面联结时，该系统就称为模块化架构。[一]基于此，技术模块性指在技术架构中，单元技术的改变不要求其他单元技术做出改变，单元技术成为半自律的子系统，单元之间的界面允许不同的单元技术在技术架构中相互替代和整合。技术架构体现了功能视角下的产品设计架构，企业的技术架构与产品架构可能基本一致。组织模块性指组织架构中不同单元负责不同的技术模块实现过程，组织单元的内部改变不要求其他单元做出改变，组织内外部单元之间通过组织界面联结、替代和重组。[二]

对于技术架构和组织架构关系的争论，焦点在于镜像假设是否成立，[三]该假设的成立基于两种逻辑：第一，组织架构和技术架构在设计时应当进行对应，因为组织内部的沟通方式必须和系统要素间的技术互依性协同；第二，组织结构的建立可以短期实现，而对于技术的设计是之后涌现的，因此与技术相关的知识是嵌入在组织架构和信息过程规则之中的，组织架构和技术架构应当天然协同。[四]这两种逻辑可以并行存在，都说明了与技术架构协同的组织架构可以使企业的内部模块有效运作，并快速与外部模块进行匹配与组合，使复杂条件下的系统整合成为可能。建立长期导向的领导团队等灵活方式可以应对相关挑战，但在后发企业研发走出去的过程中，

[一] HOETKER G. Do modular products lead to modular organization?[J] Strategic management journal, 2006, 27(6): 501-518.

[二] 魏江 , 黄学 , 刘洋 . 基于组织模块化与技术模块化 "同构 / 异构" 协同的跨边界研发网络架构 [J]. 中国工业经济 , 2014(4): 148-160.

[三] BRUSONI S, PRENCIPE A. Making design rules: a multidomain perspective[J]. Organization science, 2006, 17(2): 179-189.
CHESBROUGH H W, KUSUNOKI K. The modularity trap: innovation technology phase shifts and resulting limits of virtual organizations[J]. Managing industrial knowledge, 2001, 6: 202-230.

[四] MAC CORMACK A, BALDWIN C Y, RUSNAK J.Exploring the duality between product and organizational architectures: a test of the "mirroring" hypothesis[J]. Research policy, 2012, 41(8): 1309-1324.
COLFER L J, BALDWIN C Y. The mirroring hypothesis: theory, evidence, and exceptions[J]. Industrial and corporate change, 2016, 25(5): 709-738.

全球整合需要面对的技术差距和制度差距，使组织架构和技术架构间的潜在冲突更加凸显，这让后发企业面对挑战时无法做出灵活的调整和改变。后发企业必须通过更有针对性的利益机制和协调机制，探索处理组织架构和技术架构间协同关系的方式。[⊖]

在复杂的全球化背景下，研发系统架构面临越来越大的挑战，这可能是焦点企业无法践行镜像假设的原因，背后的挑战主要来自三个方面。

其一，在全球研发系统架构中被整合的一方没有被控制的意愿。其不愿被控制的倾向或许出自所在区域的技术保护规则和政治考虑，或许出于和架构控制方在产品和市场上具有同质性，模块单元之间存在利益冲突。

其二，焦点企业自身对架构的掌控和运营能力不足。由于和目标单元间存在技术和能力上的势差，焦点企业缺少独立设计架构规则、开发界面标准、控制通用模块的能力，在进行架构整合和变革时，往往无法实现最有利于自身的技术方案。架构掌控力的不足，使模块化架构中原本应该减少的互相依赖性仍旧存在，外部单元做出的变化会随时影响焦点企业的研发活动，这些变化甚至可能在研发过程中突然出现，使同时升级多个模块来进行系统协调的方式难以实现。

其三，全球研发系统内不同单元之间存在的制度差距造成了障碍。中国企业和西方国家的企业不仅长期处于不同的外部制度环境中，企业内部的规则、惯例和认知也存在巨大差异。这种内外部共同作用的制度差距，使分散在全球的组织单元之间产生矛盾，增加了组织的协调成本，影响了组织的战略制定、执行和研发系统的整合。正是由于制度差距带来了整合困难，中国、印度、巴西等发展中国家的企业抱着学习技术的目的兼并西方的高位势企业后，往往主动或被动地选择保持与被兼并的企业互相独立的运作方式。

⊖　WEI J, YANG Y, LI S. Mirror or no mirror? Architectural design of cross-border integration of Chinese multinational enterprises[J]. Asia Pacific journal of management, 2019, 38: 1399-1430.

5.1.2　后发企业全球研发系统架构的设计规则

后发企业在构建全球研发系统架构时，必须考虑以下三大设计规则。

第一，架构目标的设计规则。研发走出去的直接目的是获取技术，而从知识观的视角考虑，这种知识获取并不易实现。尤其当焦点企业的自有技术和外部获取的技术存在竞争性与替代性时，组织模块的自律性会受到限制，继而制度差距对于组织模块性的影响就会更明显。例如，东华的自有技术和外部获取的技术是可以直接进行竞争与替代的，而大华外部获取的技术更多是上下游技术，技术间的竞争程度相对较低，因此，大华这样的企业不需要实现对合作企业技术的控制和吸收，只需要将对方的技术和知识为自己所用，即实现知识存取。存取逻辑使企业不需要掌握架构的全部，继而允许企业更加自由地设计架构。

企业需要充分考虑研发走出去的阶段性目标和最终目的，选择偏向获取逻辑或偏向存取逻辑的架构构建战略。在明确目标的指导下，企业应当考虑技术差距和制度差距的障碍与突破障碍的可能方式，寻求获取架构控制权的突破口。选择偏向获取逻辑的战略，企业必须至少获得对组织架构或者对技术架构的控制，考虑到制度差距的存在，又必须采用收购、控股等强控制力手段。选择偏向存取逻辑的战略，企业可以相对自由地选择"控制"与"被控制"关系不那么明确的方式，在合作的基础上自建研发系统节点或者建立合资公司。

第二，架构系统组建的设计规则。模块化带来的系统性好处是可以减少认知复杂性、增加组织适应性，当技术模块性和组织模块性完全对应时，这种系统性好处会因为架构自我协调能力的提升得到进一步强化。然而，镜面假设所陈述的这种状态，在后发企业寻求海外研发力量、构建全球研发系统时，往往无法实现两者完全同步并且完全对应的理想状态。企业需要根据技术差距和制度差距的影响程度，选择不同步建立或模块性程度不一致的技术架构和组织架构，从而获得逐渐培育和调整技术能力及架构运作能力的机会。

　　如果存在较多的技术差距，尤其是在系统技术能力无法跟上架构掌控需求时，企业可能会被迫选择先直接控制组织架构。若企业积累了一定的技术优势，就能够尝试根据自身技术需求先建立技术架构，而不需要强制控制与影响组织架构。同时，考虑到制度差距的影响，组织架构和技术架构的建立往往是不同步的。为了选择最能发挥技术模块性和组织模块性优势的构建方式，企业必须通过对限制条件的接纳、保持、迂回、回避、削弱或突破等不同方法，保证构建过程的顺利进行。当可以依赖自身能力将技术差距与制度差距的影响降至最低时，企业就有更多的自主权来选择复杂与灵活的系统构建方式。

　　第三，架构协调策略的设计规则。模块性设计的好处在于架构具有自协调能力，能够根据事先设计好的规则运作，增强组织的柔性和效率，减少组织内的交易成本。不完全同步也不完全对应的组织架构和技术架构，缺少足够的自协调能力，因此，在建立起研发系统之后，面对飞速变化的市场环境和技术环境，以及难以改变的制度差距，需要引入实时的、人为化的协调与控制策略。在理论上松散耦合程度更高、模块性更强的架构并不一定是最适用的，适当加入灵活机动的人为协调策略的设计，更符合后发企业研发走出去的实际。

　　在拥有高协调能力的模块化架构难以实现的情况下，可以依赖的协调策略包括大量的组织单元与研发团队之间的交流与沟通、惯例性的学习小组派遣和不定期的互访、通过现代信息技术进行针对研发活动的异地共同作业、跨组织内边界的项目组的建立与运作等。这些密集的管理响应与协调策略，可以建立技术架构和组织架构的作用桥梁，从而达到研发系统架构逐步完善的目的。当然，在架构运作初期，这些策略可能难以展开，过于频繁与强制的人为协调反而会使后发企业与目标组织单元都引入太多非惯例的工作，造成内部的不适应与潜在的矛盾。此时，可以像盾安一样采取适当隔离的方式，让目标组织单元保持原有的相对独立的运作，并使用目标管理的方式逐渐增强控制的力度。这也能够适用于协调高模块性设计的架构与低模块性设计的架构。

5.2　不同所有制企业间的能力失衡与创新溢出

不同所有制企业间的能力失衡是我国企业创新面临的技术体制非对称的又一典型特征。不同所有制的企业由于资本可得性和股东参与度差异产生了能力的失衡，这使企业在实施相同可见度的技术活动时会存在绩效差异，正是这种差异诱导不同所有制的企业在技术赶超过程中选择可见度程度不同的技术活动，最终提高了我国企业对引进技术的消化吸收速度。

本节先讨论不同所有制的企业在技术追赶过程中缘何会出现选择可见度技术活动的差异，进一步从能力逻辑来阐释这种选择差异对企业技术互动演化轨迹的影响，然后以中国汽车产业作为案例，深入讨论在技术体制非对称的不同所有制的企业能力失衡的情境中，国有企业和民营企业如何在技术活动演化过程中产生协同，形成互补效应，最终推动整个产业的技术追赶。

5.2.1　不同所有制的企业选择可见度技术活动的差异

按照组织经济学理论，不同企业的技术能力建设和创新资源积累存在异质性，导致不同企业技术发展水平具有差异性。尤其地，在转型经济背景下不同所有制的企业创新路径的选择也不一致，例如路风和封凯栋研究中国汽车产业的技术追赶后发现，民营企业对产业技术追赶具有积极作用，国有企业则作用不显著，甚至有负向作用。⊖

为什么不同所有制的企业对产业技术发展的作用不同？ Tylecote 及其

⊖ 路风，封凯栋 . 发展我国自主知识产权汽车工业的政策选择 [M]. 北京：北京大学出版社，2005.

同事提出了可见度的概念来解释。可见度是指企业投资者（或控制者）在没有密切参与一项新产品或工艺开发管理的前提下，是否容易判断需要哪种资源及效率多高。[一]如果容易判断，则说明这种活动的可见度高，否则可见度低。简单而言，可见度指创新活动缺少"企业特定理解"而"超脱"股东赏识的程度。

　　为了阐释不同所有制的企业在产业技术追赶中的作用，我们先简单介绍一下发展中国家和新兴经济体产业技术追赶的 Kim 模型。[二]Kim 基于研究韩国电子产业技术发展，提出了产业技术发展的三阶段模型：获取阶段、消化阶段和提高阶段。该模型认为发展中国家和新兴经济体的本土企业先引进国外技术，然后积累产品设计和生产运营经验，为消化引进技术而开展有限自主努力奠定基础，日益激烈的本土和国际市场竞争、本土员工的能力提升及对国外技术的消化，最终带来了相较国外技术的渐进提高。产业技术发展阶段为获取阶段、消化阶段和提高阶段，则产业技术活动可以对应为技术引进、消化吸收和自主创新三阶段，这些技术活动的可见度有很大的差异（见图 5-1）。

　　一般而言，从技术引进到消化吸收，再到自主创新，可见度从最高降到最低，再逐渐上升——可见度在整个过程中呈 U 形曲线分布。[三]首先，技术引进活动的可见度最高。技术引进活动涉及直接或间接地购买"一揽子"的"打包"生产设备、机器和技术许可，这些活动虽然代价高昂但可见度高，容易被"超脱"的股东或者其代理人理解。其次，消化吸收活动

　　[一]　TYLECOTE A, RAMIREZ P. Corporate governance and innovation: the UK compared with the US and "insider" economies[J]. Research policy, 2006, 35(1): 160-180.
　　　　TYLECOTE A, EMMANUELLE C. Corporate governance innovation systems and industrial performance[J]. Industry and innovation, 1999, 6(1): 25-50.
　　[二]　KIM L.Stages of development of industrial technology in a developing country: a model[J]. Research policy, 1980, 9(3): 254-277.
　　[三]　WEI J, LIU Y, JIANG S, et al. Does ownership heterogeneity matter in technological catch ups? Empirical evidence from Chinese SOEs and POEs[J]. International journal of technology management, 2016, 72(4): 253-272.

的可见度最低。消化吸收活动通常需要依赖那些相对低层的设计和开发人员、制造与营销人员的合作努力，通过逆向工程对产品设计的修改往往是琐碎的。对于后发企业来说，消化吸收是一种很好的长期策略，但在产生回报之前不容易得到"超脱"股东或其代理人的理解和评价，因为必须基于相对低可见度的努力和支出。最后，自主创新活动的可见度要比消化吸收活动高。为了生产和检验高产量、高性能产品，自主创新活动涉及检测和调试的自主设计、新的高精度设备或生产体系和设计的研发、自主工艺和软件的研发，需要花费大量资金在固定资本和研发上，因此可见度相对较高。

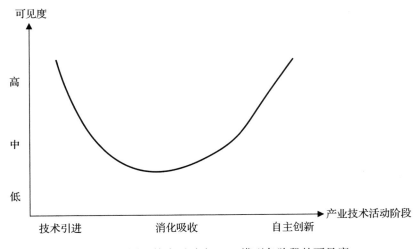

图 5-1　不同的技术活动在 Kim 模型各阶段的可见度

可见度对国有企业和民营企业存在不同意义的影响。资本可得性和股东参与度是企业实施各种技术活动获得技术能力的两个关键因素，根据 Cai 和 Tylecot 的研究，对于高可见度的技术活动，资本可得性相对股东参与度更加重要，因为高可见度的技术活动一般要花费大量的资金；对于低可见度的技术活动，股东参与度相对资本可得性更加重要，因为低可见度

的技术活动不会轻易得到"超脱"的股东的理解。[⊖]

　　较之民营企业，国有企业的优势是资本可得性相对较高。国有企业通常可以获得便宜的资本——调查表明，100% 的国有企业从国有银行融资，民营企业从国有银行融资的比例是 21.4%；超过 40% 的国有企业从股票市场融资，民营企业的比例只有 2.4%。[⊜]国有企业的劣势是企业控制者或股东参与度相对较低，其本质上是政府官员或者政府代理人——调查表明，46.4% 的国有企业管理者是政府任命的，53.6% 的管理者由政府推荐或批准。[⊜]特别地，国有企业的高层管理者受其他官员任命，希望晋升至政府官僚体系中更高的位置，或者希望自己的业绩能让那些有任期时间限制的高层官员很快识别到，因此会尽量选择高可见度的技术活动。

　　较之国有企业，民营企业的优势是股东参与度相对较高。通常，民营企业的 CEO 也是企业主要的甚至是唯一的股东，他们对企业技术活动有最大限度的特定理解，他们希望通过持久、高效的技术活动，以较低的资本投入，产生高的技术回报。这是因为民营企业融资困难，创新资源（包括土地和许可证）不足，尤其自 2008 年金融危机以来，民营企业资金获取越来越困难，针对民营企业的国家政策难以实现大的改观。由此，企业的高层管理者（控制者）会倾向选择通过提高参与度来加强对技术活动的理解以提高创新活动的成功率。

　　综上，国有企业在高可见度技术活动中具有相对较高的绩效，因而倾向于开展高可见度的技术活动；民营企业在低可见度的技术活动中具有相对较高的绩效，因而倾向于开展低可见度的技术活动。这里强调相对性是

⊖　CAI J, TYLECOTE A.Corporate governance and technological dynamism of Chinese firms in mobile telecommunications: a quantitative study[J]. Research policy, 2008, 37(1): 29-39.

⊜　PENG M W, WANG D Y L, JIANG Y. An institution-based view of international business strategy: a focus on emerging economies[J]. Journal of international business studies, 2008, 39(5): 920-936.

⊜　TEECE D J, PISANO G, SHUEN A. Dynamic capabilities and strategic management[J]. Strategic management journal, 1997, 18(7): 509-533.

因为在绝对意义上，国有企业或民营企业都有可能在高可见度或低可见度的技术活动上占据绝对优势。

5.2.2　能力逻辑下不同所有制的企业技术活动的演化轨迹

从能力观看，企业能力嵌入于某种组织过程中，这些组织过程取决于企业拥有的资产（包括内部的和市场的）及遵循的演化路径。[⊖]受企业资源的制约，处于不同能力发展阶段的企业，可以选择与能力发展阶段相匹配的技术活动。本小节暂将产业技术追赶过程分成两个阶段：早期阶段和后期阶段。我们发现，国有企业和民营企业在技术追赶的早期阶段和后期阶段会选择不同的技术活动。我们把技术活动分为技术引进、消化吸收和自主创新，这三者在组织能力要求上呈现逐渐增加的趋势，从技术追赶的早期阶段到后期阶段，企业逐渐从技术引进转向消化吸收并最终过渡至自主创新。Li 和 Kozhikode 指出，新兴经济体企业在追赶早期，偏好引进容易获得的技术而非最先进的技术，并认为这是一种相对有效的追赶策略，随着吸收能力的构建，新兴经济体企业在追赶后期将从引进容易获得的技术转向开发创新性的技术。[⊜]

能力观还认为，企业能力发展具有资产存量相互联系的特征。[⊜]资产存量相互联系指特定资产的累积提升不仅取决于该资产的存量，还取决于相关联的资产存量。在追赶早期，由于追赶企业不同技术资产的存量有限，资产存量的相互联系也比较有限，只能采用单一的技术活动。在追赶后期，追赶企业积累了一定程度的不同技术资产，由于不同技术资产的相互联系，

⊖　TEECE D J, PISANO G, SHUEN A.Dynamic capabilities and strategic management[J]. Strategic management journal, 1997, 18(7): 509-533.

⊜　LI J T, KOZHIKODE R K. Organizational learning of emerging economy firms: the case of China's TCL Group[J]. Organizational dynamics, 2011, 40(3): 429-450.

⊜　DIERICKX I, COOL K. Asset stock accumulation and sustainability of competitive advantage[J]. Management science, 1989, 35(12): 1504-1511.

采用不同技术活动可以从多个潜在的可能方案中扩展不同的技术活动。因此，随着能力的发展，技术活动不仅呈现出序列发展的趋势，还伴随着从采用单一的技术活动到采用多种技术活动的变化。Li 和 Kozhikode 发现，在技术追赶后期，产业内本土企业会选择从更多的不同来源学习，学习过程的多样性是后发企业技术能力发展的重要影响因素。[⊖]

　　由此，我们将新兴经济体的产业技术追赶也分成追赶早期和追赶后期两个阶段。从技术追赶的早期阶段到后期阶段，一方面，企业将逐渐从技术引进转向消化吸收并最终过渡至自主创新；另一方面，企业将从采用单一的技术活动转向多种技术活动。根据可见度逻辑，国有企业倾向于开展相对高可见度的技术活动，民营企业倾向于开展相对低可见度的技术活动。从外部受众的观察点看，随着技术活动从技术引进到消化吸收，再到自主创新，可见度水平是从最高降到最低，再逐渐上升，整个过程呈 U 形曲线分布。简而言之，能力逻辑是一种决策理性逻辑，为管理者提供了技术活动选择的可能空间；可见度逻辑是决策偏好逻辑，将影响管理者在选择可能空间中做出的现实选择。结合二者，可以预测国有企业和民营企业在实践中开展不同技术活动的可能性。

　　在追赶早期，国有企业将技术活动限定于技术引进和消化吸收，而可见度逻辑诱使国有企业的管理者偏好高可见度的技术引进而忽略低可见度的消化吸收。在追赶后期，国有企业的管理者有更多选择，包括从技术引进到消化吸收及自主创新的所有不同种类的技术活动，但可见度逻辑表明国有企业的管理者会偏好更高可见度的自主创新而忽略低可见度的消化吸收。民营企业在追赶早期则倾向于开展低可见度的消化吸收而不是技术引进。在追赶后期，民营企业的管理者有更多选择，包括从技术引进到消化吸收及自主创新的所有不同种类的技术活动。

　　在追赶早期，民营企业主要以国内技术转移的方式开展消化吸收，这

　　⊖　LI J T, KOZHIKODE R K. Organizational learning of emerging economy firms: the case of China's TCL Group[J]. Organizational dynamics, 2011, 40(3): 429-450.

有两个原因。一是和民营企业的资源劣势有关。民营企业在创建和发展初期，技术资源、人力资源和金融资源通常非常有限，难以开展大规模的国际技术引进，只能依赖更为廉价和方便的国内技术转移（通常是从国有企业那里获得技术）。二是和民营企业面临的环境有关。民营企业有时要面对人为建立的一些政策性的进入壁垒，[○]民营企业进入既定产业的时机较晚，而国有企业已经建立了产业技术基础，于是，民营企业可以利用已有的产业技术基础，发挥后来者优势，通过"从雇用中学"[○]、文档研究、技术帮助[○]等机制，完成国内技术转移，在较短时间内提升自身的技术能力。其中，"从雇用中学"即通过雇用其他企业的专家获取知识，这是一种主要的国内技术转移机制。在中国，一种极具特色的"从雇用中学"的方式是柔性雇用，具体方式包括雇用从其他组织退休的员工，雇用从其他组织流动出来的员工，雇用兼职人员。[○]柔性雇用可以使企业很好地使用外部知识资源。[○]

5.2.3 国有企业与民营企业在技术创新追赶上的互补性

我们选取中国汽车产业的发展过程来分析国有企业和民营企业在技术追赶过程中的互补性。从 20 世纪 50 年代到改革开放初期，中国汽车产业历经了近 30 年的发展，建立了汽车产业体系基础，但与发达国家相比，生产技术仍然落后，创新能力非常缺乏。由于汽车产业的战略地位，中国政

○ PARK S H, LI S M, TSE D K.Market liberalization and firm performance during China's economic transition[J]. Journal of international business studies, 2006, 37(1): 127-147.
○ SONG J, ALMEIDA P, WU G. Learning-by-hiring: when is mobility more likely to facilitate interfirm knowledge transfer?[J]. Management science, 2003, 49(4): 351-365.
○ MU Q, LEE K.Knowledge diffusion, market segment and technological catch-up: the case of the telecommunication industry in China[J]. Research policy, 2005, 34(6): 759-783.
○ DU R, AI S. Cross-organizational knowledge acquisition through flexible hiring and joint R&D: insights from a survey in China[J]. Expert system with applications, 2008, 35(1-2): 434-441.
○ 江诗松，龚丽敏，魏江 . 转型经济背景下后发企业的能力追赶：一个共演模型——以吉利集团为例 [J]. 管理世界 , 2011(4): 122-137.

府一直保持严格的规制。[①]1987 年，国务院北戴河会议确立了汽车产业国有企业"三大三小"的生产格局——"三大"即一汽、二汽、上汽；"三小"即北京吉普、天津夏利和广州标致。1994 年，国务院颁布《汽车工业产业政策》，指出要促进汽车工业投资和产业重组，并重申了"三大三小"的生产格局。尽管各方都在争取进入汽车行业，但由于整车项目和产品目录的严格控制，大部分被挡在了汽车市场以外。然而，由于汽车产业在中国的高增长与高利润，人为的政策垄断并不能彻底压制民间资本和地方政府的造车冲动。1997 年，汽车产业"三大三小"一统天下的局面被打破，出现了包括民营企业吉利等若干新进入者。2001 年 11 月 9 日和 12 月 26 日，吉利豪情和美日系列的四款车分别登上了国家经济贸易委员会发布的车辆生产企业及产品公告，吉利成为中国首家获得轿车生产资格的民营企业。

与国有汽车企业以合资为主导的技术引进模式不同，由于民营企业天生的资源劣势，吉利采用国内技术转移方式来获得所需的汽车开发和生产技术。吉利的案例表明，由于资金资源的约束，民营企业对国内技术的转移和消化吸收，一般不是通过支付经费购买国内技术来实现的，也不是通过购买国内其他企业的产品设计、工艺流程、图纸、配方、专利、技术诀窍及关键设备来实现的，而是通过雇用来自国有企业的员工（以工程师为主）来实现的。

例如，1998 年，天津汽车的一个技术部长首先被吉利挖下了海，接着一批技术专家加入吉利。到 2001 年，天津汽车的技术部门先后有近百人被李书福挖到了吉利。吉利还引进了一批一汽的技术人才，例如，1999 年吉利引入一汽设计九院设计部部长靖绍烈和一批设计九院的退休工程师。据靖绍烈介绍，当时一汽认为"吉利还构不成威胁"，因而默认了这批老专家的"再就业"。2002 年，浙江省财政厅原党组成员、地税局原总会计师徐刚出任吉利首席执行官。此后，在李书福、徐刚的主导下，吉利引进

① YEO Y, PEARSON M. Regulating decentralized state industries: China's auto industry[J]. China review, 2008, 8(2): 231-259.

1000 多名中层人员，其中包括很多得力的技术人才，如曾经担任过天津齿轮厂总工程师，后任国家变速器课题组电子电工组组长，享受国务院特殊津贴的专家徐滨宽，他到吉利担任变速器项目的负责人；一汽研究所副总工程师杨健中也加入了吉利，担任总工程师；等等。我们整理了国有企业人才加入吉利的名单（部分，见表 5-1）。

表 5-1　国有企业人才加入吉利的名单（部分，2007 年之前）

姓名	加入年份	所任职位	专长领域	原单位（及职位）
徐滨宽	2002	变速器项目负责人	变速箱研发	天津齿轮厂总工程师
杨健中	2002	总工程师	发动机	一汽研究所副总工程师
潘燕龙	2002	总工程师、研究院院长	研发体系建设	南汽菲亚特总工程师和工程中心主任
蒋书彬	2002	吉利宁波公司总经理	生产管理	一汽大宇和一汽技术中心副主任
智百年	2002	企业研究院副院长	汽车电子	一汽
赵铁良	2003	发动机研究所总工程师	发动机	沈阳金杯
华福林	2004	总工程师	底盘研发	一汽研究所副总工程师
赵福全	2006	副总裁、汽车研究院院长	汽车研发	戴姆勒－克莱斯勒技术研究总监、华晨金杯副总裁

　　显然，吉利实施的"从雇用中学"的战略是和国有企业分不开的。国有汽车企业通过与跨国公司合资，尽管在创新能力建设上乏善可陈，但在客观上也奠定了汽车产业的基础设施体系，并在全国范围内培养了一大批汽车专业领域的技术人才。这些人才流动到新进入的民营企业，使这些民营企业在一段时间内获得了生产能力和创新能力。民营企业以这些人才作为平台，进行了进一步的能力构建，反而在产品自主品牌绩效方面取得了比国有企业更大的成就。

　　在国有企业和民营企业创新能力追赶绩效的对比下，各种对原有政策的批评和挑战促使政府意识到原有的合资政策阻碍了国有企业的创新能力追赶，使其逐渐转向自主品牌政策。在自主品牌政策下，上汽感受到了很大的压力，不得不投入资源发展自主品牌产品。尽管上汽仍希望借力于合资伙伴大众和通用来实现这一目标，但在一系列尝试失败后，终于意识到发展自主品牌轿车产品还得要靠自己。2002 年 8 月，在上海市委主要领导视察上汽一个月后，上汽汽车工程研究院正式成立。2004 年 5 月，上汽自主品牌项目组成立。2005 年 12 月底，总投资 18 亿元的上汽汽车工程研究院新址扩建工程在嘉定安亭奠基。2008 年 1 月 30 日第一期工程落成，建成了以中国技术中心（上海、南京）为中心，英国技术中心、韩国汽车研究院一体联动的开发体系，并形成一个规模为 4000 人的研发团队。

相反，在该阶段，吉利倾向于整合不同的技术活动。①技术引进。吉利通过技术引进改进了产品生产线，改进后的生产线是吉利第一条柔性生产线——引进了全套自动化流水生产线，其中包括以 2000 吨冲压机为首的大型冲压线，新开发的专用模具 500 余副，检具 103 套；焊装线使用点焊机器人 4 台、焊机 188 台、自动焊枪 22 副、200 吨包边机 3 台、夹具 185 套（全部从韩国和德国进口）。②自主创新。2004 年 6 月，吉利投资 3.5 亿元建设了全新的吉利汽车研究院，总部设在临海。关键部件技术（如发动机和变速箱技术）主要通过独立研发实现突破。2006 ～ 2010 年，研究院从 300 余人发展到 1700 多人，拥有海外留学归来人士 28 名，博士、硕士 200 多名，包括 25 个部、85 个科室。③消化吸收。研究院开办了以"人人是老师，人人是学生"为宗旨的知识分享系列讲座。讲座定期举行，至今已坚持多年，成为研究院的品牌栏目。讲座的内容汇总编印成册，供员工学习。[⊖]

总之，在追赶早期，国有企业更倾向于国际技术引进而非消化吸收；反之，民营企业更倾向于消化吸收而非国际技术引进。在追赶后期，国有企业更倾向于自主创新而非消化吸收；民营企业则倾向于整合各种技术活动。重要的是，从国有企业到民营企业的人员流动，即以"从雇用中学"为形式的国内技术转移，有效地转移了国有企业通过技术引进获得的知识，这意味着在新兴经济体背景下的中国产业技术追赶过程中，国有企业和民营企业存在明显的互补关系。

⊖　江诗松，龚丽敏，魏江. 转型经济背景下后发企业的能力追赶：一个共演模型——以吉利集团为例 [J]. 管理世界，2011(4): 122-137.

5.3   创新独占性缺失、自主创新与知识产权保护

知识产权保护是影响技术追赶的重要外部因素。我国在企业创新追赶过程中明显存在独占性缺失的问题。虽然独占性缺失使企业充分享受到了地理和认知上的高度邻近性所带来的低交易成本和知识溢出的外部经济，^Θ极大提高了引进技术的消化吸收与扩散，企业实现了更为经济、快速的技术追赶，但在追赶后期，企业必要依靠自主创新来实现赶超，此时独占性缺失将会对此形成阻碍。由于研发成本远高于竞争对手的模仿成本，创新企业不但难以获得相应的知识资产回报，还会出现"创新找死"的尴尬局面，企业的研发热情难以为继，最终也会放弃创新走向模仿，陷入"近墨者黑"的恶性循环。因此，模仿问题能否解决，创新动力能否提升已经成为影响中国企业创新发展的重要问题。本节聚焦于集群情境、专业服务业企业、平台网络来探讨独占性缺失与知识产权保护的关系。

5.3.1   集群企业知识资产治理的作用机理与路径

中国部分集群中的创新企业开始基于集群特征和自身优势，尝试联合多元化治理主体，通过"集体行动"对企业知识资产进行治理以打破这一恶性循环。^Θ下面以台州汽摩配集群、永康休闲车集群、温州打火机集群、绍兴纺织集群以及桐庐制笔集群等产业集群的企业为研究对象，力图归纳并解释独占性缺失与集群企业知识资产的治理及其作用机理。

内部隔离对治理绩效的影响。内部隔离的目的是建立知识模仿障碍，例如，P 公司与所有员工及授权人签订严格的保密合同和竞业协议，违约

Θ BOSCHMA R. Proximity and innovation: a critical assessment[J]. Regional studies, 2005, 39(1): 61-74.

Θ 李拓宇，魏江，华中生，等．集群企业知识资产治理模式演化研究 [J].科研管理，2020, 41(8): 60-71.

会直接影响到他们的"职业生涯"。技术手段方面，表现为对知识资产进行结构化创新，例如，开发一些专属算法、管理咨询工具等，也可以借助计算机软硬件技术、互联网技术等达到企业核心知识资产与运作系统、用户界面分离的效果，进而削弱企业核心知识资产从运作过程或客户渠道流出企业的可能性。

可以通过传统的保密制度辅佐内部隔离机制。内部隔离对激发创新意愿的影响在调研中有不同的表现。P 公司通过严格执行保密制度、于多层面采用技术手段等构筑起知识隔离的边界障碍，在一定程度上、一定时期内保障了企业知识资产所带来的收益，在一定程度上保护了企业员工的创新热情。但也有例外，SS、ZMCQ 等公司表示"员工要资料不给他，会不利于项目开展和创新"。因此，内部隔离对激发创新意愿具有一定的正向作用，但效果不显著。[⊖]

产权保护对企业感知的创新合法性产生压力。合法性压力可以源于国家司法和行政部门所制定的规章制度，主要影响企业感知集群内外环境预期并改变和决定企业的创新行为，使之变得合理、可接受和易获得支持。产权保护机制正是创新企业借助国家知识产权相关法律对知识资产治理的制度边界的明确，依托司法和行政部门对侵权行为的惩罚，在一定程度上可以强化集群企业所感知的创新合法性压力。国家知识产权相关法律对集群内特定的知识资产的保护条款越明确，集群企业所感知的创新合法性压力就越大，赋予集群内知识资产所有者的合法性就越强。

然而，在集群情境下，国家知识产权相关法律难以及时授予企业知识产权证明，明确知识资产的权属。以桐庐制笔集群为例，某公司负责人表示，"笔这个东西，本来利润就较低，申请外观还要交钱，最关键的是，专利还没申请下来时可能别人就弄出来了"。制度的缺位会导致合法性压力感知的弱化，例如桐庐制笔协会的负责人说过，"虽然 60% 左右的企业发生

⊖　魏江，李拓宇 . 知识产权保护与集群企业知识资产的治理机制 [J]. 中国工业经济 , 2018
(5): 157-174.

过专利侵权纠纷，但由于证据采集障碍多、司法审判周期长、查处执法效果差、案件调解难度大等现实状况，近三成制笔企业放弃维权，这就助长了'跟笔'"。关于申请诉讼，由于诉讼周期长（一般需要 1～3 年，但一些产品的市场生命周期不到半年）、举证困难、费用高昂，如果被告再去申诉，可能官司还没打完，侵权的企业就已经把钱赚得差不多了，所以产权相关法律所带来的威慑力是有的，但是效果并不明显。

同行监督、中心控制、非营利行政组织（non-profit administration organization，NAO）治理对企业感知的创新合法性压力的影响。与内部隔离和产权保护机制相反，同行监督是自下而上的制度创立过程，其制度基础主要是非正式和隐性的，通过集体行动定义和强化集群企业知识资产治理的制度边界，联合同行企业共同构建集群内的创新合法性压力，实现"抱团取暖"，这在历史文化嵌入较深的集群中反映尤为明显。在企业调研中，很多企业都提出在展销会上会主动观察同行是否存在侵权行为，这在无形之中就会产生一种压力——起码侵权的产品是不会拿出来上展销会的。一旦某个企业被发现存在侵权行为，不光展销会上会通报，同行内也会很快传开，大家会主动向被侵权的企业和行业协会举报。由于集群特有的地理、制度、认知上的高度邻近性，本地声誉会直接影响企业在集群内的生存与发展，多数企业表示，"……大家都是抬头不见低头见，最看重的就是脸面，别人都说你做生意不老实、总抄别人设计，甚至有人说你肚子里压根没货，还有谁敢跟你做生意……"。集群中，基于"集体惩罚"，创新企业或者被侵权的企业都会通过抱团的方式达成统一战线，联合抵制侵权行为。

此外，在集群场域中，龙头企业在长期形成的分包网络中往往占据核心位置，可以依托其较高的研发能力、资金实力、市场位势和声誉优势实现知识资产的治理。"正式契约"是龙头企业治理知识资产的典型方式，龙头企业在将涉及核心知识的产品部件交给配套企业生产时，往往会签署保密协议或排他协议等相关"正式契约"来保护核心知识不会通过供应商的渠道向外泄露。例如在绍兴轻纺集群中，布料企业通过保密协议要求印染企业不得泄露自己的花型；在湖州南浔木地板集群中，世友木业、久盛地板等龙头企业通过与配合的油漆厂商签订排他协议，要求其在既定期限内不向其他厂商或个人出售相关的配套油漆，确保协议双方在该段时限内的市场优势。某集团总经理办公室主任表示："我们对供应商的技术帮助和指导非常多，新技术出来，技术部要先跟供应商签订保密协议，几年之内不许外供，配件上也要打我们的牌子，如果发现（外供）就要处罚，处罚多次，就要取消供应资格。"

　　龙头企业依托自身强大的场域势力，为集群场域内的配套企业提供各种资源。一旦违反相关"正式契约"，配套企业将承受丧失龙头企业一切认可及支持的压力，如融资担保、技术支持、管理培训、客户信息等，甚至未来的经济收益、持续的交易关系等。此外，"声誉机制"是龙头企业对知识资产的非正式治理方式，通过在集群场域内外对侵权企业不良声誉的迅速传播，使企业的侵权行为变得更加显性化，进而导致其长期合作机会的丧失，与此同时，一旦被龙头企业因侵权问题终止合作关系，将严重影响场域内外其他龙头企业对该侵权企业的声誉认知，进而影响未来的投资与合作。

　　NAO 治理的核心逻辑是集群内的创新企业作为制度创业的行为主体，通过游说、联合第三方打假、地方行政部门及相关媒体共建集群企业知识资产治理 NAO。基于集群的邻近性特征，一方面，为了获取对于模仿行为治理的强制力量（如执法权），创新企业通过游说地方政府及相关行政部门成立具有集群特色的知识资产治理 NAO，基于"互补惩罚"策略推出《集群企业专利确权授权管理办法》《知识资产治理专项治理办法》等正式制度，形成强制压力；另一方面，创新企业通过与第三方打假团队、各类媒体等合作，充实集群企业知识资产治理 NAO，基于"社会曝光"和"限制进入"

　　⊖　SOMAYA D, KIM Y, VONORTAS N S. Exclusivity in licensing alliances: using hostages to support technology commercialization[J]. Strategic management journal, 2011, 32(2): 159-186.

等策略，给集群内的参与者形成制度规则压力、集群规范压力及社会舆论压力。桐庐制笔协会的负责人提出，"对于模仿企业，我们可以将其拉入协会的黑名单，通过协会成员的集体声讨，严禁参与协会组织的各类展销会和培训会，取消其享有协会内专利的转让优惠等，再让专项小组利用县内媒体、镇区大型显示屏公开曝光侵权案件，形成业内和社会舆论压力"。"责令停止侵权的公告一登，全镇的人都看到了，丢人是一方面，更要命的是谁还敢跟你做生意呀？"

企业感知的创新合法性压力对集群企业知识资产治理绩效的影响。一个组织要想进入某个场域，来自管制机构的规制压力，来自不确定环境中的认知压力以及来自专业化过程的规范压力会迫使组织的行为达到一个统一的标准，采纳与制度环境特征相容的组织特征，以获得合法性。法律法规、文化期待和观念习俗构成了人们广为接受的合法性压力，它们具有强大的约束力量，规范着组织和个体的行为，是组织和个体在制度域中生存所要承受的合法性底线。⊖企业承受集群场域内知识资产治理的强制压力，与集群场域内的其他参与者形成的"创新至上，模仿可耻"的价值观压力，对企业创新行为产生共同的预期，使企业的创新行为被集群场域内的利益相关者认为是正当的、合理的，即获取了合法性，企业进而有更多的机会与利益相关者开展深层次的资源交换，如扶持、投资、购买产品和服务等，从而给创新企业带来更多的资源，这会推动集群企业更加积极地投身创新活动。在桐庐制笔集群中，多数企业表示"企业都怕被查，一查就是'底朝天'（企业偷税漏税、违法占用土地等），慢慢也就绷紧了弦，自己摸索着创新。而且只要出来新笔样都会先去申请一下，反正很快，看看有没有很像的，如果批下来了再去生产，这样既不用担心自己无意当中与别人雷同，也不用担心别人会抄。我们公司未来几年的产值和专利数量都有望翻番"。集群场域内"创新生，模仿死"的合法性压力一旦形成，就会不断激励企

⊖　ZIMMERMAN M A, ZEITZ G J. Beyond survival: achieving new venture growth by building legitimacy[J]. Academy of management review, 2002, 27(3): 414-431.

业走向创新。

以上论述可以总结出集群企业知识资产治理的典型特征。**其一，集群企业知识资产治理构念具有多元性**。知识资产治理的基本逻辑是获取创新成果的独占性，治理机制建立在"隔离机制"的基础上，研究大多局限于宏观体制和微观企业。[⊖]在质性数据分析结果中，"产权保护"这一概念是对早期"独占性""独占性体制"以及知识产权制度相关研究与企业创新保护行为的呼应，与知识产权制度有着密切的关系。"内部隔离"与现有"知识保护""知识隔离"等概念一脉相承，通过企业知识库的访问制度、访问权限，与企业员工签订保密协议、竞业协议等对企业拥有的知识资产本身进行隔离，是一类"半正式"的保护方法，[⊜]防止知识溢出和竞争对手模仿，达到企业对知识资产的独占。

伴随着集群创新、网络创新研究的逐步深入，学者们发现企业创新开始由传统封闭式技术创新范式向具有合作性、开放性、用户参与性等诸多特性的创新范式转变，而企业对知识资产（创新成果）的治理也随之发生变化。基于知识资产的专有性、成员企业的有限理性和临近交易的高频性，一方面，企业发现依托传统"产权保护"和"内部隔离"等独占性手段，"单打独斗"抑制模仿、独占收益是不够的，也不利于合作创新；[⊜]另一方面，知识产权法律契约的不完全，会加剧模仿、侵权等机会主义行为的发生，集群情境下的防范成本会更高。部分企业尝试联合不同的治理主体"集体行动"，如联合同行企业开展同行监督，联结上下游企业开展中心控制，甚至联系第三方组织开展 NAO 治理等。

⊖ KEUPP M M, BECKENBAUER A, GASSMANN O.Enforcing intellectual property rights in weak appropriability regimes: the case of de facto protection strategies in China[J]. Management international review, 2010, 50(1): 109-130.

⊜ PAALLYSAHO S, KUUSISTO J. Informal ways to protect intellectual property (IP) in KIBS businesses[J]. Innovation, 2011, 13(1): 62-76.

⊜ MIOZZO M, DESYLLAS P, LEE H, et at.Innovation collaboration and appropriability by knowledge intensive business services firms[J]. Research policy, 2016, 45(7): 1337-1351.

与企业"单打独斗"建立模仿障碍的独占性机制不同，同行监督、中心控制和 NAO 治理的提出，承袭了社会网络理论和制度创业理论，不同创新主体通过游说、倡导、辩护、宣传、缔结联盟、使用权威、桥接惯例等制度创业策略，"能动性"地建构起具有集群特征的非正式或正式制度安排，依托"集体行动"形成合力，建构影响集群企业生存和发展的创新合法性压力，弥补集群企业在"单打独斗"治理知识资产过程中的合法性压力缺位，在集群范围内有效遏制模仿企业的搭便车行为，提升创新企业的研发热情。

由于产业集群的邻近性特征，集群企业往往需要通过不同的知识资产治理手段的组合建立起多维的知识资产治理策略：或采用"单打独斗"的独占性策略，被动地建构起模仿障碍以阻止模仿行为；或采用"集体行动"的合法性策略，主动作用于其制度场域，增加企业感知的合法性压力，激发企业的创新意愿。

其二，集群企业知识资产治理以"集体行动"为主，"单打独斗"为辅。集群内关联企业具有地理、制度、认知等的高度邻近性，⊖加之集群内各类人员的高频流动性，使集群中成员企业"单打独斗"地采用独占性手段无法有效避免技术模仿、侵犯知识产权的行为。⊜被调研企业甚至表示，"知识产权这块在我们行业里效果不好，甚至申请了专利等于暴露了技术核心，别人抄得更快"。

其中的主要原因有：非正式集体学习的存在，导致企业知识技能快速溢出，而溢出的技能知识绝大部分以不可编码的知识资产形态存在，难以形成正式的知识产权；国内大多数企业的知识产权意识相对薄弱，多数企业仅通过成果出版、发表后自然获得的版权，或在产品包装、使用说明书、

⊖ BOSCHMA R.Proximity and innovation: a critical assessment[J]. Regional studies, 2005, 39(1): 61-74.

⊜ DAVIS L. Intellectual property rights, strategy and policy[J]. Economics of innovation and new technology, 2004, 13(5): 399-415.

检测检验报告等上标识企业名称进行"半正式"保护；企业缺乏制度和资源支持，难以提供侵权的证据以有效处罚。此外，对侵权行为存在举证相对困难、立案周期长、诉讼费用高等痛点，难以应对当前市场需求变化迅速、产品生命周期短等现实问题，难以保证知识资产专有性。[⊖]例如，K 公司的商标权纠纷就经历一审、二审，耗费了大量时间，然而竞争对手早已赚够了钱，K 公司胜诉后仅获得 2 万元的经济赔偿。

因此，在集群情境下，企业靠"单打独斗"的独占性策略是独木难支的，魏江和胡胜蓉称之为独占性机制在企业知识资产保护中的缺位或失效。[⊖]调研发现，基于"集体行动"的合法性策略，包括同行监督、中心控制和 NAO 治理，在大多数被调查企业和集群中居重要地位。

案例分析发现，近 20 年来，集群内创新企业为了应对知识资产流失、模仿、侵权等现实问题，以及国家宏观知识产权体制的缺位，自下而上地通过游说政府、集聚资源、分配资源、横向联合、联合抵制等制度创业的行动策略，组建行业协会、维权联盟、知识产权快速维权援助中心等集群内的知识资产自治组织，开展了颇具试验色彩的同行监督活动。在中国情境下，第三方组织（特别是地方政府和第三方打假团队）作为一种"隐性"的治理主体常常被研究者忽略，在过去的研究中，其角色功能更多体现为外生于集群场域的国家政策执行者，而作为集群场域内部行为主体的参与程度和对本土化制度环境的建构作用并不突出，但在实践中却发挥着重要的作用。近年来，在各集群面临企业创新不足、知识资产被侵权现象凸显等背景下，产业集群正试图通过各种手段来游说地方政府和第三方打假团队，以不同形式融入所在地集群企业知识资产的治理过程之中。

前述分析表明，集群企业知识资产治理机制具有 5 个维度——"内部隔离""产权保护""同行监督""中心控制"和"NAO 治理"，在影响治理

⊖ FAUCHART E, VON HIPPEL E. Norms-based intellectual property systems: the case of French chefs[J]. Organization science, 2008, 19(2): 187-201.

⊖ 魏江, 胡胜蓉. 知识密集型服务业创新范式 [M]. 北京: 科学出版社, 2007.

绩效时，有不同的适用范围和各自的局限。在现代市场经济中，没有任何一个制度或系统能够独立提供完美的解决方案，政府宏观制度与私人治理制度共存，多元化的知识资产治理机制之间存在着互补与替代性。在中国当前知识产权体制和知识产权意识背景下，集群企业知识资产治理以"集体行动"的合法性机制为主，"单打独斗"的独占性机制为辅，并且要考虑以下三个方面的转变。⊖

从"创新扶持"到"需求激励"。要处理好、解决好创新驱动区域协调、可持续发展问题，各级政府应不断推进制度创新，特别是地方政府部门应着重探寻需求导向激励政策的施力点和评估点，立足市场和企业，不断关注和了解集群企业在生产实践过程中表现出的实际需求与产业特征，通过制度联结，推动全面创新管理的各要素协同发展，营造良好的区域创新生态环境；有效转变企业和政府的关系，围绕人才、技术、组织、资金等创新要素，转变政府对企业创新单一的专项投入模式，通过深层次培育，加强创新服务、创业孵化等平台基础设施建设，渐进式转变现有供给导向扶持政策，扭转地方创新扶持体系滞后的现状。如此，政府的规制设计才有可能达到有效促进创新的效果。

从"名存实亡"到"集群担当"。首先，在外部支持性政策法规仍然缺位但产业集群又迫切需要行业组织发挥其治理功能的情况下，地方政府可以在调查研究的前提下将部分行业管理职能授权给行业组织，以支持和鼓励行业组织发挥其自治功能。其次，地方行业组织在运作过程中要尤其重视"从企业中来，到企业中去"，充分挖掘成员企业需求，发挥好资源整合、法律援助、政企搭桥等方面的服务功能，扩大在集群内的影响力并获取更多成员企业的支持。最后，地方行业组织应尝试探索构筑和运营产业专利池，推动形成标准必要专利，建立重点产业知识产权侵权监控和风险应对

⊖　WEI J, ZHOU M, GREEVEN M, et al. Economic governance, dual networks and innovative learning in five Chinese industrial clusters[J]. Asia Pacific journal of management, 2016, 33(4): 1037-1074.

机制，通过行业自律、同行监督、集体行动等治理活动，减少模仿现象、提高创新动力，构建共商、共建、共享、共赢的社群网络创新氛围，加速推动产业集群转型升级。

从"单打独斗"到"集体行动"。案例数据分析发现，近 20 年来，基于"集体行动"的合法性机制在大多数被调查企业和集群中居重要地位。在当前的网络竞争环境中，除了提倡企业承担必要的社会责任，在核心技术、配套技术以及基础技术（如信息化、网络技术等）等方面积极开展自主创新（或合法购买创新授权），提高创新能力，推进差异化发展以外，建议企业积极参与到行业规范、产业标准、区域政策以及国家法律的修订和制定过程中——敢于举旗、勇于亮剑、勤于发声，维护自身利益的同时，推动整个行业和区域有序发展。

5.3.2　专业服务业企业知识资产的治理机制与路径

专业服务业通过知识生产和扩散推动了传统产业的转型升级，但专业服务业的创新发展面临正式独占性体制缺位和企业内部知识保护体系失效的双重制约，创新成果容易模仿而难得到保护，比如，建筑设计、广告设计等行业由于"抄袭门"频出，使行业缺乏创新动力，陷入低价竞争的格局，威胁着整个行业的健康成长。因此，在弱知识资产保护环境下，加强专业服务业的创新保护已经成为加速我国专业服务业发展的重大现实需求。[⊖]

1. 治理机制：内部隔离、产权保护、客户锚定

内部隔离的目的是建立知识模仿的障碍，阻止模仿。保密合同和保密协议在专业服务机构中普遍使用，通过与所有的客户以及授权人签订严格的合同，对违约者直接给予他们"职业生涯"方面的影响。技术手段是内

⊖ 魏江,李拓宇,胡胜蓉,等.专业服务业创新独占性机制及其作用机理[J].科学学研究, 2018,36(2):324-333.

部隔离的一种有效措施，能对保密制度的执行起辅佐作用，比如，几乎全部企业都规定，"大量恶意下载公司资料时，系统会提醒信息部门相关人员注意，并提出警告"。为了做好内部隔离机制，越来越多的专业服务机构开展形式化服务创新，把管理咨询工具、算法等借助计算机和网络技术实现的核心知识与运作系统、用户界面分离，降低关键创新知识从客户渠道流出企业的可能性。

产权保护能通过法律赋予创新者专用权利，有效减少竞争对手的模仿，体现在模仿行为发生前提高竞争对手抄袭的潜在惩罚成本，模仿发生后通过法律的强制执行直接制止模仿、追讨损失。创新领先者在进入某一国家或地区市场前，会先行注册版权、商标等，确保权力不被侵犯。产权保护的另一个作用是，当注册登记过的知识产权受到侵犯时，能通过法律途径制止模仿、追讨损失，企业将形式化的服务创新成果注册知识产权后，通过授权知识产权的使用可以直接获取创新收益。此外，拥有知识产权也是企业服务议价过程中的重要筹码，能提升企业的品牌形象与服务价格，最终使企业获得持续收益。

客户锚定对阻止模仿具有正向影响。快速的开发过程和持续推出新服务，可以有效减少竞争对手模仿所带来的负向效应。创新领先企业通过在专业杂志、图书、电子刊物等发表自己对专业领域的前沿研究和调查报告，可以在客户群中产生锚定效应，既能传播自身知识的合法性，又可以凭借创新领先性获取声誉资本，减少其他抄袭者的侵权行为。更重要的是，客户锚定能对企业持续创新收益产生明显作用，由于专业服务大多嵌入企业管理内部，与客户的密集互动和高度的互信关系提高了客户的转换成本，从而帮助企业获取持续的服务收益。

2. 专业服务业创新保护的行为特征

专业服务业创新保护机制以"进攻型"为主，"防御型"为补充。服务业企业大多没有独立的研发部门，与客户互动是服务创新最显著的特征，客户在服务创新过程中扮演"兼职员工"的角色，由此带来了创新成果所有权认定的困难。因此，服务业企业很难采用"防御型"机制将创新知识限制在企业边界内——越来越多的专业服务业企业开始走向"进攻型"保护。

基于"进攻型"机制的客户锚定在大多数企业中居于重要地位。创新领先的专业服务业企业采用公开发表、构建标准等策略来扩大行业影响力，一方面通过主动加强与客户的互动和与客户建立互信关系，提高转换成本，锁定现有客户，另一方面通过主动公开发表、参加标准制定、承接标志性建筑物设计等手段提高企业声誉从而锚定客户，吸引更多的投资商和客户，进而获取持续创新收益。因此，在我国弱知识产权体制和弱知识产权意识背景下，"防御型"独占性机制在创新保护过程中主要起辅助作用，其效果明显弱于"进攻型"的独占性机制。

知识资产保护的目的以获取持续收益为主，阻止模仿为辅。由于专业服务业创新的收益难以依靠被动保护获取，大多数专业服务业企业特别关注保护创新活动所带来的额外租金，而非单纯阻止竞争对手模仿。专业服务业企业知识更新快、定制化程度高、与客户互动性强，建立模仿障碍类的独占性手段并不总是可能或合理的，因此，专业服务业企业采用模仿障碍往往只起到短期保护效果，立足于获取持续创新收益的"进攻型"机制则更受专业服务业企业青睐。

5.3.3　平台网络知识资产的治理机制与构建路径

前面分别阐述了集群企业、专业服务业企业知识资产治理的制度特征，这里进一步拓展至平台网络。在典型的双边市场平台内，知识资产侵权问题频出，如平台卖家模仿知名品牌的外观设计、盗用知名品牌商标等，不仅让权威部门诟病平台领导者治理失能，也让双边市场中的平台用户产生怀疑，最终导致创新收益的减少，打击创新主体创新的积极性。平台作为

一种"元层面"的组织形式，对它的治理的讨论从未间断，但深入双边市场平台知识资产治理的研究却乏善可陈。[⊖]

双边市场平台知识资产治理的困境，主要表现在以下三点。①平台领导者追求网络效应的单一性与知识资产治理目的多样性的矛盾导致治理动力不足。②双边市场平台结构决定了平台同时缺失科层制治理权力和市场交易制度约束，导致平台领导者知识资产治理责任与治理权力的不对称。③知识资产保护独占性机制失效与平台知识资产保护制度缺位并存，导致保护制度上的真空。因此，对双边市场平台知识资产治理制度建构过程的讨论具有重要的现实意义。

知识资产是保证企业可持续创新能力的核心资产，现在对知识资产内涵的界定已经从企业内部拥有的知识资产延伸至企业与外部合作过程中产生的知识资产，包括企业拥有的专利、版权、商标、营销渠道、客户资源和社会关系等。按照从创新中获益的理论，知识资产治理是为了实现企业或创新主体从创新中获取收益的针对知识资产的一种制度安排。接下来，本小节将先阐述平台网络知识资产的治理机制，而后讨论平台网络知识资产的治理机制与构建路径。

5.3.3.1　平台网络知识资产的治理机制

1. 公众集体意义的治理机制

我们认为，构建公众集体意义的治理机制，是平台领导者向公众表达知识资产治理的集体意义，让公众对平台伙伴是否模仿、是否侵权的具体内涵有新的认识。[⊖]平台领导者通过构建公众集体意义，让公众对平台伙伴具有正面评价，以下两种是平台领导者取得合法化的策略。

⊖　CHEN L, LI S, WEI J, et al.Externalization in the platform economy: social platforms and institutions[J]. Journal of international business studies, 2022, 53(8): 1805-1816.

⊖　魏江，张莉，白鸥．双边市场平台知识资产治理制度建构 [J]. 浙江大学学报（人文社会科学版），2019,49(2): 72-85.

一是采用叙述方式表明知识资产的治理意义。平台领导者通过对外发言、公众协商、社群交流等方式，将知识资产的侵权行为和知识资产的治理意义等向公众发布，让公众对平台知识资产有正确认识，对创新合法性有客观判断。比如，阿里巴巴的创始人在接受新华社采访时，将假货比喻为空气中的病菌。现在各类平台通过语言叙述，将侵权行为治理与平台健康发展、社会和谐发展、数字平台治理结合起来，使得语言叙述成为公众普遍可接受的方式，把知识资产治理转为平台网络内外公众的集体意义。

二是应用叙述方式建立知识资产治理的组织身份。采用叙述方式对外宣传平台领导者知识资产治理的组织身份——多次在公开场合中，把平台领导者存在的意义，平台领导者在知识资产治理活动中扮演的角色，通过语言传递至公众，并构建叙述的前后逻辑关系，形成平台领导者组织身份的"故事链"。随着平台领导者知识资产治理的组织身份的建立，促使公众认可其对平台伙伴的知识资产治理，加强公众对平台伙伴的正面判断。在谈及对侵权行为的治理时，阿里巴巴不仅强调权利人和平台用户是受害者，还重点强调平台领导者受害者和治理者的身份，突出在双重身份的压力下，公众要认可平台领导者的治理身份。

2. 平台网络冲突矛盾的治理机制

协调平台网络冲突矛盾的治理机制，是平台领导者联合平台伙伴、平台用户、权威部门和权利人，在信息、规范、行动和技术层面开展的治理实践，将治理实践作为解决平台网络内侵权信息不对称、委托代理不明确等问题的办法，平台领导者联合利益相关者，对平台知识资产治理行为给予正面评价，赋予平台伙伴合法性。常见的有四个合法化策略。

一是建立知识资产治理信息沟通渠道。平台领导者与知识资产治理的利益相关者就知识资产治理提出实践解决方案，然后让知识资产治理利益相关者对平台上采取实践解决方案的伙伴给予正面评价。例如，工商局、知识产权管理机构、各地公安局与阿里巴巴共享信用数据，将有售假记录的企业拒绝在平台网络外，并给予尊重知识资产的伙伴以更多的"好评"；品牌权利人能实时查看平台产品是否有侵权的信息；应用宝用户能随时查看应用的评价信息等。

二是协助制定知识资产治理行为规范。平台领导者与知识资产治理的利益相关者提出基于规范制定的治理实践，通过协助平台伙伴、权威部门和权利人制定治理规范，将新实践（协助制定知识资产治理行为规范）抽象化为矛盾或冲突（信息不对称、委托代理带来的不信任）的规范解决方案，让平台伙伴、权威部门和权利人对平台伙伴有正面判断。例如，京东与质检总局签订涉及知识产权侵权的合作协议；阿里巴巴和浙江省知识产权局共同商讨电子商务专利保护的指导意见等。

三是协同开展知识资产治理行动。平台领导者与知识资产治理的利益相关者共同展开行动，作为平台领导者知识资产治理权力缺失和治理责任不对称矛盾的解决方案，让第三方检测部门、权威部门、权利人、平台伙伴和平台用户赋予平台伙伴合法性。此合法化策略体现了通过物质性资源的改变（共同行动）实现知识资产治理。例如，京东、阿里巴巴与第三方抽检机构合作，配合权威部门对商品真伪进行鉴定。京东、阿里巴巴与各地工商、公安部门互相配合，在权威部门的合作下对侵权者给予实地打击。在协同开展知识资产治理行动合法化策略时，平台领导者利用各种利益相关者资源，可以弱化权力和责任不对等现象，弥补平台领导者对平台伙伴或权利人知识资产知识的缺失，从而防止平台伙伴进一步的侵权行为。

四是建立知识资产治理技术联系。平台领导者通过与利益相关者就知识资产治理的技术层面提供解决方案，实现信息互通、协同开展行动和应用行为规范，用更加客观和便捷的手段解决知识资产治理的信息不对称和代理问题，确保权威部门、权利人和平台伙伴的合法性判断。例如，阿里巴巴同国家认证认可监督管理委员会信息中心建立"云桥"数据互通，腾讯应用宝采用"唯一"搜索等大数据搜索方式，提供与平台用户信息链接的技术支撑等。

3. 基于新型平台身份的治理机制

建立基于新型平台身份的治理机制，意味着平台领导者通过加入治理联盟，协助产业集群发展升级，在同行间和产业集群中建立新型平台身份，实现对平台伙伴的治理，让同行和产业集群给予平台伙伴正面肯定，赋予平台伙伴合法性。案例中该机制涌现出三类合法化策略。一是建立面向同行的平台身份。平台领导者与同行建立知识资产治理联盟，通过共同申明平台网络作为一种新的组织形式，在知识产权保护方面的新身份，向公众表明平台网络知识资产的治理态度，并强调在联盟内的平台网络对知识产权保护的身份，让平台伙伴区别于抄袭和模仿者，促使联盟内的平台领导者认可网络内的平台伙伴，赋予平台伙伴合法性。例如，阿里巴巴、腾讯等 21 家中国互联网公司就共享信息、联防联打假冒产品等成立委员会；[⊖]腾讯视频和其他视频网站就维护互联网知识产权的良好秩序成立联盟，促使联盟成员自律。

二是建立面向权威治理联盟的平台身份。平台领导者加入权威治理联盟中，将权威治理联盟的身份转移到自我身份上，让平台伙伴获得合法性。例如，阿里巴巴加入国际反假联盟，同英中贸易协会和商业软件联盟签订谅解备忘录，腾讯与英中贸易协会、在华国际出版商版权保护联盟共同签署知识产权保护合作备忘录，均是通过加入权威治理联盟或与权威治理联盟共同协商，将平台作为权威治理的一部分或与权威治理联盟产生联系，促使身份的转移，让权威治理联盟认可在平台网络中的平台伙伴。

三是构建面向产业集群的平台身份。平台领导者在有可能产生侵权行为的集群企业中，协调各种资源帮助集群内部企业实现正品化或品牌化的过程，以此达到同其他平台相区别的目的，构建平台知识资产治理身份，让参与到其中的平台伙伴具有合法性。"中国质造"产业带地方政府在阿里

⊖　人民网：《阿里腾讯百度抱团不掐架　21 家互联网企业"反欺诈"》。

巴巴的流量支持下，联合各品质检测部门对集群中的优秀企业进行评定和政策扶持，鼓励企业转型升级，从代工模式向品牌模式转变——不仅重塑了自身平台知识资产的治理身份，同时赋予了平台伙伴合法性。[一]

5.3.3.2　平台网络知识资产治理体系的构建路径

下面以阿里巴巴为例，对平台网络知识资产治理体系的构建路径进行剖析。我们把平台网络知识资产治理体系的构建分为三个阶段。

第一阶段，知识资产治理的制度创造阶段。

双边市场平台知识资产治理的制度创造阶段包括知识资产治理建立契约工作。1999 年，阿里巴巴在以 B2B 的商业模式搭建企业间的电子商务平台的交易过程中，针对双边市场平台内商品欺诈和产品侵权等问题推行"诚信通"服务，并在 2002 年全面实施。此阶段，案例展现出知识资产治理建立契约的制度工作，分为建立知识资产治理契约条例和建立知识资产治理关系规范。[二]

建立知识资产治理契约条例。双边市场平台创建初期，阿里巴巴知识资产的治理行动体现在规范建立，对进入平台的卖家明晰平台上关于知识产权保护的规章细则，强制平台卖家与平台领导者签订一系列协议或规范后才能入驻平台。卖家进入后，一旦出现知识资产侵权行为，平台领导者有权按照相应惩罚条例进行处置。此类知识资产治理行为，是通过系统规则的构建（平台入驻规则），授予卖家身份或地位（平台卖家的类型），规定成员边界（不能有知识产权侵权行为），平台领导者在一个场域创造身份层次，以双方相互签订契约体现。因此，遵循制度创造的逻辑，将此类知识资产治理行动命名为建立知识资产治理契约条例。案例中涌现出系统规则

　　[一]　魏江,张莉,李拓宇,等.合法性视角下平台网络知识资产治理 [J].科学学研究,2019,37(5): 856-865.

　　[二]　魏江,张莉,白鸥.双边市场平台知识资产治理制度建构 [J].浙江大学学报（人文社会科学版）,2019,49(2): 72-85.

构建，授予身份或地位和规定成员边界等行动都是平台领导者在治理中发挥主导作用，治理对象为卖家和权利人的知识资产。

建立知识资产治理关系规范。平台领导者发挥电子商务线上优势，对卖家进行多重线上治理行动，涉及 B2B 业务的"诚信通"和买家与卖家互评机制等。2002 年建立企业商誉的"诚信通"平台，既实现了对产品真伪的鉴别，也维护了企业商誉等无形资产。2003 年，在淘宝网上建立买家与卖家互评机制，通过买家评价内容曝光有知识产权侵权现象的卖家，达到治理目的。此类治理行动依然基于系统规则的构建，但买家与卖家互评是建立在双方自愿评价的基础上的，且评价内容基于平台领导者事先设定的评价条例。相对于上一种具有强制性含义的治理行动，此类治理行动的基础是关系搭建——建立买家、卖家、权利人之间的关系。因此，将此类治理行动命名为建立知识资产治理关系规范。此制度工作中，行动主体除了平台领导者，还包含平台买家和权利人，治理对象是卖家及权利人的知识资产。

在知识资产治理的制度创造阶段，存在有序规范和无序共生两种方式。有序规范是指平台领导者有目的地开展知识资产治理行动，目的是追求网络效应，所以行动的指标是快速扩大用户数量。无序共生是指在双边市场平台的侵权现象不损害甚至有利于平台领导者的利益时，平台领导者缺乏动力去有效控制双边市场平台的侵权现象，因此，双边市场对平台网络效应的追求，同平台领导者有序建立知识资产治理制度之间存在不一致。典型事件如 2009～2010 年公众对阿里巴巴旗下的淘宝网和 B2B 平台的售假与欺诈行为有所怀疑，认为平台领导者所构建的知识资产治理机制是"卖假货的潜规则"，是有选择性的治理，由此产生第二阶段的治理制度再造。

第二阶段，知识资产治理的制度再造阶段。

此阶段分为知识资产治理的创建身份工作和建立联系工作。知识资产治理的创建身份工作包括两类行动。其一，重构知识资产治理形象，包含清除组织内侵权行为，调整知识资产管理模式和设立知识资产治理部门等行动。针对双边市场平台陷入的知识资产治理困境，阿里巴巴惩罚欺诈行为，清除内部涉事员工并给予相关管理人员处分；改变 B2B 平台收入分配模式；成立天猫，提高卖家入驻门槛，保证对权利人知识产权的保护；成立廉政部，加强内部知识产权治理。此类行动表现了平台领导者对组织内部资源的再规划和再配置，期望通过资源的再分配重构组织内外的形象。因此，将此类治理行动称作为重构知识资产治理形象。治理主体是平台领导者，治理对象为双边市场平台内外的知识资产。

其二，加强知识资产保护的组织文化。此类行动从文化方面强调组织对知识资产的保护，让成员感知组织的角色和身份。阿里巴巴多次在组织内部讲话中谈到企业的社会责任不仅仅限于企业自身，希望治理整个商业环境中的假货和欺诈行为，并表示阿里巴巴对资源的调整是一种信号的释放，期望内部员工重视知识资产治理。

案例涌现出重构知识资产治理形象和加强知识资产保护的组织文化，体现出平台领导者通过对内部机制的重构、治理形象的重塑、组织文化的再建，从而实现组织核心的、独特的特性，建立知识资产治理的身份。虽然在此知识资产治理的对象是组织成员、结构和文化，但平台领导者可以通过对自身的治理而实现对平台的治理。因此，将此类行动称作知识资产治理的创建身份工作。工作的行为主体是平台领导者，通过对组织内资源再配置，不断宣讲攻击平台售假的"潜规则"，实现制度再造。

从合法性理论解释，平台领导者的知识资产治理的创建身份工作是在知识资产治理组织场域内构建规制和认知合法性。规制合法性源于对国家法律法规的遵守（象征性策略），对欺诈行为和售假行为的处理（物质性策略），让组织场域内的行为主体受到来自管制机构的强制同构力。认知合法性源于平台领导者的身份创建，涉及行为者与场域之间关系的再构建，建立双边市场平台组织场域中组织成员所感知的，特别是卖家所认同的，切实开展知识资产治理的平台领导者的新身份（象征性策略），让组织场域内的卖家感受到来自新身份的模仿同构力。

知识资产治理的建立联系工作包含两类行动。其一，改变知识资产治理的规范联系方式。该行动主要采用数据、信息和技术对平台内侵权行为进行防范或打击。案例中，淘宝（含天猫）交易过程中的数据、产品信息的积累，成为开展知识资产治理行动的连接器，扩大了独占性机制中知识资产保护主体之间联系的范围。知识资产治理的关系变为平台领导者通过数据、信息、技术进行跟踪查找，最终找到侵权人，进一步联合权威部门共同处罚。知识资产治理主体之间的联系关系变为更加客观、可跟踪的数据、信息和技术。此类治理行动并不对现有的独占性机制产生挑战，还能补充已有制度。根据制度创造的逻辑，此类行动采用技术改变以往规范之间的联系关系，因此，称作改变知识资产治理的规范联系方式。此时，双边市场平台内的知识资产作为治理对象，作为行动主体的平台领导者将自身资源加入治理行为中，重构知识资产治理行动，实现知识资产治理机制的再创造。

其二，构建知识资产治理的规范网络关系。此类行动是构建与权利人、权威部门和中小卖家之间的联系，开展双边市场平台知识资产治理。案例中，阿里巴巴与高丝、飞利浦和嘉娜宝等各大品牌就知识产权问题进行磋商，同知识产权部门、公安部门进行维权活动，同中小卖家建立知识产权治理的联盟体系等。此类行动是组织与组织之间发生联系和互动，通过共同的实践达成对知识资产治理规范的认可，凝聚成一个一致的、持久的制度结构，因此，称作构建知识资产治理的规范网络关系。治理对象为双边市场平台内的知识资产，平台领导者联合多种行动主体开展行动，建立组织与组织之间的关系，创造知识资产治理的规范性网络，实现知识资产治理机制的再创造。改变规范联系方式和构建规范网络关系是在双边市场平台应用数据、技术实现联系方式的改变，通过同双边市场平台场域外的行动主体共同行动建立关系和信任，实现知识资产治理，因此，将此类治理行动称作建立联系工作。

从合法性理论解释，知识资产治理建立联系工作让双边市场平台知识资产治理组织场域构建规范和认知合法性。在改变知识资产治理的规范联系中，将数据、信息和技术的客观存在应用到知识资产治理中，改变场域与规范之间的联系方式（物质性策略），形成知识资产治理符合行业技术标准或行业行为规范的组织场域，让平台伙伴获取规范合法性。在构建知识资产治理的规范网络关系中，制度工作行动主体权利人、权威部门、中小卖家开展共同行动（物质性策略），形成共同遵守的规范（象征性策略），让知识资产治理组织场域内的平台伙伴获得认知合法性。区别于制度创造阶段的合法性，平台领导者与各类制度工作行动主体既通过物质性策略再配置，也通过象征性策略让在知识资产治理场域内的平台伙伴获得规范和认知合法性。案例中涌现的制度再造阶段并没有推翻制度创造阶段中的制度工作，而是在原有的基础上涌现出新制度工作。2015 年，国家工商总局发布针对平台上正品率的调查，后与阿里巴巴开会座谈，此事将双边市场平台知识资产治理推向了下一阶段。

第三阶段，知识资产治理的制度维持阶段。

双边市场平台知识资产治理制度维持是平台领导者将已建立的知识资产治理制度展开实践，并向更广的范围推广。划分此阶段的关键事件是权威媒体对阿里巴巴知识资产治理的再一次公开质询。在此，案例呈现出知识资产治理保障激励工作。其一，再构知识资产治理资源分配政策。2015年开始，阿里巴巴通过引导存在侵权行为可能的企业建立自己的品牌，在淘宝上开辟专项频道进行推荐介绍和提供流量资源，并在线下为此类企业提供上市、融资等的信誉背书，发布"权利人共建平台"等，对双边市场平台内的资源进行控制和再分配，促使遵守知识资产制度的主体能够获得更多资源，从而保证制度的延续，让知识资产治理制度形成惯性。平台领导者在此类治理行动中促进、补充已建立的制度，并且通过资源转移、创建新角色，将制度扩散到更大地理范围内实现制度维持。平台领导者、权利人在治理中发挥主导作用。

其二，联系已有知识资产治理主体。2015 年，阿里巴巴联动多方知识资产治理主体共同对"中国质造"平台上的商家做信誉背书——列入"中国质造"的自主品牌，必须通过地方质检的抽检，工商部门的确认外观设计等无侵权行为，由地方政府主动推荐。阿里巴巴在此类治理行动中，联系知识资产治理中的各方主体，推动各种治理行动。此类行动主体是平台领导者和地方政府。

其三，再造知识资产治理角色。平台领导者在多种场合公开发表宣讲或演说，对其知识资产治理行为进行类比和深化，将治理角色进行拓展和升华，通过加强制度的规范基础实现制度维持。在制度的规范基础方面，阿里巴巴还通过讲故事、灌输思想甚至教育的方式来提升其在知识资产治理方面的高度。同时，在公开场合，平台领导者发表"在打假上成为全球领导者"的宣言，致力于平台内外知识资产的治理。在此类治理行动中，平台领导者开展日复一日的组织实践，积极灌输知识资产治理的规范基础，维持和再生产知识资产治理制度。

以上三类治理行动是在更大的范围内扩大治理影响，是通过资源再分配行动，通过治理网络拓展，通过再造治理角色保障知识资产治理制度的执行。遵循制度维持的逻辑，将此类治理行动称为知识资产治理的保障激励工作。从合法性理论解释，知识资产治理的保障激励工作所建立的知识资产治理组织场域更加广泛——建立具有规制合法性和认知合法性的组织场域，制度工作的行动主体从双边市场平台延伸至尚未加入平台的地方政府和中小企业，并且通过平台领导者资源的再分配，地方政府和中小企业资源的加入实现了双边市场平台的知识资产治理（物质性策略），形成了组织场域中各行为主体对双边平台市场知识资产治理的共同认知，让组织场域中存在强制同构力和模仿同构力，从而实现知识资产治理的制度维持。

总之，在制度创造阶段，平台领导者作为双边市场平台的核心，主动构建知识资产治理的组织场域，但其合法化策略停留在具有象征意义的契约签订和关系建立，致使此阶段形成的知识资产治理组织场域未能约束知识产权侵权行为。在制度再造阶段，平台领导者依然是制度创造的行为主体，将自身资源和其他制度工作的行为主体的资源加入治理行动中，采用象征性和物质性合法化策略，尤其在物质性合法化策略中，利用权威部门行政权力、权利人带来的专业知识和中小卖家带来的信息，构成在场域内的规制、规范和模仿的同构力。在制度维持阶段，平台领导者通过资源再配置，拓展制度工作的行为主体，展开文化再建设，利用权利人的专业知识、地方政府的权力实现物质资源的新配置，通过对平台领导者治理高度和角色的宣传在组织场域内构建模仿同构力。[○]

○　魏江，张莉，白鸥 . 双边市场平台知识资产治理制度建构 [J]. 浙江大学学报（人文社会科学版），2019，49(2)：72-85.

第 3 篇

▲

行为逻辑：LARGE 框架

——

本篇基于 MIT 情境的非对称性逻辑,揭示中国企业是如何在这样的独特情境下构建非对称创新能力的。本篇将从学习机制、组织架构、追赶路径、组织治理和创新生态五个要素来深度阐述后发企业非对称创新的行为逻辑。

在学习机制设计上,中国企业需要根植于特殊的制度、市场和技术情境来选择特定的组织学习方式。首先,多种所有制并存且不均衡是中国这个转型经济体区别于成熟经济体的明显特征之一,国有企业和民营企业在创新追赶过程的学习路径的差异需要被重视。其次,我国企业面临着与发达经济体不对称的技术体制,比如弱知识基础、弱独占性制度等,企业在创新追赶过程中要解决独占性缺失的困扰,因此中国企业选择技术学习的机制,就需要将不同的学习方式组合起来。再次,企业同时面临制度体制与技术体制的制约,需要动态制定"既利用制度体制和技术体制的优势,又绕开它们的制约"的策略,采用较为"简练"和"直接"的启发式规则来帮助企业实现技术赶超。

在组织架构设计上,中国后发企业需要面对非对称情境带来的组织架构设计困境,制定有针对性且有创新性的解决方案。首先,后发企业在国际化阶段面临着"合法性双元"的选择困境,即海外子公司面临"如果听母公司的,就不适应东道国制度"或者"听东道国的,就不受母公司喜欢"的内部合法性和外部合法性两难选择,企业需要合理运用"空降式同构""滩头堡式同构""浮板式同构""管道式同构"策略,通过海外扩张进行技术追赶。其次,在跨越地理边界和组织边界构建研发网络进行技术赶超时,企业面临着"组织架构－技术架构"设计中的"自治－整合"困境,即企业无法同时完成"融入本地去获取前沿信息和技术"和"被整合进公司内部网络实现信息和技术转移"这两种任务,企业不得不跳出以往全球架

构设计中的"镜像设计"原则，而是采用"非镜像设计"原则
来解决此冲突。最后，企业需要在组织架构设计过程中"振荡
式"调整合法性战略，确保"战略－结构"两者之间的配称来
维持合法性。

在追赶路径设计上，第8章深入探索中国后发企业在技术
赶超实践中提出的"农村包围城市""从互补技术到核心技术"
和"从产业链环节到完整产业链"3条独特的非对称追赶路径。
首先，"农村包围城市"指企业以"节约式创新"进入难度较
低的低端市场获得资金和资源支持，通过建立和开发自己的技
术体系形成具有竞争力的产品与品牌影响力，后以"突破式创
新"包围发达经济体，慢慢打开市场。其次，"从互补技术到
核心技术"指从互补技术切入获得一定的创新收益后，再自主
开发系统技术实现核心技术突破的技术赶超。最后，"从产业
链环节到完整产业链"指企业通过强大的制造基础攻关核心零
部件技术，打造高效的产业链环节，在特定技术领域稳扎稳
打，而后开发系统产品，基于技术积累逐步拓展产业链长度，
最后掌握全套业务，全面控制完整产业链。

在组织治理制度设计上，后发企业面临"内部合法性赤字
与外部合法性赤字"的挑战，需要创造新的制度来实现两者的
平衡。外部合法性赤字源于特定东道国对来自特定国家和区域
的跨国企业的负面刻板印象，内部合法性赤字源于新兴经济体
跨国企业的组织身份中的母国制度烙印。为此，企业需要在不
同阶段在应对外部合法性赤字的治理战略和应对内部合法性赤
字的治理战略之间动态切换。此外，后发跨国企业的海外单元
面临着"东道国制度环境"和"集团内制度环境"双元情境下
的合法性冲突，这需要在内部组织结构设计上采取逆向控制、
间接控制等治理手段。

除学习机制、组织架构、追赶路径、治理制度外，开放性创新生态系统为后发企业提供了新的追赶机会。第 10 章聚焦于企业创新生态系统和平台创新生态系统来探讨非对称创新。企业通过构建以自身为平台领导者的创新生态系统，可以改变整个系统的结构、核心主体地位、核心主体身份，探索到企业在资源协调、资源控制、治理机制设计等方面的非对称创新路径。

非对称学习机制

"非对称创新"的核心逻辑是将传统意义上的非优势资源和条件转化为核心竞争力，并由此而在国际上掌握话语权，实现技术追赶。这个过程对于后发企业来说，本质上仍是学习过程。本章介绍了多元所有制企业的不同协同路径，独占性体制失效情境下的产业集群学习路径，后发企业直接学习与间接学习的协同路径，制度型市场下逆向组织学习和启发式学习的非对称学习机制。

6.1　协同学习路径

6.1.1　多元所有制与企业协同学习路径

中国后发企业在追赶过程中面临着独特的制度情境，如所有权的多样性，这是区别于西方经济体的本质特征之一。[⊖]学界已经探讨了所有权对企业战略选择、政治战略行为[⊜]、竞争战略建构[⊜]的重要影响，对后发企业的

⊖　LI S, XIA J. The roles and performance of state firms and non-state firms in China's economic transition[J]. World development, 2008, 36(1): 39-54.

⊜　江诗松，龚丽敏，魏江.转型经济背景下后发企业的能力追赶：一个共演模型——以吉利集团为例 [J]. 管理世界，2011(4): 122-137.

⊜　PENG M W, TAN J, TONG T W. Ownership types and strategic groups in an emerging economy[J]. Journal of management studies, 2004, 41(7): 1105-1129.

追赶学习而言，所有权因素同样扮演着重要的角色。⊖我们通过对比汽车产业中的国有企业（以上汽为例）和民营企业（以吉利为例）的追赶学习过程来总结国有企业和民营企业在学习路径上的差异。

作为国内规模领先的汽车上市国有企业，上汽成立于 1955 年，3 年后成功研制出第一辆凤凰牌轿车。1978 年选择德国大众作为合资经营伙伴，1985 年成立上海大众合资公司，1996 年形成年产 30 万辆轿车的能力。1997 年第 2 家合资公司——上海通用汽车有限公司正式成立。2006 年成立上汽汽车制造有限公司，专门致力于自主品牌轿车的研发和生产。自 1985 年成立上海大众合资公司到 2001 年，上汽的组织学习始终局限在合资公司内部，严重依赖跨国企业，学习路径始终没有超越组织边界。当时中国汽车产业体系较为基础，与跨国企业相比，生产技术和创新能力都较为落后。中国政府虽然决定大力发展汽车产业，但由于条件有限，企业无法自己搞定汽车生产，只好颇为无奈地寻求和国外合作。上汽需要通过合资公司发展轿车业务，而在大众看来，合资公司的规模非常有限，而且当时中国的市场规模较小，在关键资源的控制上大众占了明显优势。彼时上海大众的总经理由中方担任，但财务、采购、市场、售后服务、生产和质保、研究与开发以及规划等部门几乎所有的关键岗位都由德方担任。尽管上汽在 1997 年 6 月与美国通用建立了另一家合资公司，试图降低对大众的依赖，但大众在中国也与另一家国有企业一汽合资了，因此，上汽此次行动对于降低双方的权力不对称并无显著作用。

在这一阶段，上汽的学习主要是依赖大众的，具有合作关系的大众会提供包括产品构成、质量管理、生产控制与计划等生产和装配轿车产品的整套技术图纸来帮助上汽构建技术蓝图。此外，大众还会提供在中国或跨国企业本部的技术或管理培训以帮助上汽人员尽快学习到有关的生产知识。在培训之余，大众派出技术人员和熟练操作工人到合资厂，为生产现场的

⊖   江诗松，龚丽敏，魏江.转型经济背景下后发企业的能力追赶：一个共演模型——以吉利集团为例 [J]. 管理世界，2011(4): 122-137.

中方人员做示范操作。虽然外方提供的帮助能够使上汽人员迅速掌握生产汽车的知识，但对于包括产品设计等在内的核心知识，中方人员是学不到的。也就是说，当时的学习方式是封闭的。同时，中国企业在保证国产化率为主要目标的国产化战略的引导下，需要将所有的资源和人投入到国产化过程中。于是，中国企业对外国产品技术的依赖越来越深，最终损伤了上汽的自主开发能力。[⊖]

　　上汽在本阶段一直没有自主品牌产品引入以及自主产品平台的引入，几乎没有自主创新能力。1983 年 4 月组装了第一辆上海桑塔纳轿车，到 1992 年才进行桑塔纳 2000 的开发，但开发工作在大众巴西子公司进行，上汽只是参与了制造生产过程。1998 年，上汽在国内进行桑塔纳的改进型开发，产品是桑塔纳 2000 时代超人。2000 年 12 月，上汽另一个合资公司上海通用的首辆赛欧轿车下线。然而，这些产品都不是自主品牌产品。更糟糕的是，上汽不仅没有引入自主品牌产品，还放弃了原来的自主品牌产品"上海牌"轿车。1991 年 11 月，为集中力量发展桑塔纳轿车，累计生产了 77 041 辆的"上海牌"轿车停产。

　　2002 年之后，在我国自主品牌政策引导下，上汽开始探讨自主研发和创新。2004 年 10 月，上汽以 5 亿美元正式收购韩国双龙汽车 48.92% 的股权，并于 2005 年 6 月增持至 50.91%，获得管理控制权。2004 年底上汽还以 6700 万英镑的价格获得了罗孚 75、罗孚 25 及发动机的全部知识产权。购得自主产权后，上汽自主研发队伍发现并不像事先想象的那样容易消化，后来经过英国最大的汽车研发机构 Ricardo 的斡旋，上汽收编了罗孚 150 人的研发团队。

　　此外，他们通过成立汽车工程研究院、自主品牌项目组等搭建成熟的研发体系，构建研发能力。从产品开发流程看，新车研发包括产品预开发、策略制定、概念开发、产品试制与试验、定型生产五个阶段。上汽海外研

⊖　路风.走向自主创新　寻求中国力量的源泉 [M].桂林：广西师范大学出版社，2006.

发中心负责前面三个阶段，第四阶段由海外研发中心与上汽汽车工程院共同合作完成。虽然上汽的研发强度逐年增加，但相比于完全自主研发的要求，无论是自主研发中心还是海外研发中心都远远不足，并由此阻碍了企业对外部技术的吸收和沉淀。究其原因，国有企业面临"可见度窘境"——阻碍了国有企业不同学习方式的协同，产生了创新能力培养的"负作用"。

实际上，当时的国有企业管理者在本质上是官员，缺少对企业的特定理解，更倾向于开展可见度高的活动而忽视可见度低的活动。[⊖]作为国有企业的上汽，构建研发能力对它而言是一种低可见度的活动，因此不被重视。公司内部其他学习方式（如知识创新、研发平台建设等）也不易被外界了解，同样被忽视。因此，国有企业创新能力的发展速度明显落后于民营企业。

而与上汽封闭的学习路径形成鲜明对比的，是从最开始就选择自主独立发展的民营企业——吉利。吉利在进入汽车产业之前，曾经营过冰箱配件、装潢材料和摩托车业务，并都取得较大成功。1984 年，吉利创始人李书福以冰箱配件为起点开始创业历程。1989 年，正处于发展巅峰的冰箱厂因为未被列入轻工业部定点厂目录而被迫关闭。同年，李书福转产高档装潢材料，研制出第一张"中国造"镁铝曲板。1996 年 5 月，李书福正式成立吉利，走上了规模化发展的道路。1998 年，第一辆吉利汽车豪情在浙江省临海市下线。2001 年，吉利成为中国首批获得轿车生产资格的民营企业。2007 年，吉利宣布战略转型。2009 年，吉利收购澳大利亚 DSI 自动变速器公司。2010 年，收购沃尔沃，获得沃尔沃 100% 的股权及相关资产。

其实，吉利走上自主创新的道路也与中国的制度环境有关，实际情况并不是吉利不愿意和跨国公司合资，而是跨国公司不愿意和吉利合资。当时，吉利和奔驰有过接触，但是奔驰不愿意。一个合理的解释是，当时吉利造车还处于"非法"状态，并没有获得政府的承认，很难想象奔驰会和

⊖　江诗松，龚丽敏，魏江. 转型经济背景下后发企业的能力追赶：一个共演模型——以吉利集团为例 [J]. 管理世界，2011(4): 122-137.

这样的企业合资。对于汽车产业，中国政府一直进行严格的控制，除所谓"三大三小"这些国有企业外，禁止安排新的轿车生产点，并设置了产品目录的管理办法。任何一家企业生产汽车都需要进入政府的产品目录。吉利当时的轿车产品还没有进入政府规定的产品目录，因而处于事实上的"非法"状态。换言之，吉利走独立发展道路是其面临"制度劣势"的无奈选择。⊖

在学习过程中，吉利通过跨越组织边界的开放式学习（包括"从雇用中学"⊜和逆向工程⊜）来培养企业创新能力。早年间，吉利造车的骨干力量是从吉利摩托厂里挑出的 3 个在汽车厂干过的工程师。到了 1998 年，天津汽车的一个技术部部长首先被李书福挖下了海，接着是一汽设计九院的靖绍烈等一批各种各样的技术工人于 1999 年加盟吉利。这么多具有不同背景的技术人员的加入，使吉利能够自主摸索出一条初步的自主学习道路。

此外，逆向工程是民营企业较典型的学习路径。最开始，吉利的理想是造"中国的奔驰"。董事长李书福和副总裁顾伟明将自己的奔驰车与红旗车拿出来，供工程师们学习汽车构造，并通过借用车上一些零件来拼装一辆新车。经过"奔驰 + 红旗"几款车的改造和学习，吉利开始决定自主研发小型汽车，通过购买经济型轿车夏利作为样车，沿袭夏利的内饰和底盘，将车身做了一系列改动，研制出了第一辆真正属于吉利的汽车。至此，吉利通过开放式学习发展了自主创新能力。较之上汽，国产化政策对吉利几乎没有影响。

一方面，吉利没有走技术引进道路，因而国产化不是一个大问题。事

⊖　CUERVO-CAZURRA A, GENC M. Transforming disadvantages into advantages: developing-country MNEs in the least developed countries[J].Journal of international business studies,2008,39(6): 957-979.

⊜　SONG J, ALMEIDA P, WU G.Learning-by-hiring: when is mobility more likely to facilitate interfirm knowledge transfer?[J].Management science,2003,49(4): 351-365.

⊜　MALIK O R, KOTABE M.Dynamic capabilities, government policies, and performance in firms from emerging economies: evidence from India and Pakistan[J]. Journal of management studies, 2009,46(3): 421-450.

实上，除了发动机等少数核心部件，吉利几乎所有零部件都是国内采购的，其中约 75% 来自浙江和江苏，其余地区约占 25%。这种格局部分要归功于国有企业国产化政策建立的零部件体系基础。以豪情为例，60% 的零部件从天津夏利的供应商处直接采购，20% 的零部件吉利自己生产，10% 的零部件由吉利自己的供应商（主要来自浙江地区）提供，另外 10% 采购自其他车型的供应商。另一方面，政府不会对吉利这样一家民营企业强制规定一个国产化水平。从这个意义上说，作为民营企业的吉利比作为国有企业的上汽享有更大的战略选择空间。

在 2002 年前后，政府政策导向以自主品牌为主导，国产化政策已经很少提到。一个证据是，2004 年的《汽车产业发展政策》已经删去了国产化率的规定，并且新增一章专门强调鼓励"汽车生产企业实施品牌经营战略"。受国家自主品牌政策驱动的吉利通过收购澳大利亚 DSI 自动变速器公司、沃尔沃等获得相关战略资源，投资建设吉利汽车研究院构建创新能力，通过独立研发实现技术突破。吉利并没有以某个特定的产品平台技术为基础开发，而是引入自主产品平台。吉利不仅在该时期完成了整车 5 大技术平台、15 个产品平台、40 多款车型产品和相应动力总成的清晰规划，还理顺了全部产品的序列和相互关系，明确了各产品预期的投产次序和时间。

在国产化阶段，由于自身的合法性问题，吉利仅仅是低强度地"从雇用中学"。该阶段引入的豪情和美日是逆向工程的产物。在自主品牌阶段，吉利获得合法性后不久，加大了"从雇用中学"的强度。2002 年，浙江省财政厅原党组成员、地税局原总会计师徐刚出任集团首席执行官。此后，在李书福、徐刚的主导之下，吉利引进了 1000 多名中层人员，更换了 2/3 的高层，吸纳很多得力的技术人才。此时，吉利以能源多样化为战略导向，立足于持续开发和完善传统动力总成，同时开发电动汽车、混合动力等各种新能源技术，并适时推进其产业化，以适应未来汽车动力源可能发生的任何转变。

在学习路径上，吉利兼顾多种学习方式并重视不同学习方式之间的协同。除正式研发之外，吉利还通过组织内部知识的社会化和编码化加强组织学习能力。吉利编印了 21 册 24 本 174 万字的《吉利汽车技术手册》，17 卷 27 册 340 万字的《吉利汽车设计和试验标准汇编》，以及 6 卷 52 册近 7 万页的《吉利产品开发流程》。⊖这些书面化制度性的"知识积累"，成为指导日常开发工作的准则，并使吉利的造车经验得以积淀和升华。由于多年来一直保持高强度的研发，吉利对海外收购资产的吸收能力相继被培养出来。⊜吉利奉行的"立足于持续开发和完善传统动力总成，同时开发电动汽车、混合动力等各种新能源技术"的方针则有利于创新能力的持续积累。作为一家民营企业，资源摘取和能力构建之间的协同能够使其高效配置学习和创新资源。

因此，在多种所有制并存且尚不均衡的条件下，国有企业和民营企业在能力追赶过程具有互补性，国有企业更注重突破性创新或者技术引进，而民营企业更注重消化吸收再创新，不同所有制的企业通过技术和知识溢出产生协同效应。

6.1.2　国际化学习机制与协同创新路径

众所周知，技术追赶的过程也是企业成长的过程，企业处于不同阶段，需要采取不同的学习机制，更要通过不同学习组织之间的协同，实现技术赶超。但在中国情境下，考虑到国际化学习过程受市场体制、制度形态和技术体制三类独特情境的制约，更要艺术性选择学习次序和协同创新路径。

这里先以银轮和东华为案例来说明企业借鉴学习与经验学习按照一定规律更迭、重复出现对企业创新绩效的影响。我们总结了表 6-1 所列的六种学习形式，其中，播种型学习顺序指"先借鉴学习，后经验学习"，独奏型学习顺序指"经验学习接着经验学习"，咨询型学习顺序指"经验学习，

⊖　新浪网：《磨刀不误砍柴工　建体系与出产品的辩证统一》。

⊜　COHEN W M, LEVINTHAL D A. Absorptive capacity: a new perspective on learning and innovation[J]. Administrative science quarterly, 1990, 35(1): 128-152.

后借鉴学习，再经验学习"，即"经验学习中穿插借鉴学习"，增强型学习顺序指"先经验学习，后借鉴学习"。[⊖]

表 6-1　学习方式与学习顺序的定义

学习方式与学习顺序	定义
经验学习	通过直接经验获取知识，常见有实验室学习、数学分析、计算机仿真、追溯分析等学习手段
借鉴学习	对另一组织的战略、技术和实践进行学习，常指从二手经验中学习
播种型学习顺序	先借鉴学习，后经验学习
独奏型学习顺序	经验学习接着经验学习
咨询型学习顺序	经验学习中穿插借鉴学习
增强型学习顺序	先经验学习，后借鉴学习

银轮前身为天台机械厂，成立于 1958 年，主营业务为生产、销售农业机械。1981 年，银轮试制成功国内第一台银焊机油冷却器，正式进入热交换行业。1989～1995 年，银轮的主营业务比较分散，涉及生产机油冷却器、摩托车配件、节能灯管、冲抓机、离心机等。1998 年，银轮组建集团公司，明确了主要业务为研发和生产机油冷却器。2000 年，银轮实现国际 OEM 配套。2007 年，银轮上市。2010 年，银轮在美国成立销售公司。

银轮的学习顺序从早期依赖跨国公司跨区域播种型学习，转化到后期与高校研究机构跨区域播种型学习。在探索阶段，一个偶然的机会出现了——上海内燃机研究所测绘了一个从美国引进的板翅式冷却器，在国内寻找产品制造商，银轮抓住了机会，经过逆向工程的辛苦摸索，率先在国内试制成功。此过程中，银轮通过与上海内燃机研究所的跨地理边界合作，先借鉴学习，后经验学习，初步掌握了制造冷却器的相关知识，银轮因而正式进入热交换行业。1987 年，银轮董事长看到了一件来自国外的机油冷却器样品，该样本在钎焊工艺上使用铜切焊，而不是国内所用到的银切焊，于是银轮试制了国内第一台铜切焊机构冷却器。这一创新打破了当时企业

⊖　魏江，应瑛，刘洋. 研发网络分散化, 组织学习顺序与创新绩效：比较案例研究 [J]. 管理世界, 2014(2): 137-151.

很难拿到银指标并且成本高对规模生产的限制。

在此过程中，银轮通过与沈阳技术研究中心的跨地理边界合作，先借鉴学习，后经验学习，掌握了铜切焊技术，实现了机油冷却器的大批量生产，在降低产品价格的同时，带动了国内整个行业的发展。1992 年，为了开拓海外市场，银轮开始与跨国公司在华的合资公司打交道，通过与天津珀金斯、南京依维柯、东风康明斯的跨地理边界合作，借鉴学习到了合资公司国外母公司的批量供货批准过程、工程判断标准、质量前期策划等一系列管理知识，并将之运用于银轮内部，建立了自身的质量保证体系与质量标准，这为银轮后期的规范化发展打下了坚实的基础。总结来看，在技术探索阶段，跨国公司内向国际化到中国带给了银轮许多组织学习的机会，银轮通过先借鉴学习，后经验学习，从跨国企业学习到了新的知识、技术，以及治理企业的技巧与手段，帮助自身在与海外先进企业技术落差很大的状况下积累了较国内同行而言更新的知识和技术。

在经过技术扫盲阶段后，银轮在成长阶段可以凭借自身经验开展一些项目或产品的研发。此时，银轮以问题解决为导向，采用咨询型学习顺序（即经验学习中穿插借鉴学习）向高校或者跨国企业寻求帮助。1999 年是银轮国际化市场开发至关重要的一年，银轮通过体制重组，明确了"以研发和生产机油冷却器为主要业务"的主线，撇去了不相关的业务。为了能够为康明斯进行主机配套，银轮凭借自身的经验尝试设计方案，但公司缺乏生产能力和设备能力，为此，银轮找到了浙江大学改造实验室，先后引进了三坐标测量仪、三维震动试验台等试验设备。

为了提高产品设计效率，2000 年银轮找到了上海交通大学，引进国外先进设计软件和工程分析软件。在这个过程中，银轮先凭借自身的经验试制产品，在此期间遇到生产设备、分析软件落后等问题时及时向高校求助，开展跨本地的借鉴学习，最终经过不断的调试与努力取得了世界一流企业的主机配套权。与康明斯合作之后，银轮开始为卡特彼勒等多家国际知名主机厂商配套，合作模式开始转向共同研发，这也使银轮开始意识到自主研发的重要性。

2000 年、2002 年、2004 年，银轮分别与浙江大学、上海交通大学、哈尔滨工业大学联合成立了"浙江大学 – 浙江银轮车辆散热器研究与测试中心""上海交通大学 – 浙江银轮高效散热器产品研发中心""哈尔滨工业大学 – 浙江银轮焊接材料与工艺研发中心"。2002 年银轮开始引进国际领先水平的各种 CAD/CAE 软件，借鉴这些软件的专业优势，结合自身产品进行二次开发，转化成拥有自主知识产权的专用软件。为了进入比较陌生的工程机械领域，银轮收购了上海创斯达 51% 的股权，此笔收购帮助银轮以较快的速度借鉴学习到了生产大型及超大型空、空中冷器的能力，自此银轮正式进入工程机械领域，并且拥有了水平较高的初始研发平台。

在企业技术能力积累到相当水平的快速发展阶段，银轮开始注重真正属于自身的知识产权。2006 年以来，银轮一方面开始注重"模块化、智能化以及系统集成能力"的培育，另一方面加快国际化采购链步伐，与卡特彼勒、康明斯等国际领先企业建立战略合作伙伴关系，为它们进行主机配套。2008 年银轮与浙江大学就"冷却包优化系统"联合成立了博士后流动站，银轮冷却模块事业部就技术展开自主研发，其间浙江大学与团队来银轮考察调研，发现并且确认银轮在冷却模块技术开发中有什么需求，在其能力所及范围内立项成立课题组，为银轮服务。在这个过程中，银轮在经验学习中穿插跨区域的借鉴学习。

2007 年，银轮开始研发设计排放后的处理系统，包括废气再循环系统（EGR 系统）和 SCR 冷却器两大块内容。在 SCR 冷却器系统设计领域，银轮与清华大学建立了合作关系。从 2008 年开始，银轮与卡特彼勒、康明斯等领先企业建立了战略合作伙伴关系，开始进行大规模的生产配套。在这个过程中，尽管银轮与国际一流企业进行了大量的沟通交流学习，但都是跨国公司派遣相关人员在银轮进行本地指导，开展了大量的本地范围的咨询型学习。除了与客户、高校的合作，银轮每年会邀请热交换行业鼎鼎大名的奥地利 AVL 研究所、白俄罗斯雷可夫研究所来银轮举办讲座，一方面介绍当前世界范围内最新的技术资讯，另一方面就银轮在生产研发中遇到的疑难杂症给予解答。

总体而言，这个过程涌现出大量基于本地范围的与跨国公司联结的经验学习中穿插借鉴学习的咨询型学习，以及基于跨区域范围的面向高校研究机构的借鉴学习。其中，与跨国公司联结的咨询型学习为企业创新带来的效益远不如前两个阶段，毕竟跨国公司来华投资是以制造与市场为导向的，会把研发等高附加值活动放置于集团总部，由此，跨国公司外派技术人员长年驻扎在银轮所在本地，并不能将最前沿、尖端的技术知识带给银轮。相反，银轮面向高校研究机构的借鉴学习方式能够帮助企业弥补信息劣势，在前沿技术上实现创新。

东华是一家包含链条、链轮、齿轮等多种传动产品的专业制造企业。东华的前身为杭州城东链条厂，创立初期，东华仅是普通的链条加工厂，1994 年开始产品出口，1996 年开始注重技术能力的积累。2003 年，收购杭州盾牌链传动有限公司、江苏常州东风农机集团两家大型国有企业。2007 年，收购江苏兴化齿轮有限公司，出口量居全国第一。2009 年，东华全球化发展道路全面启动，收购了德国老牌链条企业 KOBO，并在德国、英国、美国、泰国、荷兰建立仓储式销售公司。2010 年，东华控股日本 EK。

与银轮的学习路径不同，东华的学习路径呈现出从依赖本地国有企业转化到依靠跨国家边界的播种型学习顺序，即先间接学习，后直接学习。具体而言，在起步阶段，东华从本地国有企业的播种型学习中积累关于基础链条制造的相关知识。1991 年，全国已有链条企业大大小小 300 多家，"盾牌""环球"等品牌产品在市场中占据半壁江山，但是总体而言，国内链条行业较国际领先水平相距甚远，呈现出品种不全、规格不多、品质低下等特征。此时，原先在国有企业杭州链条总厂做销售的宣碧华下海创办了杭州城东链条厂。在这个过程中，东华紧紧依托本地市场中的国有企业，在先借鉴学习他人产品的基础上，通过经验学习做适当调整与修改，正式进入链条行业。经过几年的发展，东华初具规模，1996 年组建杭州东华机电器材集团有限公司，开始接外贸订单，以对方来图来样的方式生产链条产品。在这个过程中东华经过反复的经验学习，积累了扎实的知识基础。

在成长阶段，东华采用与高校和跨国企业的咨询型学习顺序，即先经验学习，后借鉴学习，再经验学习，这帮助东华进一步完善了技术能力系统。2002 年东华开始拓展东南亚市场——东南亚棕油链潜力巨大。东华去马来西亚调研，当地客户对链条的使用条件、参数指标提出了很高的要求，东华凭借自身在设计理念、材料选择、热处理工艺、表面处理、结构形式等方面的经验进行创新设计，提出了轴压比的概念，使产品的使用寿命大大提高，达到了国内领先水平。同年，东华开始板式链的研发与生产，其间遇到疲劳强度难以突破的难题，聘请了德国专家给予指导，以经验学习中穿插借鉴学习的方式，最终通过链板热处理后钢球挤孔和整链强力预拉的工艺实现了技术的突破。

2003 年东华在本地收购了全国最大的链条企业杭州盾牌链传动有限公司，通过借鉴学习盾牌已有的技术知识，东华为进一步的能力提升铺下了基石。同年，为了进入拖拉机、农机等主机领域，东华跨区域收购了江苏常州东风农机集团，通过借鉴学习初步掌握了主机生产能力。2004 年，东华成为国内第一家自主研发出滚销式齿形链的企业，学习了异型链条的相关技术知识，往相近的技术领域做了延伸。在这个过程中，东华通过不断的经验学习向链条的相近应用领域拓展，收获了一项发明专利与两项实用新型专利。2005 年，东华开始研发输送链中的糖机链——糖机链在应用中会接触泥石、渣、糖液等，这对研发设计提出了苛刻的要求。在这个过程中，东华通过在经验学习过程中穿插开展跨区域的借鉴学习，使该产品的技术达到国内领先水平。需要说明的是，在企业成长阶段，东华与德国沃尔夫在本地组建合资公司的失败经验迫使东华觉悟核心技术掌握在自己手中的重要性，并且要想掌握最核心的技术必须走出国门，冲到国外优秀的技术集群中去获取第一手的先进知识。

在快速发展阶段，东华紧锣密鼓地布局跨国家边界的研发网络，收购了德国 KOBO，将其所有技术纳入公司中，并且依托跨国公司为跳板，搜寻 KOBO 所在地欧洲的最新知识与技术，快速提升创新能力。具体地，2008 年，东华先后在德国、英国、美国、泰国、荷兰建立仓储式销售公司，仓储式销售公司帮助东华真正构建起"市场－研发－制造－市场"的信息环流。德国专家来访东华，给东华的技术人员培训 KOBO 的一些技术与理念，比如通过案例讲解的形式给东华的技术人员讲解"轴压比"的概念在链条设计中的应用；就东华车间的布局和策划方案给出建议；对新设备的引进给予评价等。

东华小组出访德国 KOBO，参观 KOBO 以及 KOBO 供应商的车间，学习先进的链条加工技术和现场物流管理经验等。出访归来后，出访小组开会进行总结，将学习到的适用于东华的技术、经验经过自身的调整去应用。经过这一阶段的借鉴，东华向 KOBO 学习到了比国内企业更先进的技术、知识与经验，并且在德国专家的指导下搭建起一流的车间与技术开发平台，大大拉近了东华与世界一流技术企业在研发基础条件上的距离。

此外，东华还在经验学习中频繁穿插借鉴学习。经过上一阶段的知识积累，东华开始组建依托于项目的对接小组，小组的德国专家会将当年行业中最先进的知识传递给东华的研发人员，东华的研发人员会就研发活动中遇到的问题咨询德国的对应专家，如德国专家自身解决不了，还会求助于德国当地的研发机构与高校。东华收购德国公司还为其打开欧洲市场获得了非常大的便利。为了学习在欧洲运营的经验，不仅东华的外访小组更加频繁地走访德国，参加各种展销会并参观国外客户的企业，而且德国专家会作为东华的代表帮助东华开拓业务。此处是典型的"先经验学习，后借鉴学习"。总结来看，东华在进行跨国家边界的研发网络拓展时，一开始由于与德国存在较大的技术距离，东华选择以借鉴学习先进理念、技术、工艺为主，经过一段时间的消化吸收及改进再开展相应的研发活动，呈现出播种型学习顺序。

为了充分将 KOBO 的技术知识内化到东华，东华建立了依托于项目的对接形式，将自身在研发项目中构思出来的创新想法与德国专家进行探讨，德国专家也会搜索相对应的最新知识告知东华，呈现出经验学习中穿插借鉴学习的咨询型学习顺序。依托于项目的咨询型学习顺序对东华创新能力的提升有显著作用，可见，企业在组织边界拓展时，项目组形式是一种值得借鉴的过渡形态。将东华的产品推向国际市场，德国 KOBO 是一个很好的跳板，东华自主研发的产品在借鉴 KOBO 在国际市场中的运营经验之后取得了瞩目的成绩，同时呈现出"先经验学习，后借鉴学习"这一学习顺序。

通过两个案例的对比研究发现，一方面，面对来自全球的激烈竞争，要通过超本地搜寻获取知识资源以实现技术赶超；另一方面，面对国内制度缺陷、技术落差巨大的现实背景，在执行研发走出去战略的同时，播种型、独奏型、咨询型和增强型学习顺序在企业学习中扮演着重要的角色，与企业发展阶段匹配的不同学习顺序能显著促进企业创新绩效的提升。

6.2   制度型市场下的组织学习

6.2.1   逆向组织学习

核心技术、知名品牌等战略资产的缺乏，迫使后发企业抓住战略机会窗口实现技术追赶。[⊖]已有研究表明，技术不连续性可以为后发企业提供技术追赶的机会窗口，与技术窗口形成互补的是企业对市场机会的创造和把握。[⊖]本书提出市场体制、制度形态、技术体制的非对称性，给企业实现技

⊖ DETIENNE D R,KOBERG C S. The impact of environmental and organizational factors on discontinuous innovation within high-technology industries[J]. IEEE transactions on engineering management, 2002, 49(4): 352-364.

⊖ SU Z,PENG J, SHEN H, et al.Technological capability, marketing capability, and firm performance in turbulent conditions[J]. Management and organization review, 2013, 9(1): 115-137.

术追赶，利用制度型市场和技术不连续性机会提供启示。[⊖]由于后发企业
向海外技术领先者学习是技术追赶的关键路径，[⊜]根据组织学习理论，[⊜]在制
度型市场机会和技术不连续性的组合下，研究团队系统识别出制度型市场
与技术不连续性交互驱动效应下企业所采用的学习模式，包括"并进式学
习""内控式学习""外植式学习"和"采购式学习"四种类型（见图 6-1）。^㉕

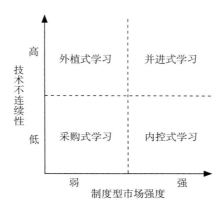

图 6-1　制度型市场下的学习模式

　　并进式学习指同时进行高程度的内向学习和高程度的外向学习，在强
制度型市场和高技术不连续性条件下实现企业技术追赶。并进式学习的特
征在于，依托中国的超大规模市场，企业通过内部学习引进国际先进技术，
在外部设立分支机构，充分获取前沿技术以持续保持领先。该情境下，高
强度"找师傅"式的外向学习有助于提升技术不连续性情境下的技术整合

⊖　WEI J, SUN C,WANG Q, et al.The critical role of the institution-led market in the technological
　　catch-up of emerging market enterprises: evidence from Chinese enterprises[J]. R&D
　　management, 2020, 50: 478-493.
⊜　傅元海，叶祥松，王展祥 . 制造业结构优化的技术进步路径选择——基于动态面板的经验
　　分析 [J]. 中国工业经济 , 2014(9): 78-90.
⊜　BROWN S L, EISENHARDT K M. Product development: past research, present findings, and
　　future directions[J]. Academy of management review, 1995, 20(2): 343-378.
㉕　魏江 , 潘秋玥 , 王诗翔 . 制度型市场与技术追赶 [J]. 中国工业经济 , 2016(9): 93-108.

能力。在制度型市场的保护下，企业能够对本地引入的外来技术进行高频率、高强度的深度学习以实现技术追赶。

以中国南车为例，首先，向内，中国南车持续地大力引进川崎重工、三菱电机、日立等六家海外企业的核心技术，在日本工程师的指导下对设计图纸进行反复钻研，这使中国南车迅速掌握了这些领先企业最擅长的核心技术，随后中国南车在整体研发系统架构内进行系统再创新。基于此，企业能够在原先的知识基础上缩短试错时间，更快更好地适应普通铁路技术向高铁技术迭代的高不连续性技术转移。其次，向外，中国南车通过与庞巴迪、通用等机车、轨道制造巨头共同组建合资公司，建立海外研发中心，尽可能地获取前沿知识以及先进的管理项目孵化经验。像这样，同时进行内向学习和外向学习帮助中国南车提前规划并锁定新技术、学习精益制造技术，令中国高铁在后来的发展中受益匪浅。

内控式学习指高强度的内向学习和低强度的外向学习，这在强制度型市场和低技术不连续性条件下有助于企业实现技术追赶。内控式学习的特征在于以内向学习为主，既注重培育独立研发能力，也注重提升联合研发能力。在强制度型市场下，企业具备契合制度的良好市场条件，在与先发企业的研发协作中借助较强的议价能力，有能力以自身技术诉求和市场需求为出发点进行本土引入的创新资源协同整合等内向学习。低技术不连续性意味着新技术对原有技术冲击较小，企业在新旧主导技术更迭时所需的新知识和新技能较少，企业可以采用高控制权的直接获取方式将所需技术模块快速整合入自身的技术架构中，提升技术追赶的速度和效果。

以海康威视为例，海康威视向内与美国德州仪器（TI）建立联合实验室，又与摩托罗拉建立本土实验室来攻克技术难题。在强大的制度型市场驱动下，海康威视以自身最直接的技术诉求切入，将两个实验室直接整合到企业本部研发中心中来进行技术获取，以联合实验室的形式来进行技术转移。同时，海康威视的技术诉求是将学习对象的技术优势融合入产品的研发工作，快速获取优势单元技术。由于海康威视所在的行业技术不连续性较低，企业的外向学习程度相对较低，这可以使其最大限度避免了因与学习对象整体技术差距过大而会面临的知识整合压力，快速高效地帮助企业进行专项技术学习。

外植式学习指高强度的外向学习和低强度的内向学习，这在弱制度型市场和高技术不连续性条件下有助于企业实现技术追赶。外植式学习模式的特征在于以外向学习为主，在外部同时进行前端的技术储备和孵化以及后端的产品研发与商业化，助力企业在全产业链上进行技术追赶。由于弱制度型市场的资源支持和市场创造效应较弱，本土市场缺乏吸引海外企业长期进驻的客观条件，难以形成以本土企业为主导的深度内向学习方式。伴随高技术不连续性的加强，企业可以凭自身较强的单元技术或核心标准撬动海外技术整合来实现技术跃迁。

以中兴通讯为例，在外向学习中，企业以 3G 的 SCDMA 技术标准为跳板，撬动 Intel、IBM、微软等巨头进行 SCDMA 的技术布局和业务合作，以及前沿的 3G 终端、固网接入，实现与 2G 技术迭代的替换，在北美市场奠定了深度互动的客户基数，这为后期技术完善和修正提供了广阔的海外市场。中兴通讯在美国湾区筹建公司，通过国际高层次人才转移来学习最新技术。此外，在通信技术高不连续性的挑战下，中兴通讯的外向学习策略使其逐步学习并积累了 3G 技术优势，形成了基于 SCDMA 技术标准的 4G、5G 技术发展路径锁定，这保证了其可以进一步学习模仿海外企业如何进行新一代基于 SCDMA 标准的技术研发。基于此，企业不仅可以发挥自身强势单元技术或标准的主导权，在更广的海外地域进行技术匹配，还可以拓宽前沿技术信息搜集的市场范围，减少技术迭代的潜在阻力。

采购式学习指低强度的外向学习和低强度的内向学习，这在弱制度型市场和弱技术不连续性条件下有助于企业实现技术追赶。采购式学习的特征是企业在内部根据技术需要进行模块化采购，同时在外部针对所采购模块的技术发展趋势与上下游企业交流合作。技术不连续性低意味着新技术对原有技术的依存度依然较高，技术积累非常重要。因此，具备此类特征的企业多借助原有生产经验、规模经济等非技术性优势，主动开拓国际市场，并以与先发企业建立技术模块采购的方式进行逐步学习。

以舜宇光学为例，在内向学习过程中，企业的学习非常注重技术的完善和积累。在对产业链节点企业进行股权收购以保证内化的海外机构保持较为独立的运营的前提下，舜宇光学通过与以色列 MantisVision、美国天文望远镜生产厂商 Meade、韩国力量光学产品配套的方式进行内化的技术咨询、项目合作，并且通过不断优化主要的技术模块完善当前企业内部的技术体系。在外向学习过程中，舜宇光学在模块化采购和供应中与国际企业开展广泛交流，这使其始终能够紧随技术发展。此外，舜宇光学在日本、韩国及北美、南亚等地分别建立海外子公司，在地缘优势的基础上注重前沿技术和专业人才的搜罗，根据产品市场的需要采购并优化不同的技术模块，并使其核心模块的技术水平始终走在前列。像舜宇光学这样的学习方式便于企业在对高技术标准企业的研发诉求、制造流程熟悉了解的过程中，逐步积累技术经验——尤其地，通过对国际先进企业技术的模块化采购带动自身发展。

综上所述，学习模式是制度型市场和技术不连续性驱动下的技术追赶的过程机制。实现技术追赶的后发企业在高技术不连续性情况下倾向于进行更多的外向学习，而在强制度型市场条件下倾向于进行更多的内向学习。恰当地利用内向学习和外向学习的组合是后发企业抓住并利用技术机会和市场机会的重要路径。

6.2.2   启发式学习

新兴经济体的后发企业面临来自本土竞争者与发达经济体跨国企业的双重挤压，此时，后发企业在复杂和动荡的环境中做出学习战略决策，[⊝]通过全面扫描环境做出最优的研发战略抉择，都是不现实的，而通过简单的

⊝ LIU Y, LV D, YING Y, et al.Improvisation for innovation: the contingent role of resource and structural factors in explaining innovation capability[J]. Technovation, 2018, 74: 32-41.

启发式学习这一认知过程制定研发战略往往既能保持柔性，又能获取一定的稳定性，进而收获奇效。本小节认为缺乏国际领先技术和市场能力的后发企业可以用更加简要的启发式规则来进一步实现创新追赶。[⊖]

启发式（heuristic）这个词起源于希腊，其初始意思为 "serving to find out or discover"，[⊜]最初在社会心理学中被广泛讨论，[⊜]近几年被引入管理研究领域，引起众多学者关注。^⑭启发式规则可以被定义为：企业在面对复杂环境时，一些为组织决策提供认知捷径的简要规则。^⑤Kogut 和 Kulatilaka 把启发式规则分为两个部分——认知框架和搜寻规则，前者指的是问题和解决问题的空间所抽象出的表征（representation），后者则指的是在解决问题的空间中找到答案的法则。^⑥好的启发式规则应该具备如下特点：易于使用，易于交流，提供了一个更好的方向，以及能够激励执行具体的战略。

战略管理中的启发式规则概念起源于西蒙的 "有限理性"：面对复杂的决策，有限理性的个体不可能有效地搜索所有可能的备选方案，只能依靠简要规则。近几年，学者们逐渐意识到启发式规则这一概念可能在战略管理中有更加重要的角色，正如 Vuori 和 Vuori 所讨论的：启发式规则在战略管理情境下是否有效以及如何发挥作用这一问题非常重要。^⑦这是因为在有

⊖ 魏江, 刘洋, 应瑛, 等. 启发式规则与后发企业追赶战略抉择：一个探索性研究 [J]. 管理学季刊, 2016, 1(4):18-37.

⊜ GIGERENZER G, GAISSMAIER W.Heuristic decision making[J]. Annual review of psychology, 2011, 62: 451-482.

⊜ TVERSKY A, KAHNEMAN D.Availability: a heuristic for judging frequency and probability[J]. Cognitive psychology, 1973, 5(2): 207-232.

⑭ ARTINGER F, PETERSEN M, GIGERENZER G, et al.Heuristics as adaptive decision strategies in management[J]. Journal of organizational behavior, 2015, 36(1): 33-52.

⑤ BINGHAM C B, EISENHARDT K M.Rational heuristics: the 'simple rules' that strategists learn from process experience[J]. Strategic management journal, 2011, 32(13): 1437-1464.

⑥ KOGUT B, KULATILAKA N. Capabilities as real options[J]. Organization science, 2001, 12(6): 744-758.

⑦ VUORI N, VUORI T. Comment on "Heuristics in the strategy context" by Bingham and Eisenhardt (2011)[J]. Strategic management journal, 2014, 35(11): 1689-1697.

限信息的条件下，基于过去经验形成的简要规则变得十分必要，基于简要规则开发战略可能是应对复杂环境的有效方式。启发式规则是决策者为了减少问题解决的复杂性和不确定性所采用的捷径，在模糊环境下显得尤为有效。

　　然而，现有战略管理中有关启发式规则的研究却有着明显的分歧：悲观主义者认为启发式规则对于战略形成的作用是负向的；[⊖]乐观主义者则认为启发式规则对于战略形成的作用是正向的。[⊜]解决这一分歧的关键在于清晰界定启发式规则的定义与内涵。为此，接下来，本小节将在清晰界定启发式规则定义的基础上，比较相近的三个概念，并梳理出启发式规则的内涵。

　　遵循 Eisenhardt 和她同事的系列研究，本小节把启发式规则定义为企业在面对复杂环境时，一些为组织决策提供认知捷径的简要规则。这一定义强调了简要规则。与之相对的是心理学中的启发式偏差，[⊜]以及心理学中的快速节约的启发式——忽略部分信息的策略，以求快速、节约以及准确地做出决策。表 6-2 从共同源起、相同特征、概念起源、定义、分析层面、内容、聚焦点和结果等方面比较了启发式规则、启发式偏差以及快速节约的启发式这三个相近概念。本小节聚焦的启发式规则强调高层管理团队在复杂环境中，能够为组织决策提供认知捷径的简要规则，这些规则往往是从经验中学到的，能够在有效利用某些机会的同时对某些机会保持一定的灵活性。

　　⊖　MAITLAND E,SAMMARTINO A. Decision making and uncertainty: the role of heuristics and experience in assessing a politically hazardous environment[J]. Strategic management journal, 2015, 36(10): 1554-1578.

　　⊜　BINGHAM C B, EISENHARDT K M.Rational heuristics: the 'simple rules' that strategists learn from process experience[J]. Strategic management journal, 2011, 32(13): 1437-1464.

　　⊜　AYAL S, ZAKAY D. The perceived diversity heuristic: the case of pseudodiversity[J]. Journal of personality and social psychology, 2009, 96(3): 559.

表 6-2　启发式规则的内涵

	启发式规则	启发式偏差	快速节约的启发式
共同源起	西蒙的"有限理性"		
相同特征	简化认知过程，改变注意力的聚焦点、快速决策的认知捷径		
概念起源	半结构化组织	直觉统计学家	生态有限理性
定义	企业在面对复杂环境时，一些为组织决策提供认知捷径的简要规则	一种系统性的认知偏差	忽略部分信息的策略，以求快速、节约以及准确地做出决策
分析层面	高层管理团队	个人	个人
内容	企业的特定规则	个人的认知偏差	个人的决策规则
聚焦点	在有效利用某些机会的同时对某些机会保持一定的灵活性	人类通用的认知捷径导致系统性偏差	人类通用的认知捷径在与环境的某些特征匹配时会更加准确
结果	快速、更好的决策	系统性认知偏差	快速、节约的决策

本小节所定义的启发式规则有如下几个特征。第一，启发式规则聚焦于企业高层管理团队而非个人。团队决策往往能够避免一定的认知偏差。第二，启发式规则适用于复杂情境，特别是环境不可预知的情况。第三，启发式规则强调做出决策的时间框架较短，对比在相对稳定的环境中企业有较多时间收集充分信息做出全面理性决策而言，快速变化的环境下企业可能更需要启发式规则。第四，启发式规则是特定规则而非通用规则，这些独特规则往往是企业从过去的经验中学习到的，会随着经验的增加而变化。第五，启发式规则包含两方面效用：一方面可以帮助企业有效地获取机会，另一方面可以帮助企业创造机会。第六，启发式规则的作用在于不仅能够帮助企业快速决策，而且能够使企业的决策更好。

基于此，我们识别了启发式规则在战略管理中的五方面作用。第一，启发式规则允许即兴发挥，允许柔性地获取有吸引力但新的机会，这些规则对企业行为进行了一定程度的限制，有一定的效率性和一定的稳定性。第二，启发式规则为企业提供了简要的指导和初步的计划来应对未来事件，减少了大量试错型学习的过程，一定程度上能够减少错误的发生。第三，基于启发式规则，企业把遇到的情况按认知结构进行分类，使注意力得以

聚焦，进而节省时间。第四，启发式规则往往非常准确，因为它们利用了
一些未被意识到的隐性信息。第五，包含启发式规则的决策过程往往是一
系列即兴发挥交织在一起的，这就导致其难以直接观察和推断后果，有着
因果模糊性，而这也是企业获取长期竞争优势的来源。

　　启发式规则是企业在面对复杂环境时，一些为组织决策提供认知捷径
的简要规则。⊖好的启发式规则是易于使用也易于交流的，往往是从经验中
学到的规则，能够帮助企业在有效利用某些机会的同时创造机会。⊖有研
究团队将启发式规则分为机会创造型启发式规则和机会获取型启发式规则
（见表 6-3）。其中，前者的定义为，在有限信息的新环境中，通过创造出新
机会来应对不利因素过程中形成的简单且为全体员工所熟知的规则，这些
规则强调试错型学习与即兴发挥的交互。而机会获取型启发式规则定义为，
在有限信息的新环境中，通过选择和利用机会来应对有利因素过程中形成
的简单且为全体员工所熟知的规则，这些规则强调试错型学习与远见的
交互。

表 6-3　启发式规则的分类

比较	内容	机会创造型启发式规则	机会获取型启发式规则
不同点	核心逻辑	比竞争者更前瞻地创造出许多本不存在的机会	比竞争者更快、更有效地获取吸引人却转瞬即逝的机会
	环境特征	涌现大量不利因素的复杂环境	涌现大量机会的复杂环境
	强调点	试错型学习与即兴发挥的交互	试错型学习与远见的交互
相同点	决策环境	有限信息的新环境和复杂环境	
	内容	简单且为全体员工所熟知的规则	

　　在市场环境和制度环境都比较独特的转型经济体情境下，启发式规则
更有效（见表 6-4）。在市场环境方面，多层次的市场需求蕴含大量机会，
机会获取型启发式规则的作用是可以通过比竞争对手更快利用这些机会进

⊖　BINGHAM C B, EISENHARDT K M.Rational heuristics: the 'simple rules' that strategists learn from process experience[J]. Strategic management journal, 2011, 32(13): 1437-1464.

⊖　KOGUT B, KULATILAKA N. Capabilities as real options[J]. Organization science, 2001, 12(6): 744-758.

而进行战略决策。此外，相对低效率和低透明度的市场往往带来信息不对称，进而显著增加了创新成本。这种情境下后发企业可以快速利用不连续创新产生的大量机会，甚至有可能通过自身的不连续创新创造机会。

表 6-4　转型经济体情境下启发式规则的作用

环境	转型经济体的环境特征	机会创造型启发式规则的作用	机会获取型启发式规则的作用
市场环境	多层次的市场需求	—	快速利用大量机会
	基于金字塔底层的创新	利用破坏性创新创造机会	快速利用大量机会
	在国内与国外市场和领先企业同台竞争	—	快速利用大量机会
制度环境	制度缺位	利用制度缺位创造机会	—
	制度支持	—	快速利用大量机会
	制度变革	利用制度变革创造机会	快速利用大量机会

　　后发企业需要走向国际市场与领先企业竞争，同时国际领先企业强势进入国内市场，导致国内市场的竞争愈加激烈。这种情境下，通过机会获取型启发式规则进行机会识别并快速利用大量机会的能力显得十分重要。在制度环境方面，政府相关的主体（例如国有企业）加入市场竞争导致不平等产生，[⊖]财务、法律和劳动力市场等方面的制度缺位为后发企业技术赶超带来机会的同时，也带来了众多成本与风险。[⊜]通过机会创造型启发式规则，企业能够感知这些制度缺位带来的风险所蕴含的机会。

　　政府掌握了大量的资源，获得制度支持，快速利用相关机会，成为企业获取竞争优势的重要手段。而制度会随着社会经济的发展逐渐改变，[⊜]一方面，后发企业的管理者可以通过机会创造型启发式规则感知制度变革过

⊖　XU D, MEYER K E.Linking theory and context: 'strategy research in emerging economies' after Wright et al. (2005)[J]. Journal of management studies, 2013, 50(7): 1322–1346.

⊜　PENG M W, WANG D Y L, JIANG Y. An institution-based view of international business strategy: a focus on emerging economies[J]. Journal of international business studies, 2008, 39(5): 920-936.

⊜　李晓丹，刘洋. 制度复杂理论研究进展及对中国管理研究的启示 [J]. 管理学报，2015，12(12):1741-1753.

程中的机会；另一方面，制度变革本身所带来的大量机会需要管理者通过机会获取型启发式规则进行快速利用。

　　进一步，从情境特征看，本小节借助 Vuori 和 Vuori 的分析框架，从环境中的信息冗余程度、环境的动态性、做决策的时间框架、决策者的特征等方面进行分析（见表 6-5）。[⊖]环境中的信息冗余程度是指系统中信息之间的相关程度，转型经济体中信息之间的相关程度非常高，特别是独特的文化背景使做生意的方式之间有很多共同的地方，因此非常适用于启发式规则发挥作用，相对复杂的相互之间相关的信息，比如合法性、市场特征等，使采用简要规则做出的决策可能更为有效。

表 6-5　转型经济体决策情境特征对于启发式规则的影响

决策的情境要素	转型经济体中做决策的情境特征	机会创造型启发式规则是否适用	机会获取型启发式规则是否适用
环境中的信息冗余程度	高	是	是
环境的动态性	高	是	是
做决策的时间框架	较短	是	是
决策者的特征	个体和团队有限理性	是	是

　　环境的动态性涉及环境结构的稳定程度，转型经济背景下的环境结构变化程度非常高，特别是高技术行业的动态性更加复杂，在这种情境下，启发式规则更为有效。做决策的时间框架指向决策者做出决策需要的时间多少。转型经济背景下，环境的动态性要求企业做出决策的时间非常短，且企业需要面对大量的信息，因此启发式规则就显得十分必要。决策者的特征是指决策者的有限理性，转型经济背景下后发企业的决策团队，一方面可能会在专业技能的熟练度、知识丰富性等角度低于全球领先企业的决策团队，有限理性的特征可能表现得更加明显；另一方面，可能在避免个人决策中的有限理性问题的同时比个人决策产生更多偏差，因此启发式规则显得尤为重要。

⊖　VUORI N, VUORI T. Comment on "Heuristics in the strategy context" by Bingham and Eisenhardt (2011)[J]. Strategic management journal, 2014, 35(11): 1689-1697.

　　接下来，本小节将通过吉利以及海尔的案例来进一步探讨启发式规则
对后发企业技术赶超的作用。

　　吉利是中国首批获得轿车生产资格的民营企业，其在追赶过程中同时
运用了机会获取型和机会创造型的启发式规则。首先，吉利通过机会获取
型启发式规则来把握和开发感知到的国内市场。在发展阶段，吉利将组织
管理从"造老百姓买得起的车"正式转变为"造最安全、最环保、最节能
的好车"。在这条规则的推动下，吉利重构了其组织架构和产品架构，并获
取了一些制度支持。在 2006 年之后，吉利每年都对其组织架构进行重构，
这一惯例保障了其 B 级车市场战略的顺利执行。2007 年起，吉利淘汰了低
端品牌产品，逐步实现以全球鹰、帝豪和英伦汽车三个子品牌为核心的产
品组合，保障了分品牌营销战略的顺利实施。此外，吉利基于制度要求，
申请各类示范企业，承担社会责任，顺应国家宏观政策等，这些行为帮助
吉利获取了更多的合法性，为其后续的追赶助力。

　　其次，吉利通过机会创造型启发式规则来应对环境变化。吉利在自主
品牌政策导向的背景下，强调自主创新。这一举动得到了国家领导人的肯
定，并且推动了吉利人才队伍的培养。吉利大力引进人才，加强基础设施
建设，注重知识创造活动并且加强合作创新。在人才培养方面，吉利先后
投资创办了以汽车和社会专业相结合的多所大学以及学院，举办了多种人
才培养活动。这两方面从根本上保障了吉利的技术领先战略和其他领域的
创新战略的顺利推进。不论是技术能力培育还是人才培养，都帮助吉利刻
上了"自主创新"的标签，帮助吉利获得了之前只"照射"在大型国有汽
车企业身上的一些有关自主创新的政策——在转型经济背景下，这对企业
突破制度限制、获取潜在机会有着重要影响。此外，吉利的"让吉利汽车
走遍全世界"的机会创造型启发式规则帮助企业在转型经济体中创造了机
会（如出口和国际化符合产业政策导向，避免制度限制，获取制度支持），
同时快速提升了企业的技术与市场能力。在这条规则下，吉利的海外市场
培育与海外技术整合得到大力发展。在海外市场培育方面，2007 年吉利汽

车整车出口呈现增长趋势，海外技术整合用来提升技术能力的组织惯例对于吉利应对制度环境和后发缺陷以及实施国际化、自主创新等战略有着显著的促进作用。

　　总体看，吉利的快速追赶在于其在感知外部制度和认知自身能力的前提下形成了机会获取型和机会创造型启发式规则（见图 6-2）。启发式规则作为组织认知架构的组成部分，对组织行为形成和演化产生了重要作用，对后发企业的战略决策提供了重要保障。

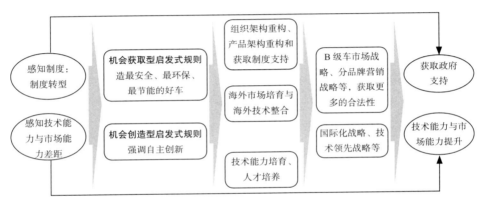

图 6-2　吉利的启发式规则与后发追赶

　　海尔作为中国制造业的领军企业，启发式规则在其追赶过程中也起到了不可忽视的作用（见图 6-3）。首先，海尔早年"质量第一"的规则就是机会获取型启发式规则。"张瑞敏砸冰箱"是使这一启发式规则得到全体员工和消费者认同的重要事件，这一鲜活的事例使员工和消费者认同了海尔对于质量的重视和信心。1986 年海尔在北京、天津以及沈阳等城市迅速获得了消费者的认可，在国内市场中迅速获得巨大收益。在这一规则的指引下，海尔进行的一系列组织活动紧紧围绕提升消费者对于"质量"的认同而提升品牌价值这一主题。到 2001 年，海尔获得了国家领导人的关注，并得到了相关政策的大力扶持。

　　此外，海尔的"开放式创新"这一机会创造型启发式规则在支持海尔创新战略方面起到了重要作用。海尔 2009 年成立"开放创新中心"后,一直强调"世界就是我们的研发中心"这一理念。在这条规则的推动下,至 2014 年,海尔在全球建立美国、欧洲、日本、澳大利亚、中国五大研发中心,通过内部接口人来紧密对接 10 万多个国际一流资源拥有者、120 多万名科学家和工程师,形成了遍布全球的创新资源网络。同时,海尔建立了开放的 HOPE 平台,全球用户和资源都能在此平台上进行零距离交互,持续性地产出创新解决方案。在这一启发式规则的推动下,学术界和实践界广泛认可的"人单合一"模式应运而生,围绕客户需求、平台主、小微主、创客互动,使组织模式变得更加去中心化。

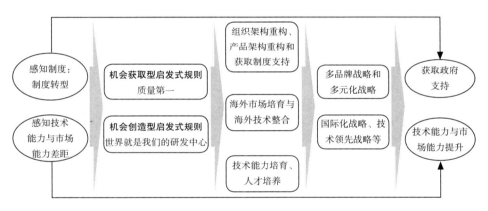

图 6-3　海尔的启发式规则与后发追赶

　　总体而言,转型经济背景下的制度缺位对企业而言有威胁也有机会,管理者需要通过机会创造型启发式规则来指导战略选择以实现赶超;制度转型过程中,正式和非正式的制度变革也需要管理者通过机会创造型启发式规则进行应对,而后通过战略选择实现技术赶超。转型经济的另一个特征在于政府掌握着大量的资源,通过机会获取型启发式规则,利用制度支持中蕴含的机会进行全球网络布局,是中国后发企业实现赶超的一条重要路径(见图 6-4)。

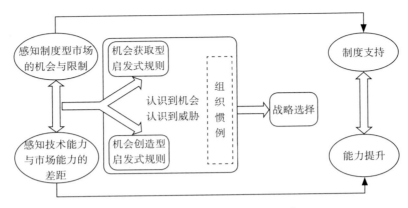

图 6-4　启发式规则与企业后发追赶

　　此外，企业管理者在看到转型经济背景下独特制度的限制效应的同时，需要特别关注这些制度的使能效应。后发企业的管理者在一定程度上会认为愈加复杂和详细的组织程序愈加正确，其实不然，在复杂环境背景下更应关注简要的启发式规则。在转型经济背景下，企业管理者已经意识到了时刻保持"变"的重要性，但是往往只看到了组织惯例的"陈旧"，而忽略了其可能有的对变革的重要作用。进一步地，中国巨大的和分层的市场蕴含着大量的机会和风险，后发企业的管理者需要机会创造型启发式规则和机会获取型启发式规则来制定相应的研发网络边界拓展战略，最终构筑核心能力。与国际领先企业在国内市场和国际市场上的竞争也蕴藏着众多机会与威胁，后发企业需要构建机会获取型启发式规则，进而构筑相应的研发网络边界拓展战略，帮助自身实现赶超。

非对称组织架构

　　全球化浪潮下，新建或者并购海外子公司逐渐成为中国跨国企业进行技术追赶和海外扩张的重要战略。通过海外子公司的运作，利用自身的竞争优势撬动海外资源是跨国企业最为重要的成长方式。在制度理论框架下，跨国企业的海外子公司不仅身处于东道国的制度环境，也身处于集团内的制度环境，这种情况被称为"制度双元"。[⊖]身处二元制度环境中的海外子公司需要得到来自双边的资源和支持，因而面临着内外部合法性双元的问题。但是，双方之间制度和文化的巨大差异使得内外部合法性之间的冲突和对抗常态更显著，所以内外部合法性博弈常是"零和博弈"。

　　特别地，后发跨国企业到发达经济体新建或者并购海外子公司，会面临来源国劣势和外来者劣势的叠加，这导致制度双元冲突更加严重。这种冲突不仅仅体现为并购交易前的重重审查和漫长的谈判过程，更体现为并购后双方艰难的整合过程。文化、制度、惯例上存在的巨大差距带来了组织身份冲突，整合过程中常常矛盾重重，工会罢工、员工离职事件频发（见图 7-1 ）。

　　⊖　KOSTOVA T, ROTH K. Adoption of an organizational practice by subsidiaries of multinational corporations: institutional and relational effects[J]. Academy of management journal, 2002, 45(1): 215-233.

　　　　NELL P C, JONAS P, STEFAN H.Strictly limited choice or agency? Institutional duality, legitimacy, and subsidiaries' political strategies[J]. Journal of world business, 2015, 50: 302-311.

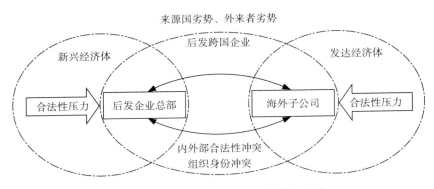

图 7-1　后发跨国企业面临的内外部挑战

　　为了缓解上述来源国劣势、外来者劣势及二者所带来的合法性缺失的影响，后发企业有时会选择"结婚不同居""互不干涉"的战略，或者采用外部同构策略、所有权置换战略，有时干脆采取"伪装"和"隐姓埋名"战略，把来源国信息隐藏起来。例如，其中一种很常见的并购策略就是采用管道式并购这种非直接并购的方式，即借助海外已经建立的滩头堡式的子公司去间接并购发达经济体的企业。

　　在合法性情境下，研究组织结构非常关键，企业需要发展并调整组织结构，形成开展各类活动的实践系统来辨别冲突的制度需要，并为合法性战略选择提供条件。海外子公司作为跨国企业的单元组织，与其他单元组

⊖ AMANKWAH-AMOAH J, DEBRAH Y A. Toward a construct of liability of origin[J]. Industrial and corporate change, 2017, 26(2): 211-231. 魏江，王诗翔，杨洋. 向谁同构？中国跨国企业海外子公司对制度双元的响应 [J]. 管理世界，2016 (10): 134-149.

⊜ MOELLER M, HARVEY M,GRIFFITH D, et al. The impact of country-of-origin on the acceptance of foreign subsidiaries in host countries: an examination of the 'liability-of-foreignness'[J]. International business review, 2013, 22(1): 89-99.

⊜ WANG S, WEI J, ZHAO M.Shopping as locals: a study of conduit acquisition by multinational enterprises[J]. Journal of International Business Studies, 2022, 53(8): 1670-1694.

⊛ KRAATZ M, BLOCK E, DAVIS J, et al.Organizational implications of institutional pluralism[M]// GREENWOOD R, OLIVER C, SUDDABY R, et al. The SAGE handbook of organizational institutionalism. London: SAGE Publications Ltd., 2008: 243-275.
GREENWOOD R, RAYNARD M, KODEIH F, et al.Institutional complexity and organizational responses[J]. Academy of management annals, 2011, 5(1): 317-371.

织之间的耦合关系会深刻影响组织合法性的溢出，[⊖]从而影响海外子公司合法性的获取和维持。接下来，我们主要聚焦于中国企业在海外投资过程中面临的内外部合法性冲突，通过案例分析来呈现不同企业在克服上述问题的过程中的非对称组织架构设计，并通过纵向演化的案例将这一动态过程呈现。请注意，耦合关系是研究组织合法性的一个基本结构概念。

7.1　混合型同构：迂回式助力内外部合法性双元选择

7.1.1　中国企业国际化过程中的合法性双元选择困境

海外子公司的合法化是跨国企业国际化至关重要的一环，国际战略管理的研究越来越关注跨国企业及其海外子公司的合法性问题。[⊖]制度力量对于塑造组织的特征非常重要，因此合法性作为一种获取资源的资源是组织特别关注的问题。[⊜]由于海外子公司需要同时从内外部环境中获取资源和支持，内部合法性和外部合法性被提出。[⊛]海外子公司的内部合法性是指它被母公司的总部或其他组织接受或认可，外部合法性是指它被东道国接受或认可。

由于不同制度环境下的规则或规范会对海外子公司提出冲突的要求，国际化过程中，海外子公司通常都会面临内外部合法性双元获取的困境，

⊖　KOSTOVA T, ZAHEER S. Organizational legitimacy under conditions of complexity: the case of the multinational enterprise[J]. Academy of management review, 1999, 24(1): 64-81.

⊜　Hillman A J, Wan W P. The determinants of MNE subsidiaries' political strategies: evidence of institutional duality[J]. Journal of international business studies, 2005, 36: 322-340.

⊜　ZIMMERMAN M A, ZEITZ G J.Beyond survival: achieving new venture growth by building legitimacy[J]. Academy of management review, 2002, 27(3): 414-431.

⊛　KOSTOVA T, ZAHEER S. Organizational legitimacy under conditions of complexity: the case of the multinational enterprise[J]. Academy of management review, 1999, 24(1): 64-81.

即无法同时获得这两种合法性。[一]选择任何一种合法性双元均体现了组织对于不同制度压力的感知，海外子公司会根据制度压力的感知以特定的实践进行响应。[二]例如，海外子公司会采用被母公司认为合理的政策，因为遵从母公司的合法实践能给予海外子公司在组织内的合法性。相反，在面临高度不确定的环境时，由于并不具备在东道国恰当实践的信息，海外子公司会通过模仿在东道国运营的其他企业以获取外部合法性。[三]

事实上，在非对称情境下，中国跨国企业海外子公司的合法性双元获取面临更大的困境。根据国际商务方面的研究，海外子公司普遍面临外来者劣势。而在非对称情境下，中国跨国企业的海外子公司面临更加复杂、具有挑战性的内外部合法性关系，处理合法性双元中的关系也就更难。

第一，中国跨国企业的海外子公司除了面临外来者劣势，还面临来源国劣势。前者指由"不是来自哪里"带来的劣势，后者则指的是由"来自哪里"带来的劣势。由于历史原因和长期以来的刻板印象，中国跨国企业的来源国特征会给其海外子公司带来额外的劣势，主要包括负面的产品国形象以及管理者对发达经济体环境的认知失调等。[四]在这种情境下，中国跨国企业的海外子公司在获取和维持外部合法性方面面临更多困难和挑战。[五]

第二，与发达经济体的跨国企业相比，中国跨国企业在国际化中还面临优势负担，这同样会放大海外子公司合法化的难度。中国跨国企业具

[一] HAACK P, PFARRER M D, SCHERER A G. Legitimacy-as-feeling: how affect leads to vertical legitimacy spillovers in transnational governance[J]. Journal of management studies, 2014, 51: 634-666.

[二] NELL P C, JONAS P, STEFAN H. Strictly limited choice or agency? Institutional duality, legitimacy, and subsidiaries' political strategies[J]. Journal of world business, 2015, 50: 302-311.

[三] DAVIS P S, DESAI A B, FRANCIS J D. Mode of international entry: an isomorphism perspective[J]. Journal of international business studies, 2000, 31: 239-258.

[四] PANT A, RAMACHANDRAN J. Legitimacy beyond borders: Indian software services firms in the United States, 1984 to 2004[J]. Global strategy journal, 2012, 2(3): 224-243.

[五] MACLEAN T L, BEHNAM M. The dangers of decoupling: the relationship between compliance programs, legitimacy perceptions, and institutionalized misconduct[J]. Academy of management journal, 2010, 53: 1499-1520.

备大规模生产的经验、低成本的价值创造过程、快速跟随的能力、即兴创造的惯例以及顺应复杂制度环境的能力等优势。优势负担是指这些独特的竞争优势在发达经济体会挑战东道国的传统认知，容易被发达经济体看作"威胁"或"不重要的"，进而给中国跨国企业带来额外的劣势。优势负担会加剧海外子公司的内外部合法性之间的冲突，因为母公司和东道国会用完全不同的评价逻辑或认知习惯设定期望并授予认可，此时海外子公司兼顾合法性双元的实现更加困难。

那么，在重重困难下，中国跨国公司又是如何来克服或者缓解这种内外合法性双元的选择困境的呢？

7.1.2 合法性双元选择的四种同构策略

从企业的实践中我们总结出了中国企业在国际化过程中的智慧——为了更好地处理内外部合法性冲突，不同的海外子公司会选择优先不同的合法性需求，有的会优先获取外部合法性，它们会通过与外部制度同构的方式来响应；⊖有的则更加重视内部合法性，会倾向于向内部进行同构来响应。当然，也有一些子公司想要内外两者兼顾，这种兼顾是极具挑战的，它们需要同时与内外部制度环境进行同构。接下来，我们将结合具体案例，将合法性双元选择的同构策略分为四种。

空降式同构：空降式同构是内部同构策略的一种。迈瑞在瑞典的子公司（简称"迈瑞瑞典"）就是一个典型案例。在迈瑞的案例中，迈瑞瑞典面临很大的遵从总部规范的压力，迈瑞瑞典必须展示强大的执行力才能得到总部的认可，也只有这样，来自总部的资源输送和决策支持才能得到保障。因此，迈瑞瑞典优先考虑得到总部的认可，即向内进行同构。迈瑞总部强调海外子公司的"执行力"，认为集团内部的经验和体系应该直接"移植"

⊖ 同构焦点在制度理论中用于刻画子公司与某个环境进行同构——既可能与内部环境同构，也可能与外部环境同构（Souitaris et al, 2012）。海外子公司的内部同构就是和集团内部的企业进行同构，外部同构就是和东道国中（集团之外）的企业进行同构。

和"空降"到子公司，并与母公司"统一体系"。迈瑞认为"每个子公司都要能为迈瑞的成长贡献力量，要有最强的执行力……如何管理这些子公司，将迈瑞过往的成功经验移植过去，在研发、制造、市场、财务等形成统一体系，是迈瑞全球生态体系发挥作用的关键……我们的目标是花五年再造三个迈瑞"。[⊖] 为此，迈瑞一方面通过"指定"或"命令"的方式将各种组织实践转移到迈瑞瑞典，另一方面用规范机制指派专业人才对迈瑞瑞典的研发、生产、营销等流程进行梳理和重建，以推行总部的组织惯例或专业经验。

滩头堡式同构：滩头堡式同构是外部同构的一种主要策略。拿万向来举例，其在美国的子公司（简称"万向美国"）能够深入美国市场、完全本土化运营，是持续发展、开拓领地的关键。美国市场有众多优秀的同行企业、成功的行业标杆供万向参照和学习。在东道国被市场接受、获得肯定是万向优先考虑的，因此万向美国首先关注和选择的就是外部同构。具体来看，万向美国聚焦于在东道国的"市场本地化、管理本地化、资本运作本地化"。"每家企业在美国的子公司都遵循市场本地化、管理本地化、资本运作本地化，万向在美国的信誉就是这样在一桩桩生意上积累起来的"，因此外部同构是其同构焦点。以模仿机制和规范机制为主的外部同构是万向美国的同构特征，万向美国摆脱了一般中资企业在美国发展的模式，基本上隔离了总部的组织结构及实践，凭借在当地市场学习和模仿进行深度嵌入。万向美国作为万向在美国的"滩头堡"，通过在美国收购优质资产，深入了解美国的市场惯例和行业经验，进而以美国的价值观为指导，尽可能快速地嵌入当地市场并进行商业运作。

浮板式同构：浮板式同构是混合型同构策略的一种，即将内部同构和外部同构结合的一种策略。拿东华在德国的子公司——东华科波来举例。东华科波认为德国在工程机械链条领域技术成熟、经验丰富，行业内有很

⊖　魏江，王诗翔，杨洋. 向谁同构？中国跨国企业海外子公司对制度双元的响应 [J]. 管理世界，2016 (10): 134-149.

多成功的标杆企业，在东道国内得到认可能够说明东华科波的技术实力。因此，东华科波选择了外部同构为主、内部同构为辅的策略。具体来看，东华总部对于子公司的运营更加关注对于外部市场的适应性和学习能力，而内部方面还仅着眼于沟通环境的建立。"东华在做的就是产品全覆盖，未来 5~10 年我们要成为全球行业综合第一，各个分领域都能进入前三……各个市场的特征不同，所以我们每个海外子公司的模式不一样，重要的是使东华的品牌得到推广并得到认可"，[⊖]侧面说明东华科波以外部同构为主。同时，东华总部表示他们希望从德国 KOBO 那里学到先进的技术和工艺，保留他们的技术人员，通过建立开放的沟通环境，慢慢吸收、融合，把东华科波的系统对接进来，这体现了东华科波以内部同构为辅的同构焦点。另外，东华科波通过建立和总部之间的平台团队进行组织实践和结构转移来进行渐进式的内部同构。

管道式同构： 管道式同构也是一种混合型的同构策略，但不同于浮板式同构，管道式同构以内部同构为主、外部同构为辅。银轮在美国的子公司（简称"银轮美国"）就采用了此策略。银轮美国认为总部的参与和支持对子公司的发展更加重要（并且面临遵照总部规范的压力），但同时意识到美国市场中一些成功的做法和手段也值得学习。因此，银轮美国选择了这种以内部同构为主、外部同构为辅的方式。具体来看，银轮总部强调管理体系在子公司的"可复制"，子公司在具体运营过程中需要"参照总部"，同时希望银轮美国能够吸收东道国市场的一些"新手段"。银轮提到，"我们一开始的创新战略就是形成以总部为核心、多个研发分中心为支撑的全球创新网络，公司很重视管理国际化，总结形成的银轮自己的管理体系一定要可以复制……银轮美国尽可能多地参照总部的做事方法，使公司已经

⊖　魏江,王诗翔,杨洋.向谁同构? 中国跨国企业海外子公司对制度双元的响应 [J]. 管理世界, 2016 (10): 134-149.

形成的优势能够形成规模效益"，[⊖]这可以看出银轮美国在内部同构的同时辅以外部同构，以期同时获得内外部双重合法性。在内部同构时，银轮美国和迈瑞瑞典一样，多采用命令式和规范式的手段强制地将总部的组织结构和实践进行转移。而在外部同构时，银轮美国一方面通过招聘专业人才进行研发项目管理，学习国外的新技术和新方法；另一方面通过在东道国的项目合作及交流逐渐了解美国的市场文化和价值观，以更好地在美国生存。

7.1.3   混合型同构策略中合法性双元获取的机制选择

在非对称情境下，中国的制度环境和东道国（尤其是发达国家）的制度环境会对海外子公司提出不一致甚至冲突的同构要求，因此，同时获取两种合法性，同时向两个制度环境同构是极具挑战的。那么，企业在实施混合型同构策略的时候到底应采用什么机制来保证策略的有效实施呢？虽然管道式同构和浮板式同构是两种同构的混合，但却有主辅之分（见图 7-2）。浮板式同构会选择获取并保存较多的外部组织实践作为基础，同时以特定的形式逐步向海外子公司转移一些内部组织实践。

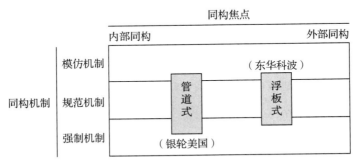

图 7-2   混合型同构模式及同构机制（示意）

具体来看，管道式同构以强制机制和规范机制为主，辅以模仿机制，

⊖   魏江，王诗翔，杨洋. 向谁同构？中国跨国企业海外子公司对制度双元的响应 [J]. 管理世界，2016 (10):134-149.

是内部同构为主的混合型同构。在这种同构策略下，一般海外子公司会框架性地移植大部分总部的组织实践，同时以特定的渠道少量吸收一些东道国的外部组织实践。

浮板式同构则以规范机制为主，辅以强制机制和模仿机制，是外部同构为主的混合型同构。可以东华科波为案例。

7.2　非镜像设计：非对称解决"组织 – 技术"架构设计困境

第一节我们讨论了海外子公司建立过程中来自后发经济体的母公司是如何通过同构策略来解决内外部合法性双元选择困境的。在这一节，我们进一步讨论在并购发达经济体企业这一特殊情境下，后发跨国企业不仅要面临内外部合法性双元选择困境，还要面临在组织身份不对称、系统架构能力缺乏的情况下，将新收购的海外单元整合进自身体系时做"组织 – 技术"架构设计的"自治 – 整合"困境。那么，中国企业是如何通过"组织 – 技术"架构设计来克服上述双重困境的呢？

7.2.1　"组织 – 技术"架构设计难以对称的困境

跨越地理边界和组织边界构建研发网络进行技术赶超已成为中国企业实现赶超的必然路径。然而，中国企业在试图以并购、合资、新建等方式架构跨边界研发网络的过程中，有许多失败的案例，比如上汽收购韩国双龙、TCL 收购法国阿尔卡特等。这些失败的案例背后其实都是因为没有成功解决收购后的整合问题。

在收购后的整合过程中，企业面临的一大困境就是"自治 – 整合"困境。⊖一方面，收购方需要通过组织协调来推动并保证收购方和被收购方之

⊖　ROSENZWEIG P M. Review of managing acquisitions: creating value through corporate renewal, by P. C. Haspeslagh & D. B. Jemison[J]. Academy of management review, 1993, 18(2): 370-374.
PURANAM P, SINGH H, CHAUDHURI S. Integrating acquired capabilities: when structural integration is (un) necessary[J]. Organization science, 2009, 20(2): 313-328.

间的知识与能力转移从而实现双方之间的协同、效率、创新产出以及提升
市场份额。另一方面，整合会带来组织冲突、破坏员工的创造力，从而降
低生产率，因而收购方又需要赋予海外单元高度自治来保护它们的创新能
力。换言之，从海外子公司的视角来说，它们既需要嵌入本地去获取前沿
信息和技术，又需要被整合进跨国企业的内部网络来传递与转移这些信息
和技术，而同时完成这两个任务很有挑战。

究其原因，有两点非常重要：技术因素——较大的单体技术和系统技
术差距；组织中的制度因素——明显的组织身份差异。中国企业和发达经
济体企业长期处于不同的制度和文化环境之中，企业内部的规则、惯例和
认知存在巨大差异，所以"跨国婚姻"实现之后，双方往往"一家人说两
家话"。

7.2.2　全球架构的镜像设计原则

那么，如何克服上述提到的两个问题呢？我们可以透过架构理论和模
块化的理论视角来寻找答案。架构理论认为，一个复杂系统可以看作一系
列模块通过依赖关系或者纽带互相联结起来的集合。⊖全球研发系统正是这
样一种复杂的、需要纽带联结的系统，运用架构理论有助于理解、设计和
管理这样的复杂系统，从而指导系统战略的运作与优化。模块化与一体化
是常见的架构分类。所谓模块化，就是指把一个复杂系统分解为一些功能
模块，这些模块相互配合又相互独立地共同发挥作用。⊜基于架构理论，架
构系统的设计关键在于解决组织架构和技术架构之间动态发展的匹配关系，
以及这种关系在不同情境下呈现的不同设计规则。⊜组织架构和技术架构的

⊖　HOETKER G. Do modular products lead to modular organization?[J] Strategic management journal, 2006, 27(6): 501-518.

⊜　刘洋, 应瑛. 架构理论研究脉络梳理与未来展望 [J]. 外国经济与管理, 2012,34(6): 74-81.

⊜　BRUSONI S, PRENCIPE A. Making design rules: a multidomain perspective[J]. Organization science, 2006, 17(2): 179-189.

关系反映了企业处理网络构建和研发活动开展之间关系的方式，[⊖]其中，组织架构体现了企业对研发系统构建和管理的思路及策略，技术架构则反映了企业进行技术分工的方式，反映了企业研发国际化过程中技术获取的路径，体现了企业研发活动的特性。

对于两者关系的争论，焦点在于镜像假设。[⊜]镜像假设认为，与技术架构相匹配的组织架构，可以促进企业内部模块的有效运作与内外部模块的混合替代，从而促进复杂条件下的系统整合。但这种镜像假设其实给试图通过收购、合资、自建、合作等方式快速组建研发系统架构的中国企业提出了巨大的挑战，因为同时整合技术架构与组织架构，并使两者保持对应，需要企业同时拥有强大的组织和技术架构设计能力与架构掌控能力。这种方式在先发优势企业到相对落后的国家设立研发机构时比较有效，因为这些企业在技术架构设计和组织治理机制上都有优势。但对于后发企业来说，无论是系统架构设计能力还是治理能力都较为缺失，难以实现镜像假设下的全球化技术战略和组织战略的对应匹配，最终会导致全球研发系统的失败。

充满智慧的中国企业家当然不会拘泥于发达经济体的经验，他们在摸爬滚打中探索出了不同于镜像假设的更加适合企业自身特点的架构设计逻辑。这方面的典型案例是吉利并购沃尔沃，联想收购 IBM 的 PC 业务。这两个企业在并购行为发生后，并没有强制推进被并购的研发单元深度嵌入全球研发系统架构，而是让被并购的研发单元保持相对独立，这种策略可能是解决整合困难的权宜之计，也可能是后发企业在技术追赶过程中更为合理的战略选择。下面，我们结合东华和大华的例子具体来看两种非镜像的设计模式。

⊖　LUO J, BALDWIN C Y, WHITNEY D E, et al. The architecture of transaction networks: a comparative analysis of hierarchy in two sectors[J]. Industrial and corporate change, 2012, 21(6): 1307-1335.

⊜　COLFER L J, BALDWIN C Y. The mirroring hypothesis: theory, evidence, and exceptions[J]. Industrial and corporate change, 2016, 25(5): 709-738.

7.2.3　非镜像设计打破困境

1. 东华："异步异构"的非镜像设计

实施研发国际化战略前，东华通过自主研发、收购国内企业、实现 OEM 配套等方式，储备了一定技术。例如，在汽车链条技术方面，于 2004 年成功研发国内第一根高速齿形链条 SC180，替代了国外产品进口；在板式链技术方面，自 2006 年开始为以林德为代表的世界领先叉车企业提供直接配套；在自动扶梯链、农业机件链、输送链三个领域的技术达到了国内领先水平。

为了进一步提升技术水平与竞争力，东华自 2008 年底开始构建全球研发系统。2009 年，东华全资收购了德国 KOBO。KOBO 拥有丰富的行业经验和技术积累，与德国高校、研究机构保持着良好的合作关系，在波兰、英国、法国、奥地利拥有生产基地或分公司。2010 年，东华采用滚动收购的方式，控股了日本链条企业 EK，一次性买断了 EK 所有技术的使用权。此外，东华在英国、法国、美国、荷兰、奥地利、泰国等地设立海外仓储式销售公司，这些海外公司初期作为海外研发信息网点运作，搜索、收集和汇报本地的研发需求和最新技术信息，为全球研发项目提供预研和后期产品化支持。

链条产业技术本身的复杂性不高，技术可分割性相对较低。产业技术主要体现在三方面：材料技术（包括新材料应用技术、材料表面处理技术等）、链条结构设计和开发技术、制造工艺。东华在 2006 年已完成部分国外单体技术的代替。但是，中国冶金技术的相对落后使链条产业材料技术基础薄弱，结构设计和开发能力还在培育阶段，制造工艺与发达经济体积累多年的成熟工艺差距较大。主机和主设备的配套技术方面，东华刚刚起步的系统技术能力更是和国际领先企业存在很大差距。单体技术和系统技术能力的相对落后，正是东华无法通过对外学习与技术引进来提升自身能力的原因。技术差距的存在使企业无法成为技术架构的控制者，既无法设计属于自己的技术架构，也无法影响产业技术架构的关键部分，最终难以建立并控制跨越国界与原有组织边界的技术架构。

当东华试图直接控制海外目标公司的技术架构出现困难时，先采取了建立拥有控制权的组织架构方式。对 KOBO 与 EK 的收购均实现了控股，获得了直接的控制权，但是，改变原有组织边界来实现组织架构的整合却仍然难以实现。KOBO 是一家有近百年历史的家族企业，在原本保守的德国链条产业内更显传统。在这种情况下，收购 KOBO 之后，东华保留了其原有的管理团队，KOBO 继续以原有方式相对独立运作。由于民族文化和日本企业特有的文化，EK 的员工、股东、供应商等利益相关者更加排外。收购 EK 之后，东华通过"为技术单独付款安抚原有股东"，维持其日企原有的身份、文化和经营方式，承诺在收购后的前 5 年，东华不参与 EK 原有日常业务的经营。这种保持收购前组织状态的做法，是东华在难以实现组织架构重构的情况下的过渡性选择。

在单体技术和系统技术能力差距大的情况下，东华保留了因收购天然形成的组织模块，这些原本独立的模块在耦合过程中需要大量依据当时的情况做出"人为响应"进行协调。⊖因此，东华依靠组织模块间的互访、联合团队的组建和频繁的交流，带动技术架构中缺少足够模块化界面的单元之间的交互。除了派遣大量的研发人员进行密集交流互访，东华的杭州研发模块与日本模块每周召开一次技术研发视频会议，与德国模块的交流则根据研发项目的具体要求分类进行。研发人员组成跨文化项目团队，专门从事某项技术的开发。东华还每年召开两次技术年会，全球所有的研发团队必须参加研发工作的详细研讨。这种需要用频繁的交流来协调边界关系的组织架构，模块化的程度相对较低，⊖却让组织架构迅速形成并开始顺利

⊖　BRUSONI S, PRENCIPE A. Making design rules: a multidomain perspective[J]. Organization science, 2006, 17(2): 179-189.

⊖　FURLAN A, CABIGIOSU A, CAMUFFO A.When the mirror gets misted up: modularity and technological change[J]. Strategic management journal, 2013, 25(6): 789-807.

运转。

除此之外，东华设计组织架构和技术架构的时间也并非同步。由于自身能力的限制，为了能够快速搭建起全球研发系统，东华通过保留因收购天然形成的组织架构的方式先形成了组织架构。这些原本独立的组织模块在松散耦合的过程中，依据实际情况做出"人为响应"进行协调，继而影响技术架构——呈现暂时的异构状态。东华尽可能地通过技术架构内部的交流与互动来消除异步异构带来的局限。

2. 大华："同步异构"的非镜像设计

大华是一家专业从事安防视频监控产品研发、生产和销售的高科技企业，是全球主流的 DVR 生产厂家之一。大华的主导产品包括数字硬盘录像机、网络视频服务器、网络摄像机、智能交通前端、安防整体解决方案等，其产品广泛应用于各大安防工程项目，在"平安城市"、三峡水电、北京奥运会、上海世博会以及英国伦敦地铁等重大工程的安防项目中发挥过关键的作用。

上游设备供应商技术的迅猛变革，对企业的技术集成提出了更高的要求，构建全球研发系统成为大华的必需要务。2006 ～ 2008 年，大华首先与亚德诺半导体（ADI）就 CODEC/ DSP 的研发设立了"大华 –ADI 联合实验室"，又和 TI 组建了"大华 –TI 联合实验室"，主要从事开发和优化硬件加速编码算法以及 ISP 图像处理技术。两个联合实验室的设立，并没有采用传统的以高位势企业所在地为优先选址地的方式，而是直接将机构设立在大华杭州总部的研发中心内，贴近市场需求的最前端。此外，大华与索尼、苹果、希捷、意法半导体等国际企业合作，以项目方式展开不同技术领域的研发活动。

作为参与国际竞争的企业，大华依靠自主研发，积累了一定的优势技术。大华在技术上的实力体现在三方面。第一，图像处理技术：在前端设备应用交叉算法、自动曝光技术等方面打破了索尼等国际巨头的封锁，视频监控效果甚至领先于索尼。第二，嵌入式系统技术：可以做到 DVR 直接嵌入内部路由，即实现 IP 存储（是全球第二大嵌入式 DVR 供应商）。第三，移动互联技术：实现在移动平台的全面应用，提供移动终端上的问题解决系统方案。大华的产品和解决方案最为强调系统的整合，因此大华不仅在单体技术上赶上了国际同行，在系统技术上与国际领先水平的差距也并不大。

大华的组织架构与技术架构同步形成。组织架构包含四个主要模块，基础研究模块和产品研发模块之间相互配合就可以支撑涵盖技术架构的四大模块的基本功能，成为产品技术的主要载体。海外联合实验室模块设立于杭州研发中心之内，与基础研究模块、产品研发模块相应的子模块进行直接对接，实现研发力量的全球整合。例如，大华 –TI 联合实验室主要针对编解码技术及 TI 处理器的性能优化展开研究，其软件性能指标分析、编码算法定量分析的研发团队直接与智能算法研发室、软件产品研发室进行对接。共性技术模块以"超模块"的形式存在，其功能是灵活机动地对其他模块提供三方面的支持：共性基础技术支持、技术应用支持、个性化与前沿领域技术支持，并按照实时需求与其他模块进行密切配合。

在与 TI、索尼等国际顶级厂商的研发团队合作时，大华甚至没有控股关系作为约束，但大华在"以我为主"的研发组织拓展过程中却牢牢掌握了架构的控制权。大华在实现技术共享和芯片同步发行的过程中，让国外一流企业根据大华的需求提供 OEM 配套，将通用基础件供应商的技术集成于大华的技术架构之中。实现这一战略的关键，在于大华在市场占有率和市场潜力上的优势。以全球最大的硬盘商希捷为例，大华的硬盘需求占其产量的大部分，这让大华在合作关系中掌握了更多的主导权。此外，大华在关键核心技术领域与系统技术能力上也与国际厂商差距不大，有能力去设计和掌控架构的关键部分。基于此，大华的技术架构是依据产品技术的分割方式设计的，模块化程度高，而大华的组织架构加入了不同形式的模块单元，呈现更多样化的设计方式。同时，保持两者的这种异构，使大华更方便地获取和接纳外部最新的、独特的、模块化界面较少的单元，[⊖]进一步提升了大华在尖端技术领域的响应能力。

这种同步建立的但并不完全同构的技术架构和组织架构的匹配，让大华在智能交通、智慧城市等综合性领域替代了国外技术，做到了集成整套系统并提供技术服务，这是具有单一技术优势的企业难以达到的。同时，研发系统的技术架构和组织架构的互动为大华带来了模块化设计的最根本好处，即快速实现大规模定制。通过模块之间的松散耦合匹配，结合 CPD 项目管理系统，产品开发的周期大大缩短，人员效率得到提升，这让大华努力追求的"快速响应需求"的目标得以实现。

7.3 振荡型演化：同频率实现"战略 – 结构"配称演化

前面两节介绍了混合型同构和非镜像设计对解决内外部合法性双元困境和"自治 – 整合"困境的一些同构策略和组织设计。但是，合法性维持，尤其是具有来源国劣势的后发企业在发达经济体的合法性维持是一个长期话题，尽管时间和经验有助于东道国对跨国企业进行了解，但难以甚至无法改变其对后发跨国企业的歧视和误解。接下来，我们将专门针对这一问题，结合万向美国 20 余年的国际化经验和在美国的合法化之路来看后发跨国企业是如何根据总部和子公司之间从分隔到耦合的结构特征来振荡式调整合法性战略，并最终确保"战略 – 结构"两者之间的配称的。

7.3.1 反应到前摄：合法性战略的演化

在合法性研究中，反应型和前摄型战略的区别在于假设的"控制点"不同：反应型假设的控制点在组织外部，前摄型假设的控制点在组织内

⊖ ARGYRES N, BIGELOW L. Innovation, modularity, and vertical deintegration: evidence from the early US auto industry[J]. Organization science, 2010, 21(4): 842-853.

部。[⊖]有研究认为,在国际化情境下,组织应该遵循悖论思路,即两类合法性战略是非排他的、可结合的,应被组织同时采用以推进合法化过程。[⊜]结合万向的案例看,万向美国在不同阶段切换使用两类合法性战略,而非同时均等地、混合地采用两类战略。此外,万向美国合法性战略的选择通过"减少东道国歧视"和"树立组织公信力"两个直接机制克服来源国劣势。万向美国的合法化历程可以分为四个阶段。

第一阶段为万向进入美国市场到其进入美国传统零部件主流市场之前。在这一阶段,万向美国将全面本地化改造作为首要任务,不再沿用母国总部的管理理念和方法,决心"跳出华人圈,瞄准美国主流社会"。万向美国聘请美国人盖瑞为首席运营官和首席财务官,在内部建立起一套符合美国金融资本需要的运营体系,重新设计了一整套规范的工作程序。在用人方面,万向美国选择当地招聘人才,按当地标准付薪,并请美国前总统小布什的叔叔担任顾问。这一系列本地化举措让万向美国弱化了中国企业的影子,满足了美国市场对一家普通汽车零部件企业的基本期望。除此以外,万向美国在与客户交往以及几起并购中的表现使其一步步获得认可。例如,万向美国联手当地企业一起收购万向节制造商舍勒;在收购轮毂制造商 LT后扩建厂房并招收新员工,帮助 LT 渡过了难关。万向美国在与当地客户和子公司的积极互动中彰显自己的信誉与能力,让外界逐渐了解并"默许"这家零部件企业的发展壮大。

第二阶段是从 2003 年万向美国正式成为主机厂的一级供应商开始。万向美国后来连续收购了 RorkFord、PS 和轴承企业 GBC,这逐渐为万向美国的信誉和形象加码。2007 年开始,汽车产业深受金融危机的影响,万向

⊖ SCHERER A G, PALAZZO G, SEIDL D. Managing legitimacy in complex and heterogeneous environments: sustainable development in a globalized world[J]. Journal of management studies, 2013, 50(2): 259-284.
ÜBERBACHER F. Legitimation of new ventures: a review and research programme[J]. Journal of management studies, 2014, 51(4): 667-698.
⊜ BAUMANN-PAULY D, SCHERER A G, PALAZZO G.Managing institutional complexity: a longitudinal study of legitimacy strategies at a sportswear brand company[J]. Journal of business ethics, 2016, 137(1): 31-51.

美国由于谨慎的资金管控战略在这场危机中保持坚挺，并在危机中发现新机会，一连收购了 GSS、D&R、T-D、DS，向大家展现了万向在传统零部件领域的实力。

在传统零部件领域站稳脚跟后，万向开始向美国新能源汽车领域挺进，万向美国进入第三阶段。在这一阶段，万向美国通过与集团总部的紧密协作依然耕耘于零部件产业，同时有意识地减少参与集团总部的新能源战略布局。在传统领域，万向美国聚焦于"万向全球汽车零部件产业平台构建"的战略，整体收购美国刹车片企业 BPI，进一步强化了在国际零部件市场的地位。2012 年底，为了进入美国新能源汽车市场，万向美国协助总部参与竞购美国锂离子能量存储设备厂商 A123。但竞购期间有众多议员和官员强烈反对将 A123 卖给万向，认为 A123 是美国政府重点企业且有的业务和军方有直接关联，万向却是一个中国企业，收购会威胁美国的国家安全。最后万向凭借只收购民用部分并保留所有雇员这一极具诚意的收购方案得到了 A123 首席执行官的高度认可，在 8 个竞标者中胜出。该阶段万向初步建立了在美国新能源领域的合法性。万向美国与东道国的评价者"协商"万向在新能源领域的"可为"和"不可为"，短期战略顺应了外部期望，并在与外部合作者和相关机构的互动中大大削减了东道国的政府和市场对于万向进入新能源汽车市场的抵制与歧视。

2013 年万向正式进入美国新能源汽车领域，正式开启了万向美国在美国合法化的第四个阶段。成功收购 A123 以后，万向发现即使在新兴领域也能够凭借自身的优势和能力去影响美国的评价者对中国跨国企业的看法。此阶段，万向美国不仅利用自身的能力和资源改造新收购的世界一流企业，还通过它们与更多知名企业合作，使万向得以在美国的新能源领域扎根，进一步巩固了万向在美国新能源领域的合法性。A123 的收购完成之后，万向美国替代总部直接接管万向在美国的新能源业务。在"甩债务，拓业务，削福利"这三板斧之后，A123 终于告别了亏损，开始步入正轨。2013 年10 月万向将其所有的电池制造业务交由 A123 承担，这成为双方建立互信的重要里程碑。2014 年初，经过多轮角逐，美国批准了万向美国对 Fisker 的收购，标志着万向全面进入新能源整车产业。该阶段万向通过两次成功的海外并购证实了其组织能力和集团实力，加强了在美国新能源市场的合法性。美国运输部副部长表示，"非常高兴看到 A123 能起死回生，万向美国成功收购 Fisker 同样非常精彩"。他还特别指出，在万向工作的美国人和他们的家人对中国企业给他们提供工作机会和薪酬心存感激。

总的来看，万向在第一和第三阶段以反应型战略为主，在第二和第四阶段则以前摄型战略为主。第一阶段伊始，美国传统零部件市场的产业结构和行业惯例已非常成熟，制度压力的一致性很高。万向美国作为"美国第一家汽车产业里的中国企业"，在庞大的传统市场里拥有的资源很少，而且较低的市场嵌入水平使有限的资源流动性也很低——资源流动性的高低是决定企业是否有能力进行制度创业的关键因素。这样的情境特征一方面决定了万向美国采用反应型战略的必要性，另一方面决定了采用前摄型战略的可能性极低。

第二阶段，金融危机的到来使很多主机厂的供应商都濒临破产，宏观经济的巨大冲击使成熟场域的制度压力的一致性降低了。⊖万向美国强大的成本控制和业务整合能力在该时期得到了重视，一些主机厂和供应商主动找万向美国寻求帮助。这些都给了万向与东道国制度行动者建立关系并进行资源流动的机会。这一阶段较低的制度一致性和较高的资源流动性决定了万向美国采用前摄型战略，依据自身的特征和优势去影响外部环境。

第三阶段，万向在美国新能源汽车领域的布局受到了原有客户和东道国政府的共同反对，面对来源国负担带来的合法性威胁，负面的制度压力的一致性很高。由于万向美国没有新能源汽车方面的制造和经营经验，在美国新能源市场的嵌入程度很低，缺少场域内资源的调动能力，资源流动性很低。这一阶段较高的制度一致性和较低的资源流动性决定了万向美国

⊖ KOSTOVA T, ZAHEER S. Organizational legitimacy under conditions of complexity: the case of the multinational enterprise[J]. Academy of management review, 1999, 24(1): 64-81.

采用反应型战略，依据自身的特征和优势去影响外部环境。

第四阶段，万向在成功收购电池和整车领域两大顶尖企业后正式进入美国新能源汽车市场，此时反对万向进军新能源领域的声音已经越来越少。加上美国的新能源汽车领域也在发展初期，主导技术和行业惯例都没有形成，万向在行业中面临的制度压力的一致性逐渐降低。同时，通过与行业内其他电池企业建立战略联盟和合作关系，万向在美国新能源领域的资源流动性大大提升。这一阶段较低的制度一致性和较高的资源流动性决定了万向美国采用前摄型战略，依据自身的特征和优势去影响外部环境。

7.3.2　分隔到耦合：组织结构的演变

通过回顾万向美国 20 余年的合法化历程，我们发现关键的海外子公司通过调整自身与母国总部和其他子公司所形成的耦合结构模式来适应并支撑不同的合法性战略选择。进一步，通过合法性溢出机制将组织合法性从子公司扩展到集团，间接地帮助企业克服来源国劣势。通过对万向美国在四个合法化阶段分别与母国总部和其他子公司的耦合程度进行深入分析，我们识别了隔断式（blocking）、桥接式（bridging）、分流式（branching）和粘连式（banding）四种结构模式，其结构示意图、静态特征和动态特征等见表 7-1。

表 7-1　四种结构模式

合法化阶段	结构模式	结构示意图	静态特征		动态特征
			与母国总部耦合程度	与其他子公司耦合程度	
第一阶段	隔断式		松散	紧密	分隔（与母公司）
第二阶段	桥接式		紧密	紧密	耦合（与母公司）
第三阶段	分流式		紧密	松散	分隔（与其他子公司）
第四阶段	粘连式		紧密	紧密	耦合（与其他子公司）

注：○代表关键海外子公司，□代表母国总部，●代表其他子公司，▰代表顶尖企业。

隔断式：关键海外子公司与母国总部耦合程度松散，与其他子公司耦合程度紧密，呈现出与母国总部分隔的动态特征。第一阶段，万向美国成立后发现沿用母国总部原本的一些经验和优势在美国市场不被接受，因此之后的经营和社会活动都相对独立，在摸索中拓展新市场。同时，万向美国与该阶段收购的子公司保持密切协作，面对环境压力时采取一致的行动。例如，为了挽救 PS，万向美国与其共同开发了一款连杆模块推向市场。

桥接式：关键海外子公司与母国总部耦合程度紧密，与其他子公司耦合程度也紧密，呈现出与母国总部耦合的动态特征。第二阶段，万向美国保持与其他子公司的密切协作，整合子公司的资源并梳理其业务，共同应对危机。同时，万向美国加强了与母国总部的联系，频繁地组织员工互访，并作为桥梁将总部的制造经验和资源输送给该阶段收购的子公司。

分流式：关键海外子公司与母国总部耦合程度紧密，与其他子公司耦合程度松散，呈现出与其他子公司分隔的动态特征。第三阶段，万向美国保持与母国总部的密切联系，帮助总部根据业务发展需要在美国物色有价值的投资项目，并且一起应对并购中来自美国的负面压力。同时，万向美国减弱了与新能源子公司的联系，刻意与新能源业务保持距离，不再牵头主导美国的新能源项目，专注于传统业务的投资。

粘连式：关键海外子公司与母国总部耦合程度紧密，与其他子公司耦合程度也紧密，呈现出与其他子公司耦合的动态特征。第四阶段，万向美国维持与母国总部的密切联系，以中美企业合作的典范形象在美国经营，业务上进行了更多的资源互通与人员交流。同时，万向美国加强了与新能源子公司的协作，帮助其在高风险的环境中完善经营、物色合适的管理者，并通过该阶段收购的子公司与更多顶尖企业建立联系。

7.3.3　交替式振荡："战略 – 结构"的动态配称

前面分析发现，万向美国 20 余年的合法性战略呈现出"反应 – 前摄 –

反应 – 前摄"的振荡变化形式。关键海外子公司先以反应型战略为主，在下一阶段切换成前摄型战略，而非同时采用两种战略。遵循制度复杂性的理论逻辑，诸多学者认为同时采用冲突的战略或元素属性能让组织更好地适应国际化环境。[⊖]为了克服来源国劣势，后发企业需要先破除东道国客户与政府对后发企业的歧视和误解，再通过树立组织公信力实现合法化。因此，在动态演化中形成"振荡"能适应制度冲突的环境，这为制度理论中"混合体"的形成提供了一个新的思路，即累积的"单一存在"也能实现"同时存在"的效果。此外，万向美国的合法性战略在"反应 – 前摄 – 反应 – 前摄"振荡的同时伴随着结构模式的"分隔 – 耦合 – 分隔 – 耦合"振荡，两者具有"同步振荡"的演化特征（见图 7-3）。

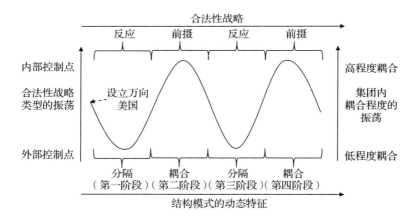

图 7-3　万向美国合法性战略与结构模式的同步振荡

⊖　BATTILANA J, SENGUL M, PACHE A C, et al.Harnessing productive tensions in hybrid organizations: the case of work integration social enterprises[J]. Academy of management journal, 2015, 58(6): 1658-1685.

PACHE A C, SANTOS F. Inside the hybrid organization: selective coupling as a response to competing institutional logics[J]. Academy of management journal, 2013, 56(4): 972-1001.

非对称追赶路径

　　缺乏撒手锏的中国后发企业应该选择什么路径来逐步实现追赶？无论是对于学界还是业界，这都是一个既传统又具挑战的命题。过去学者通过研究识别出了基于 OEM-OBM-ODM 的逆向产品生命曲线模型㊀，利用、吸收、改进模型㊁，建立关系、杠杆化利用和学习的 3L 模型㊂，路径跟随、跳跃和创造模型㊃等追赶模型。这些模型主要基于西方国家或者韩国、新加坡等新兴工业化国家的情境，为中国企业技术赶超提供了借鉴。但是，中国转型经济体情境与这些国家存在明显差异，而中国追赶情境的独特性，特别是在市场体制、制度形态、技术体制上的特殊性必然导致中国企业实现技术赶超的路径会有显著的不同。本章将聚焦于市场和技术阐述两种典型的追赶路径。一方面，从"市场的边缘到核心"这一"农村包围城市"的创新追赶路径是许多中国制造企业实现赶超的选择；另一方面，"从互补技术到核心技术"亦是一条常见的非对称创新追赶路径。

㊀ HOBDAY M. East Asian latecomer firms: learning the technology of electronics[J]. World development, 1995, 23(7): 1171-1193.

㊁ KIM L. Stages of development of industrial technology in a developing country: a model[J]. Research policy, 1980, 9(3): 254-277.

㊂ MATHEWS J A.Competitive advantages of the latecomer firm: a resource-based account of industrial catch-up strategies[J]. Asia Pacific journal of management, 2002, 19(4): 467-488.

㊃ FAN P. Catching up through developing innovation capability: evidence from China's telecom-equipment industry[J]. Technovation, 2006, 26(3): 359-368.

8.1 走 "农村包围城市" 的道路

"农村包围城市" 的道路是指中国后发企业在追赶过程中，通过优先进入相对较容易的低端市场，积累技术能力与品牌优势，不断扩大市场规模、加速技术进步，避免过早与巨头企业竞争，最终逐步迈入高端市场的一种策略。广大的低端市场为中国企业发展和追赶提供了无限可能。低端市场的客户存在可承受性约束，虽然有巨大的需求，但购买力较低。看到广阔的低端市场的巨大机会同时面临双重约束的吉利、奇瑞、海尔和华为等典型中国企业在早期不约而同地想出了相似的 "妙招"：拼凑出节约式创新。本节将从节约式创新与突破式创新的视角展示后发企业从边缘市场到核心市场的 "农村包围城市" 的非对称追赶路径。

8.1.1 以节约式创新占领低端市场

在各行业都存在着高端市场与低端市场，在位企业往往更专注高端市场而忽略低端市场。这是因为高端市场有着良好的增长前景和更高的盈利空间。[一]如果没有世界领先的技术，中国后发企业可以先专注于庞大、高增长和价格敏感的低端市场（见图 8-1）。[二]

针对低端市场客户的可承受性约束，功能与主流产品差不多甚至稍弱但成本低廉的节约式创新产品成为首选。吉利的第一款产品——豪情汽车以差不多的功能（有一般汽车的所有基本功能）和低廉的价格在 2001 年登上中国汽车车辆生产企业及产品公告后迅速获得了市场的青睐，并为吉利的发展带来了巨量的现金流。这一节约式创新是典型的成本创新：通过过程创新和采用较低成本的原材料、零部件等方式降低成本，最终生产出与

[一] 克里斯坦森.创新者的窘境：领先企业如何被新兴企业颠覆 [M].胡建桥, 译.北京：中信出版集团, 2020.

[二] 刘洋.中国式的创新追赶与超越 [J].清华管理评论, 2017(6): 88-94.

主流市场上的产品功能相似（或只是满足基本功能需求）但价格十分低廉（中低收入群体可以负担得起）的产品。

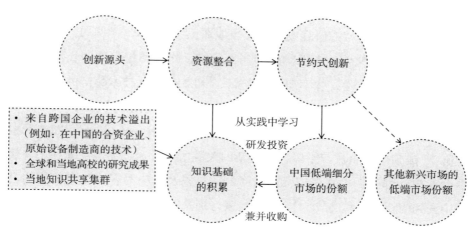

图 8-1 以节约式创新占领低端市场的过程

资料来源：WEI J, WANG D, LIU Y. Towards an asymmetry-based view of Chinese firms' technological catch-up[J]. Frontiers of business research in China, 2018, 12(1): 1-13。

与之稍有不同的是华为。华为在成立初期也发现了中国市场（特别是农村市场）的巨大机会，基于现有的成熟技术并针对中国农村市场的特征开发出了"农村数字交换解决方案"，以低廉的价格迅速获得了巨大的市场份额。这种创新类型与吉利开始采取的成本创新在降低成本方面没有太多的区别，并且也针对目标客户的需求和特征进行了一定程度上的产品创新：以非常低廉的价格提供更契合客户需求的产品，进而为客户创造价值（即可负担价值创新）。

不论是成本创新还是可负担价值创新，节约式创新的最终目的就是通过提供价格低廉且足够好的产品来突破低端市场客户的可承受性约束，进而在中国广阔的市场空间中获取足够大的市场份额。足够大的市场份额为中国企业自身知识和能力的累积提供了坚实的基础，2008 年全球金融危机

后中国企业的海外并购潮就是侧面的证据。[○]

在切入低端市场的阶段，中国后发企业节约式创新的主要知识来源是先进市场的跨国企业（如在中国的合资企业、原始设备制造商）的技术溢出、全球和当地高校的研究成果以及当地知识共享集群。[○]例如，合资企业会利用当地合作伙伴的市场知识和当地网络，作为回报，外国合作伙伴会为本地企业带来技术、管理知识和资本。[○]再如，嵌入技术集群的企业可以通过本地网络有效地吸收知识，从而获得独特的本地化能力。[○]

更为重要的是，创业研究领域提出的资源巧创（bricolage），即"无中生有"，成为中国企业产生节约式创新的关键所在：通过创造性地利用、整合企业内外部一切可获得的资源来降低成本以及解决为客户创造价值的过程中遇到的新问题和挑战。[○]在资源约束特别是缺乏核心技术资源的条件下，中国企业产生节约式创新的唯一路径就是对企业内部拥有的一切有用甚至是初看无用的资源，以及在公开市场上可以买到的技术、设计、关键部件等，进行创新式模仿和整合，生产产品功能相似（或只是满足基本功能需

○ 魏江，刘洋，应瑛，等．启发式规则与后发企业追赶战略抉择：一个探索性研究 [J]．管理学季刊，2016，1(4)：18-37.

○ LIANG F H.Does foreign direct investment improve the productivity of domestic firms? Technology spillovers, industry linkages, and firm capabilities[J]. Research policy, 2017, 46(1): 138-159.

○ KIM L.Imitation to innovation: the dynamics of Korea's technological learning[M]. Boston: Harvard Business School Press, 1997.
GRIFFITH D A, ZEYBEK A Y, O'BRIEN M.Knowledge transfer as a means for relationship development: a Kazakhstan-foreign international joint venture illustration[J]. Journal of international marketing, 2001, 9(2): 1-18.

○ WEI J, ZHOU M, GREEVEN M, et al. Economic governance, dual networks and innovative learning in five Chinese industrial clusters[J]. Asia Pacific journal of management, 2016, 33(4): 1037-1074.
WU A, WEI J. Effects of geographic search on product innovation in industrial cluster firms in China[J]. Management and organization review, 2013, 9(3): 465-488.

○ LUO Y, TUNG R L. International expansion of emerging market enterprises: a springboard perspective[J]. Journal of international business studies, 2007, 38(4): 481-498.

求）但价格十分低廉的产品。

吉利第一款汽车豪情就是李书福把自己的红旗座驾拿出来进行拆卸供工程师学习，甚至借用其一些零件进行拼装，在不断拼装的学习过程中又借鉴了当时夏利推出的新产品，最终豪情成型。在这一"拼凑"的过程中，除了产生节约式创新这一直接结果外，还有更为重要的副产品——不同的试验学习和即兴创作过程让吉利掌握了大量技术诀窍并逐步提升了自己的技术能力。这样的例子在中国企业中随处可见，甚至吉利、奇瑞、海尔与华为在后续国际化的过程中所选择的总体路径也是通过巧创产生两类节约式创新进而"从农村包围城市"。吉利、奇瑞、华为是通过成本创新和可负担价值创新来重点获取发展中国家的市场，海尔则是通过成本创新先重点获取发达经济体的低端市场。

8.1.2　以突破式创新抢占高端市场

累积了足够知识的部分领先企业正式进入了任正非所言的"无人区"。如果继续重复上述的路径将陷入"追赶—落后—再追赶—再落后"的怪圈，如何突破这一路径，实现超越，成为"领先者"，是这些企业面临的主要问题。能否解决这一问题并实现超越取决于两个方面：机会窗口的出现和获取这些机会的能力。

第一种机会窗口来自技术体制变革。新技术甚至突破式创新的出现将有可能使现有市场的领导者陷入"在位者陷阱"——这些企业因持续地投入和构建基于现有技术的能力而成了领导者，这些能力反倒可能阻碍其获取技术体制变革带来的机会。这是因为：一方面，新技术或者突破式创新的出现使追赶者和领导者站在了同一起跑线上，为追赶者实现超越提供了可能；另一方面，新技术或者突破式创新的出现需要企业有新的能力，而领导者往往会忽视这些新能力的培养而继续加强现有能力。

华为一直致力于获取以物联网、人工智能、云计算等技术变革为核心的 ICT 行业数字化转型带来的机会。事实上，华为早年的核心业务聚焦于为运营商提供解决方案，后来逐步拓展企业业务（为企业提供商业驱动的 ICT 基础架构，特别是在公共安全领域以及能源、金融、交通和制造等行业）和消费者业务（主要是智能手机）。这些业务的开展得益于 ICT 技术变革为企业数字化转型和消费者所需的智能设备的出现提供了可能。

第二种机会窗口来自市场变革。被创造出来的新的客户需求增长会非常迅速，考虑到行业领导者往往聚焦于已经带给它们成功的客户需求，这些新需求往往可能成为追赶者实现弯道超车的机会。典型事例就是克里斯坦森提出的"破坏性创新"：成熟企业往往聚焦于逐步改进和提升现有产品的性能，满足更高端客户的需要，而忽略了新出现的可能改变整个行业的需求。深圳大疆本质上就是聚焦于普通消费者（个人或企业）的航拍需求，利用无人飞行器控制系统及无人机解决方案制造出了"会飞的相机"，逐步成为全球领先的企业。

然而，要获取这些机会十分不易，对于技术变革中出现的机会，华为的做法有点类似于苹果：以核心技术突破为中心，建构平台能力（见图 8-2）。具体而言，通过持续的研发投入，特别是基础技术和核心技术方面的研发投入，建立"网络—基础设施—智能设备"整个链条中所需的关键技术体系，并在业务层面通过合作打通"运营商—企业—消费者"的全产业链体系，进而最终构建完整的生态系统。事实上，华为进入"后追赶时代"后在关键技术、基础工程能力、架构、标准和产品开发等方向持续投入，每年将超过 10% 的销售收入投入研发，截至 2023 年底，近十年累计投入的研发费用超过人民币 11 100 亿元。截至 2023 年底，华为研发员工约 11.4 万名，占总员工数量的 55%。以华为的企业业务为例，华为在 IT 领域围绕云化进行多维度持续创新，为客户提供一系列性能领先的服务器及存储、网络等 IT 基础设施，帮助客户构筑高效、加速、融合的高性能计算解决方案。华为在面向未来的基础研究和创新上持续加大投入，在 ICT 的热点前沿领域已取得众多研究成果，希望借助技术的创新突破来驱动产业发展与商业模式的成功。

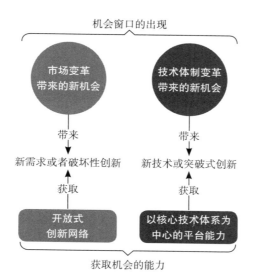

图 8-2　以突破式创新抢占高端市场

当华为建立起以核心技术体系为中心的平台能力，一方面，整个链条中的任何一个点（或一系列）出现重大技术突破，都将带动华为在某个（或某些）业务领域取得突破；另一方面，这一内部相对封闭的技术体系也可以通过一定的接口保证一定的开放性，助力华为与外部合作研发来寻求新的技术突破。这也正是华为全球 15 个研究院所、36 个联合创新中心在做的努力。[⊖]

海尔的做法却大有不同：为了获取潜在的市场变革中的机会，识别新的需求至关重要，而最理解这些需求的人可能是消费者以及与消费者直接联系的销售员。为了获取这些机会，海尔是国内最早探索"开放式创新"实践的企业之一：搭建的线上开放式创新平台 HOPE 吸引和汇集了各类技术、创意、设计人才。一方面，海尔通过专业的洞察、交互、设计等方式

⊖　相关数据统计截至 2017 年。

找到了新的创意和客户需求；另一方面，海尔建立了资源配置体系，实现了从原型设计、技术方案、结构设计、快速制模到小批试制等全产业链的资源覆盖，让创意快速得到实现来满足客户需求。总之，开放式创新是获取潜在市场变革中新需求的最好方式：让能深刻理解新需求的客户和员工参与创新，才能不错过市场中任何可能出现的破坏性创新，帮助企业实现从追赶者到领导者的转变。

8.2 从互补技术到核心技术

对于资源相对稀缺的后发企业而言，在追赶初期往往很难真正掌握核心技术，从互补技术切入也是一种战略选择。⊖许多中国后发企业始于降低互补技术部件的成本，而核心技术通过购买的方式获取，快速累积知识，而后逐步通过跨国并购等策略掌握核心技术，实现赶超。这一路径的优势在于避开了技术壁垒，通过特定细分市场获取资金并积累了行业相关知识基础。

8.2.1 以模仿与逆向工程掌握互补技术

根据交易成本理论，许多掌握核心技术的在位企业往往不愿意投入资本、精力和时间去自主研发互补技术，而是通过购买和合作等方式进行配套。这就为许多后发企业在前期通过模仿和逆向工程为主的方式，以互补技术切入市场提供了可能。万安科技的起步就很好地采用了这种形式。1985 年，万安科技的前身诸暨县⊖汽车制动器厂成功研制出汽车制动部件 ZJ382，开始步入汽车制动行业。由于缺乏技术储备，万安科技在创业初期

⊖ TEECE D J. Profiting from technological innovation: implications for integration, collaboration, licensing and public policy[J]. Research policy, 1986, 15(6): 285-305.

⊜ 1989 年经国务院批准，诸暨县正式撤销县制，设立诸暨市。

的技术积累模式以逆向工程为主。1996 年，万安科技开始逐步改制，逐步明确汽车制动研发和生产的战略目标，在汽车制动零部件制造为主的基础上，开始逐步涉及液压制动技术和气压制动技术两大类制动技术（主要以这两大类技术中的零部件制造为主），主导产品为基于液压制动技术的汽车液压制动主缸和轮缸以及基于气压制动技术的气制动阀。随着逐步发展，在原有的液压制动技术和气压制动技术的基础上，万安科技开始涉及汽车离合器操纵系统，逐步形成了主导的制动系统板块。

8.2.2 以构建跨边界研发网络突破核心技术

在基于互补技术进行技术累积后，后发企业可以通过逐步构建跨边界的研发网络进行全球布点，更好地整合、利用世界范围内的科技资源与智力资源来实现核心技术的突破。⊖本小节将选择东华、盾安、海康威视和大华作为分析对象，对其跨边界研发网络模块化架构设计实践进行深入分析。

以往的研究认为，松散耦合的组织结构通过标准化界面大大降低了组织运作过程中对管理协调的需求，可以比紧密耦合的组织结构产生更多的模块化设计。但针对东华、盾安、海康威视和大华的多案例研究发现，同时面临技术差距和制度差距的情境下，企业组织架构的松散与否（对应组织模块性），并不一定和技术模块性的高低呈正向关系。企业的架构构建过程应当是在特定条件下最可行的路径选择。东华和盾安都是在受到边界条件限制的情况下选择最易实现的方式，而海康威视和大华尽管同样面临整合高位势模块的难题，却依靠自身的技术能力和市场控制力，获得了相对自由的选择权。因此，在技术差距和制度差距的影响下，企业构建全球研发系统的组织架构和技术架构的过程各不相同（见图 8-3）。

⊖ 魏江，黄学. 后发企业全球研发系统架构的设计规则——基于多案例比较的研究"走出去"过程研究 [J]. 科学学研究，2014，32(11)：1668-1678.

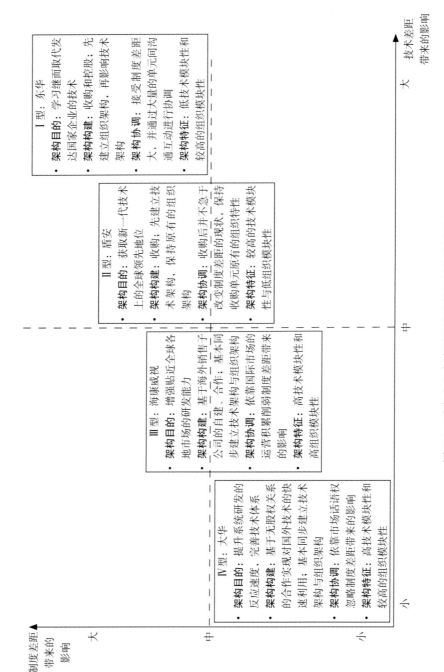

图 8-3 后发企业全球研发系统架构的构建过程

1.　Ⅰ型和Ⅱ型全球研发系统架构的构建过程

从图 8-3 可以看出，当技术差距较大时，企业很难通过重建技术架构甚至利用现有技术架构基础来实现技术模块性。如果此时制度差距带来较大的影响，企业就只能从股权关系入手，用买断专利、绝对控股等强力手段，获得对于高位势企业的绝对控制权。以东华为代表的Ⅰ型架构构建过程为：①建立拥有控制权的组织架构，继而逐步建立相应的技术架构；②引入大量的架构内互动界面与临时响应界面，目标为促进两者之间长期协调过程的实现；③完成组织模块性和技术模块性之间的协同。

当逐渐积累了一定的系统技术能力后，企业虽然无法轻易进行组织架构和技术架构的自由规划，但是可以利用模块性设计的分隔与半自律特性，设计有利于自身并相对容易实现的技术架构方案。如果此时面临较大的制度差距，就只能暂时尽量回避其带来的影响。以盾安为代表的Ⅱ型架构构建过程为：①建立拥有控制权的技术架构，并且不急于缩小制度差距带来的影响；②保持收购、兼并等行为产生的天然组织模块分隔，暂时利用这种分隔保证高位势组织单元的组织活动方式，从而保证高位势组织单元原有的研发质量。

具体而言，在研发走出去之前，东华和盾安已经通过自主研发、收购国内企业、实现 OEM 配套等方式储备了一定的技术。然而东华发现"无法通过合作学习链条技术的精髓"，其原因在于技术差距的存在，尤其是自身系统技术能力的落后，这使其无法影响合作过程中涉及的技术架构的关键部分，因而难以实现对自身有利的技术方案。类似地，技术上的巨大差距让盾安没有能力快速切入行业的技术架构，无法通过单纯的对外学习与自主研发进行技术追赶。

面对快速追赶产业趋势的需求，东华和盾安都选择了并购的方式建立服务于自身的研发系统。东华的系统架构构建需要达到三个层次的目标：首先，学习国外先进技术的精髓，为自己的产品所用；其次，借助外部技术填补和完善自身技术体系的不足，为实现企业"产业链全覆盖"的目标建立完整的技术体系；最后，完全消化国外先进技术并取而代之，在全球范围内展开技术竞争。而盾安旨在追赶新一代技术趋势，因此需要解决两个问题：现阶段，需要将新一代芯片控制技术与现行的电磁控制开发生产体系相联通；未来，需要逐渐拓展芯片控制领域的技术与市场，成为制冷行业的全球领军企业。

技术差距让直接设计与控制技术架构出现困难，因此东华采取了先建立拥有控制权的组织架构的方式构建研发系统。2009 年，东华全资收购了以大型链条为特长的德国 KOBO。2010 年，东华采用滚动收购的方式，控股了以中小规模链条为特长的日本链条企业 EK，并一次性买断了 EK 所有技术的使用权。两次收购的技术领域叠加，基本满足了东华的技术宽度需求。此外，东华在英国、法国、美国、荷兰、奥地利、泰国等地设立具有研发功能的海外仓储式销售公司，这些海外公司初期作为研发信息收集与预研发支持的网点进行运作，并被计划逐渐增强为海外研发点。

东华为先建立的组织架构设计了许多模块性界面。东华在杭州的研发模块与日本模块每周召开一次视频会议，与德国模块的交流则根据研发项目的具体要求分类进行；研发人员组成跨文化项目团队，专门从事某项技术的开发；每年召开两次技术年会，全球所有的研发团队必须参加研发工作的详细研讨；就特定技术模块或研发项目的探讨和学习，派遣大量的研发人员进行互访。这些组织模块之间的互访、联合组建团队和频繁交流的设计，目的是带动技术架构中缺少足够模块化界面的单元模块之间的交互。链条产业的技术相对难以分割，而且东华又欠缺技术上的掌控能力，因此收购之后的技术架构依旧保持一体化的状态。架构内技术的交流、知识的转移，都依靠组织架构的交互过程进行带动。

盾安的架构构建步骤则与东华相反。2011 年 10 月，经过一年半的谈判，盾安全资收购了美国得州奥斯汀一家从事微机电系统（MEMS）技术的企业 Microstaq。Microstaq 是一家纯研发企业，它推翻了传统的电磁阀技术，研发芯片阀来控制流量，拥有业界独一无二的技术。收购之后，尽管盾安不熟悉芯片阀技术，但对"流量控制"领域非常了解，基于这个联结点，盾安先开展了技术架构的模块性设计。盾安将 Microstaq 此前同时研发 5 ～ 6 个产品系列的技术，缩减到聚焦 2 个技术应用领域，但保持其研发的独立性，从而构建起半自律的技术子系统。同时，建立了一个 MEMS 技术对接项目组，这个项目组将美国公司的研发成果和中国方面的技术进行对接，并侧重于芯片技术在应用方面的改进和完善，作为实现模块性的界面支撑技术架构来运作。

盾安对于组织架构的处理是保持其收购前的分隔状态。盾安基本保留了 Microstaq 原有的研发团队，并在其原 CEO 退出之后，指定了 Microstaq 原中国分公司的美籍华人总经理担任新 CEO。由于 Microstaq 已经建立了非常完善的组织管理制度与运作管理流程，盾安并不参与或改变其组织运营方式，只是以目标管理的方法对其进行控制。与东华设计大量界面进行交互的方式不同，盾安的技术负责人只是每年不定期前往美国检查其目标执行情况。

东华先建立拥有股权控制力的组织架构，再逐渐通过研发组织内的大量协调来带动技术架构的发展；盾安则是先发展技术架构的模块性，对于组织架构则没有急于引入模块性设计，而是保持美国单元的独立运行。自 2008 年至 2023 年，东华的专利数量从个位数发展到 340 多项的水平，在多方面突破国外技术壁垒。[⊖]盾安则在保证美国单元研发质量的同时，大大加快了核心技术产品小批量生产和上市的进程，为自身占据新一代制冷技术的领先地位占据了先机。

2. Ⅲ型和Ⅳ型研发系统架构的构建过程

技术差距进一步缩小且有能力减弱制度差距的影响时，企业就可以通过架构控制力的展现，实现模块性和灵活性程度较高的设计，并随着研发走出去的进程，不断对技术架构和组织架构进行调整。以海康威视为代表

⊖　杭州市临平区门户网站：《东华链条：小链条链动全球　做世界链传动行业排头兵》。

的Ⅲ型架构构建过程为：①以贴近全球市场的组织架构为焦点，构建高模块性的技术架构和组织架构，利用模块性设计本身的柔性优势，实现大规模定制；②依托国际化销售网络的丰富经验与控制力，削弱制度差距带来的影响。以大华为代表的Ⅳ型架构构建过程为：①以实现快速研发响应为目的的技术架构为焦点，同步构建技术架构和组织架构，并可以引入相对复杂的架构设计；②依托对伙伴关系的强控制力减少整合阻力，例如，依靠强大的市场话语权，取代传统的股权控制方式，获得对于架构的主导。

具体而言，大华与海康威视均是中国视频监控行业的领军企业，在数字硬盘录像机、网络视频服务器、网络高速摄像机、智能安防等领域都拥有良好的国内、国际市场表现。随着产业的高清化、智能化与系统化发展，以及上游设备供应商技术的迅猛变革，视频监控行业对企业的技术集成提出了更高的要求，通过构建全球研发系统进一步提升能力成为大华与海康威视的必需要务。大华与海康威视由于已经拥有了较为成熟的系统技术能力，开始追求更多样化的研发走出去目标。大华研发走出去是为了获得外部技术资源，拓展现有技术领域，从而提升系统研发的反应速度。海康威视构建全球研发系统的目的则是加强自己在全球营销网络中确立的地位。

2006～2008年，大华先与ADI就CODEC/DSP的研发设立了"大华－ADI联合实验室"，又和TI组建了"大华－TI联合实验室"，主要从事开发和优化硬件加速编码算法以及ISP图像处理技术。尽管许多后发企业在进行联合实验室的选址时都会优先考虑发达经济体企业的所在地，但大华基于组织整合与贴近主要市场的需求，将联合实验室设立在国内本部。此外，大华与索尼、苹果、希捷等国际企业也以项目方式展开不同领域的研发合作。

大华在图像处理、嵌入式系统、移动互联应用上的技术优势不仅打破了索尼等国际巨头的封锁，部分视频监控效果甚至能做到领先于索尼。拥有部分关键技术、擅长系统技术的大华已经可以实现完全服务于自身的技术架构的构建，并避免自己对行业技术架构和外部引入技术做出过多迁就。

由于涉及媒体、通信、电子、计算机等复合的学科领域知识，大华技术的复杂性程度和可分割程度都很高，因此高技术模块性容易实现。大华依据"高清、智能化和集成系统"的要求将技术架构划分为三部分：前端高清技术模块（3 个子模块）、智能化技术模块（5 个子模块）、系统平台技术模块（2 个子模块）。此外，大华还集合产品系列通用的存储技术形成了第四部分：基础存储技术模块（3 个子模块）。

大华的组织架构与技术架构同步形成，但并不完全对应。组织架构包含四个主要模块：基础研究模块（4 个子模块）、产品研发模块（5 个子模块）、海外联合实验室模块、共性技术模块（8 个子模块）。前两个模块之间相互交叉配合，对应支撑技术架构四大模块的基本功能的实现，是产品技术的主要组织载体。海外联合实验室模块与基础研究模块、产品研发模块相应的子模块进行直接对接（例如，大华 –TI 联合实验室在软件性能指标分析、编码算法定量分析方面的研究直接与技术架构下的智能算法研发室、软件产品研发室进行对接），实现全球研发力量在大华总部的集结。共性技术模块则是实时机动地为其他模块提供技术应用的研发支持与前沿领域技术的研发支撑，从而在组织架构中以"超模块"的形式运作，对有特色化需要的技术要求进行顺应形势的配合。

海康威视以覆盖全球的销售子公司系统为基础，改造或自建海外研发点，从而组建全球研发系统的组织架构。2011 年，海康威视先将位于洛杉矶的子公司建设成第 1 个海外研发分部——继北京、上海、重庆、武汉之后的第 5 个研发分部。其余海外分公司逐渐加强研发功能。此外，与大华一样，海康威视与 TI 共建了"数字信号处理方案实验室"，并与 Xilinx 共建了"FPGA 联合实验室"。这些不断增加的布点均整合在海康威视原有的组织架构中，并且海康威视设计了项目管理模块、质量管理模块、知识产权管理模块、日常工作模块（包括研发日志与研发会议系统）、流程管理模块、数据保密及安全模块作为实现柔性组织架构的界面。

与大华一样，海康威视的技术架构也并不与组织架构完全对应。为实现基于大规模定制的柔性开发机制，海康威视形成了业务线（根据不同的应用行业与应用产品的技术进行分割）与资源线（根据不同类型的技术资源进行分割，如结构、算法、DSP、编码图像等）交叉的矩阵式技术架构。这种高模块性的设计，使海康威视可以把通用的产品技术与定制化的产品技术进行分别管理，同时增强了两者的实时交互，从而在技术架构之内可以并行处理多项不同的客户需求。

大华对于合作关系的控制能力使实现架构模块性和进行架构协调的过程较少受到情境条件的限制。因此，大华根据自身的技术特点与技术需求，实现了高模块性设计的技术架构，同时以灵活机动作为出发点设计了组织架构，在实现组织架构相对较高模块性的过程中，引入了"超模块"的设计。同步建立但并不完全对应的技术架构和组织架构间的协同，为大华带来了模块化的最根本的好处，即快速实现大规模定制。通过模块之间的松散耦合匹配，结合 CPD 项目管理系统，产品开发的周期大大缩短，同时提升了人员效率和产品质量，让大华一直追求的"快速研发响应"的目标得以实现。

海康威视对于全球布点的控制能力，让技术架构与组织架构可以同时与市场模块进行协同。由于组织架构本身就是基于营销网络逐渐建立的，而技术架构的建立又是基于大规模定制的模块性思路，海康威视的全球研发系统可以实现"市场和客户需求驱动的产品研发流程"。面向各国市场的研发走出去战略，让海康威视的研发活动具有天然的多样性，同时让其快速搜索和学习当地的技术知识，这使海康威视取得了丰富的技术成果。截至 2022 年底，海康威视累计拥有授权专利 7597 项，拥有软件著作权 1709 项。[⊖]

总之，根据案例研究，单元技术的差距不仅体现在同一技术在能力水平上的差距，也体现在同领域不同技术本身存在的差异上。例如，盾安在

主营领域的单元技术已经处于高水平，但面对完全不同的新一代芯片控制技术，依旧存在单元技术的差距。单元技术差距的大小与性质在研发走出去的目标确立的过程中，影响着企业的技术诉求。系统技术的差距则直接决定了企业对技术架构是否具有控制能力，因而和制度差距一起影响着研发走出去的架构构建与架构协调过程。案例中涌现的单元技术与系统技术两个维度的不同影响，也符合架构系统中存在模块层面的创新和架构层面的创新的理论。

第 9 章 ▶ CHAPTER 9

非对称组织治理

中国企业国际化创新追赶的重要策略，要么是收购兼并，要么是绿地投资。无论是哪一种策略都涉及母国和东道国企业之间的组织治理问题。本章围绕国际并购实现技术追赶的策略，研究母国企业如何设计组织治理策略来整合东道国的高创新能力企业。本章聚焦于新兴经济体跨国企业海外并购过程中及并购后的治理机制选择问题，期望回答这样一个核心问题：在来源国劣势下，新兴经济体跨国企业如何设计非对称组织治理机制来克服内外部合法性赤字？

本章脉络如下：首先，我们从理论层面解构来源国劣势这一新兴经济体跨国企业在国际化过程中所面临的独特挑战；其次，我们聚焦来源国劣势带来的外部合法性赤字威胁，从合法性压力和合法性成本两个角度刻画企业的合法化战略选择及内在机理；最后，我们聚焦来源国劣势对新兴经济体跨国企业造成的内部合法性赤字威胁，从微观层面探索这些来自新兴经济体的母公司在并购后的整合阶段的治理机制选择问题。

9.1 组织合法性与治理机制

9.1.1 来源国劣势与外部合法性赤字

新兴经济体跨国企业通过进入发达经济体来获取和整合先进技术资源，

这是实现技术追赶的重要策略，而被收购企业在东道国和母国能够获得合法性是关系到跨国企业获取先进技术、改善产品质量的重要条件，因此，新兴经济体跨国企业在海外并购过程中必须跨越合法性这道门槛。这个过程看似容易，实际却成了新兴经济体跨国企业国际化过程中的绊脚石。究其原因，在于新兴经济体跨国企业往往要承受更严苛的来源国劣势。^㊀

正如 Ramachandran 和 Pant 提出的，相较于发达经济体跨国企业的海外并购，新兴经济体跨国企业面临更大的挑战。^㊁发达经济体跨国企业的海外并购面临外来者劣势，而新兴经济体跨国企业除了面临外来者劣势，还面临严重的来源国劣势。来源国劣势源于东道国对来自新兴经济体企业的负面刻板印象（例如，在特定历史原因和时代背景下，西方发达经济体对"中国制造"的产品打上了劣质、假冒、廉价等负面标签），这种刻板印象相应地投射到来自这些新兴经济体的跨国企业身上。^㊂

新兴经济体与发达经济体之间的制度非对称性是造成这一困境的核心因素。所谓制度非对称，是指发达经济体以市场在经济运行中拥有绝对优先地位为前提，将"自由市场"发展神化，并认为新兴经济体具有制度不完善、机制与规则不合理等特点。^㊃受此影响，来自新兴经济体的企业在国际化过程中大多背负了沉重的来源国烙印，"缺乏社会责任""产品劣质""盗取技术"等负面标签始终伴随着这些跨国企业学习技术和创新能力的全过

㊀ 魏江, 王丁, 刘洋. 来源国劣势与合法化战略——新兴经济企业跨国并购的案例研究 [J]. 管理世界, 2020, 36(3): 101-120.

㊁ RAMACHANDRAN J, PANT A. The liabilities of origin: an emerging economy perspective on the costs of doing business abroad[M]. Leeds: Emerald Group Publishing Limited, 2010: 231-265.

㊂ 杨勃, 刘娟. 来源国劣势：新兴经济体跨国企业国际化"出身劣势"——文献评述与整合框架构建 [J]. 外国经济与管理, 2020, 42(1): 113-125.

㊃ AHLSTROM D, LEVITAS E, HITT M A, et al. The three faces of China: strategic alliance partner selection in three ethnic Chinese economies[J]. Journal of world business, 2014, 49(4): 572-585.

程，○也导致了诸多新兴经济体跨国企业的海外并购行动屡屡折戟途中、铩羽而归。

　　然而，若单纯将来源国劣势作为现实背景，或是对其的分析仅仅停留在现象层面，就很难解释这样的现实问题：同样是来自中国的万向和吉利，为什么两家企业在国际化过程中面临着东道国的利益相关者的不同质疑？甚至同一家企业在完成不同并购项目时所面临的质疑也有所不同？要回答清楚，需要把来源国劣势做构念化处理，从理论层面直接并精准地讨论新兴经济体跨国企业的应对策略，只有当新兴经济体跨国企业的管理者预先对并购面临的来源国劣势进行识别，才能正确地选择合法化战略。

　　接下来，我们以万向和吉利为样本，分析两家企业在各自的 3 起跨国并购典型事件（吉利并购锰铜（Manganese Bronze）、吉利并购 DSI、吉利并购沃尔沃、万向并购 Rorkford、万向并购 A123、万向并购 Fisker，见图 9-1）中所面临的来源国劣势，以进一步识别来源国劣势的异质性。

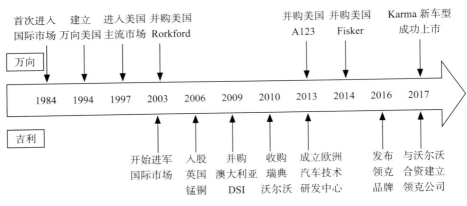

图 9-1　万向与吉利的跨国并购典型事件

　　我们把来源国劣势划为制度和产品两个维度。制度维度的来源国劣势源自东道国的利益相关者认为新兴经济体跨国企业的母国市场机制不完善、

　　○　杨勃，刘娟 . 来源国劣势：新兴经济体跨国企业国际化"出身劣势"——文献评述与整合框架构建 [J]. 外国经济与管理，2020，42(1)：113-125.

预防腐败治理不足、知识产权保护不充分等，即存在制度空缺，[○]而这引发了对新兴经济体跨国企业母国制度的刻板印象。例如，在 2013 年万向以 2.56 亿美元全资收购美国 A123 的过程中，美国政府、公众都曾"不怀好意地"认为，万向此次收购行动并非单纯地整合技术资源，而是出于"窃取尖端技术""攫取政府补贴"等目的——A123 多位管理者反复提及，"美国国会数十名议员联名反对将 A123 卖给中国企业，美国退伍将军和行业专家也纷纷发表公开信指责万向'窃取'美国的新能源尖端技术并'攫取'美国政府补贴。"除了本次事件外，2014 年万向收购 Fisker 时，美国参议院司法委员会副主席格拉斯也曾公开表示，"Fisker 作为一个新能源汽车企业，是靠政府财政支持发展起来的，它的技术不应该流向中国"。

产品维度的来源国劣势源自东道国的利益相关者认为新兴经济体跨国企业的产品和服务存在低质、安全性差、技术含量低等问题，这引发了对新兴经济体跨国企业产品的刻板印象。该类刻板印象在本质上是由新兴经济体跨国企业的技术水平较低、受资源约束等特定历史原因造成的。例如，2003 年万向收购全球最大的零部件一级供应商 Rorkford33.5% 的股权时，收购过程十分艰难。这是由于二者均从事汽车零部件业务，导致万向产品和技术声誉不足的劣势被进一步放大，引起了 Rorkford 对于被这样一家中国企业收购的反感与抵触。万向高管回忆："最早到 Rorkford，根本连门都进不去，只能待在传达室。他们认为自己的任何一样东西都是保密的，不能给别人看。销售人员会到传达室来与我们谈业务。看过我们带去的产品，他们首先确定的是，万向尚不足以对其构成威胁，并流露出不屑的表情。"

上面把新兴经济体跨国企业面临的来源国劣势解构为制度和产品两个维度，即对母国制度的刻板印象、对企业产品的刻板印象。这两个维度的外部合法性赤字导致了一大批来自新兴经济体的跨国企业在海外并购过程

○　MARANO V, TASHMAN P, KOSTOVA T. Escaping the iron cage: liabilities of origin and CSR reporting of emerging market multinational enterprises[J]. Journal of international business studies, 2017, 48(3): 386-408.

中步履维艰。不止于此，由于东道国的利益相关者对自身身份优势的"高度自信"，跨国企业的并购活动进入的组织场域类型也成为影响来源国劣势高低的重要因素。

图 9-2 中存在三种组织场域：成熟场域、新兴场域和混合场域。当新兴经济体跨国企业的并购活动进入成熟场域时，东道国的利益相关者会进一步放大对新兴经济体跨国企业的来源国劣势中产品维度的负面刻板印象。例如，前面提及的万向并购 Rorkford 以及吉利并购 DSI、吉利并购锰铜等事件都是较为典型的以成熟场域为目标的并购行动。成熟场域之所以产生更强的破坏作用，原因有二。其一，成熟场域内组织间的产品、技术、行为等大多相似程度较高，这使来自发达经济体的被并购企业会担忧那些来自新兴经济体的跨国企业的产品声誉负向溢出至自身的产品，故而对来自新兴经济体的跨国企业的并购行动产生抵触。其二，成熟场域内已形成了较为一致的规范、认知，这使新兴经济体制度层面的劣势可以在一定程度上被场域内的规范、认知一致性替代，缓解来自新兴经济体母国制度缺位所导致的来源国劣势。

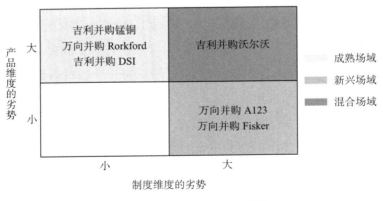

图 9-2   来源国劣势的异质性

当新兴经济体跨国企业的并购活动进入新兴场域时，来源国劣势中来自制度维度的负面刻板印象更容易被触发。例如万向对 A123 和 Fisker 的并购事件都是典型的以新兴场域为目标的并购行动。新兴场域内尚未形成制度化的规范、认知以及规制，场域内行动者的角色较为模糊，行动者间的关系结构和互动模式也处于动态变化中，因此东道国的利益相关者则更倾向于沿袭以往的固化评价模式，认为新兴经济体市场相关制度缺位、不完善，便"想当然地"认为来自特定来源国的企业是"投机取巧的""不值得信任的"。

当新兴经济体跨国企业的并购活动发生在混合场域时，可能面临产品维度和制度维度"双重劣势"的打压。吉利收购沃尔沃的事件就是这一情境的典型代表。一方面，并购方吉利与被并购方沃尔沃都是整车企业，产品有一定的相似性，因此触发了产品维度的来源国劣势。另一方面，二者又有所不同。具体地说，沃尔沃一直专注于豪华汽车领域，吉利则在这之前致力于打造"老百姓买得起的车"。对吉利而言，并购高端汽车品牌沃尔沃属于进入了从未涉及的新兴场域，这引发了东道国对于新兴经济体跨国企业的母国制度的来源国劣势。因此，这起并购事件发生在混合场域，引发了新兴经济体跨国企业在制度和产品双重维度的来源国劣势。吉利既面临着沃尔沃对于吉利在人权保障、知识产权保护和管理理念等方面的歧视性偏见——制度维度的来源国劣势，还面临沃尔沃对其技术水平和产品质量的质疑和蔑视——产品维度的来源国劣势。吉利副总裁在访谈中表示："沃尔沃前任 CEO 雅各布不认为沃尔沃应该跟吉利合作，他不认为吉利在这方面有这个能力。"

9.1.2　合法化行动战略

面对制度和产品两个维度的来源国劣势，新兴经济体跨国企业该如何通过合法化战略来响应和克服？这里在上一小节识别来源国劣势异质性的基础上，进一步探索新兴经济体跨国企业如何设计与之相匹配的合法化战略（见图 9-3），以应对进入发达经济体市场时面临的合法性压力。

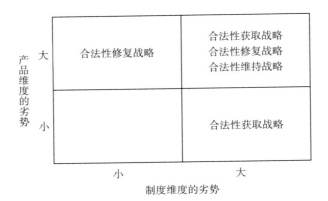

图 9-3 来源国劣势与合法化行动战略

　　首先，面临制度维度的来源国劣势时，新兴经济体跨国企业获取合法性的战略逻辑是制度遵从。制度维度的来源国劣势一般发生在新兴场域内，场域内尚未形成一致的规范和准则，行动者的角色、行为模式、关系结构等处于动态变化中，此时东道国的利益相关者更倾向将跨国企业的母国制度作为评价特定来源国企业的核心。因此，新兴经济体跨国企业的治理机制设计，应规避被并购方对新兴经济体制度缺位产生的不信任。此时，并购者通过改变自身行为等来塑造东道国的利益相关者的合法性评价（制度遵从），具体做法：以被并购对象为核心来重新组建子公司（逆向融合），有效地整合两方各自的优势资源（资源协同）来缓解制度维度的来源国劣势。例如，万向并购 A123 和 Fisker 时深谙其道——都是借其海外子公司万向美国之手来并购，并购过程始终强调对东道国制度的严格遵守。比如，万向并购 Fisker 时，严格遵守美国破产法的规定，聘请专门的咨询和法律团队完成前期工作，并积极向美国外国投资委员会（CFIUS）备案，这些行动无不有效地展示了企业遵守东道国制度环境的战略逻辑。通过这些行动，新兴经济体跨国企业有效地克服了东道国对其母国制度缺位的刻板印象，使东道国的利益相关者将并购视作合理的商业化行动，修正或重塑了受众对新兴经济体跨国企业合法性评价的标准，最终实现克服制度维度的来源国劣势的目的。

其次，面临产品维度的来源国劣势时，新兴经济体跨国企业修复合法性的战略逻辑是战略重构。产品维度的来源国劣势的触发往往发生在成熟场域中，成熟场域内制度化程度较高，内部主体已建立较为一致的惯例、规范和认知，对行动者的角色和互动关系模式均已基本形成共识。因此，并购行动很大程度上会引发被并购主体的"自保式抵触"——担心会受到外界对于并购方产品负面评价的波及，使自身产品的合法性随之降低。因此，新兴经济体跨国企业的治理机制设计，应是重构其组织结构和行为实践来修复合法性。具体做法：设计好并购方与被并购方相互隔离的组织架构（自治式组织制度设计）、整合两方的优势资源（资源协同）来展示自己的"诚意"，缓解被并购方由于对自身合法性赤字的担心而产生的抵触心理。随后，并购方还可以利用被并购方的高质量产品来重构自己在东道国的声誉，修复自身的合法性水平（声誉重构）。万向并购 Rorkford、吉利并购锰铜时都或多或少采用了重构式机制设计。万向并购 Rorkford 时，反复强调万向所具备的强大制造基础以及将会做出的资源协同努力，"将Rorkford 转型为以技术能力为核心、以加工和装配为基础的企业""有了技术和品牌，Rorkford 向高速公路车辆产品方向发展有无限大的空间"。吉利并购锰铜则体现了其通过自治式组织制度设计和声誉溢出机制来重构自身产品形象，并最终提升自身合法性的战略逻辑。吉利最初并购锰铜时，非常谨慎小心，不仅只购入非常少量的股权，还承诺不过多插手当地公司的内部管理。这种组织结构上的隔离，帮助被并购方消除了其产品可能会被负面影响的抵触心理。另外，吉利还与锰铜合资成立英伦帝华公司，让其产品声誉溢出至并购方的产品，很大程度上削弱了产品维度的来源国劣势带来的影响。

最后，在产品维度和制度维度的来源国劣势双大的情境下，企业倾向于综合采用合法性获取、合法性修复和合法性维持三种类型的战略。产品维度和制度维度的来源国劣势双大的情境往往发生在混合场域中。并购方为了获取合法性、修复合法性和维护合法性, 既要保护其在成熟场域中取得的成就, 也要预测新兴场域内可能导致其合法性受损的因素, 通过对环境感知来维持合法性。具体做法: 依靠桥接和沟通两种战略行动来解决合法性问题。吉利并购沃尔沃时就同时面临来自制度维度和产品维度的双重劣势。制度维度上, 瑞典当地官员、学者认为中国的知识产权保护力度薄弱, 员工权益保障和知识产权保护等方面都 "不值得信任"。产品维度上, 欧洲市场一直都将吉利产品视作低档次、劣质的典型代表, 沃尔沃工会则表现出对于 "吉利的并购行动会使沃尔沃的产品和品牌随之贬值" 的担忧。对此, 吉利并购组在筹备过程中提出了 "一企两治, 沃人治沃" 的理念, 承诺并购后将尊重沃尔沃的独立性, 两家企业将分别独立运作。吉利董事长李书福在各种场合多次强调: "吉利是吉利, 沃尔沃是沃尔沃, 二者不是父子之间的关系, 而是兄弟关系。" 这种高度隔离的组织制度设计为母国和东道国两种不同制度、文化之间的碰撞提供了有效的缓冲区, 保障了并购的顺利进行。另外, 吉利充分展示了沟通协调的重要作用——为了帮沃尔沃加深对吉利的了解, 吉利主动邀请瑞典媒体和沃尔沃工会代表访问中国吉利总部, 积极建立与沃尔沃的沟通渠道, 向沃尔沃传播 "吉利基因"。通过一系列的努力, 吉利并购沃尔沃的故事成为新兴经济体跨国企业海外并购的一段佳话。

9.1.3 合法性溢出战略

合法性溢出是一种间接的合法化战略。由于评价者会基于启发式属性在认知上将有类似特征的组织归为相同类别, 认知相关的同类组织间会产生合法性溢出, 包括水平溢出和垂直溢出两类, 这样, 一旦并购方在第三方取得认知和标准上的合法性, 可以溢出到被并购方的利益相关者。合法性溢出战略是新兴经济体跨国企业克服外部合法性赤字的有效路径。

按照这一逻辑, 企业可以通过对合法性溢出的控制与操纵来获取合法性。[⊖]比如，非政府组织在国际社会有着较强的合法性地位，这给后发企业通过非政府组织实现合法性溢出提供了理想来源。原因有两方面：一是，非政府组织具有公益性、自发性等特征，受到政府与公众的普遍信赖，组织的本质特征赋予其较强的合法性；二是，非政府组织代表全球化的社会规范、文化模式与治理预期，且与国际非市场利益相关者有着密切的联系——新兴经济体跨国企业与非政府组织之间的频繁互动、深度耦合可以向合法性的评价受众传递积极和正面的合法性信号，从而获得来自非政府组织合法性的正向溢出，使东道国的利益相关者更愿意接受与认同其合法性。

　　本小节先以华为在发达经济体中并购时采取的合法性溢出战略为例，揭示华为在发达经济体的合法化战略选择和演化，刻画企业合法化选择的内在机制和动态演化逻辑。华为在进入欧美发达经济体市场初期，海外市场开拓较为顺利。2005 年开始，华为在市场拓展和技术研发等领域陆续取得巨大突破——从成功进入英国 BT 和西班牙 Vodafone 两大世界知名运营商的采购名单，到顺利拿下全球 50 强运营商中几乎所有的欧洲运营商，再到与摩托罗拉、Symantec 等美国通信业巨头建立紧密的合作关系。这意味着，这一阶段内华为与东道国的矛盾和冲突尚未被激化，华为所面临的合法性压力相对较低。但华为的能力和资源处于劣势，在初探欧美市场时对当地的制度、规范等缺乏深入了解，这些因素导致华为难以迅速、准确响应东道国受众情境化、多元化的预期。因此，该阶段内华为面临着低合法性压力的外部情境和高合法化成本的内部情境——来自新兴经济体的跨国企业往往会主要考虑合法化成本的因素，着重将注意力放在发展核心业务而非获取合法性上面，故而选择成本较低的间接合法化战略。例如，华为通过赞助英国查尔斯基金的慈善机构、向意大利红十字会捐赠医疗救护车等与非政府组织建立联系来压缩在东道国获取合法性的投入。

　　⊖　JEONG Y C, KIM T Y. Between legitimacy and efficiency: an institutional theory of corporate giving[J]. Academy of management journal, 2019, 62(5): 1583-1608.

　　然而，2008 年开始，欧美市场对华为的态度急转直下——企业与东道国之间的矛盾与冲突不断升级。2008 年，在 CFIUS 的干预下，华为收购 3Com 失败，欧美政客、媒体不断对华为口诛笔伐，包括"偷窃技术""威胁美国国家安全"等一系列不实指控。紧接着，华为面临的合法性压力持续升级，其在欧美市场上不断受到重创，遭遇了来自当地政府和竞争对手的一系列孤立和围堵。例如，2012 年，加拿大禁止华为参与政府通信网络项目；美国众议院情报委员会发表华为威胁美国国家信息安全的调查报告，提出"不管是政府还是私营部门，都不应该和华为合作"。至此，华为在欧美市场遭遇的抵制与冲突达到巅峰，严重威胁到自身在东道国的生存。

　　该阶段内华为面临着高合法性压力的外部情境，同时其高合法化成本的内部情境并未缓解。基于此，后发企业应以缓解合法性压力为优先需求，在一定程度上牺牲合法性成本，采取直接型与间接型组合的合法化战略。

　　直接型合法化战略。面对这种足以威胁生存的合法性挑战，企业不得不在合法化成本上让步，积极采用高效且易于操纵但成本高昂的直接型合法化战略对东道国的制度环境做出响应，在更大程度上与当地的制度环境预期相一致。华为将"消除数字鸿沟"和"未来通信种子"两大社会责任旗舰项目贡献于东道国的社会发展，培养通信人才，打造全连接世界。例如，在美国资助当地高校的重要科研项目，在英国开展"未来通信种子项目之中国学习之旅"等。上述行动帮助华为缓解了强大的合法性压力，使华为在一定程度上获得了东道国的利益相关者的接受与认同。例如西班牙通信和信息社会司司长 Alberto Rodríguez Raposo 对华为给予了高度认可："华为对西班牙的 ICT 产业和西班牙社会的贡献是有目共睹的。"通过这些投入，华为得以在东道国市场继续拓展业务，获取战略资源等。

　　间接型合法化战略。华为为应对合法化成本压力高的内部情境，采取了间接的合法性溢出机制，如声誉机制、身份机制。声誉机制主要指非政府组织对企业在东道国的社会责任行为给予的肯定和认可。例如，CSR Europe 执行董事 Stefan Crets 对华为在欧洲的社会责任实践给予如下评价：

"多年来，华为已经表现出对可持续发展议程有力且坚定的承诺……华为在该领域发挥领导作用，推动与其他企业、城市、协会和其他利益相关者的合作。"这些来自非政府组织的认同与赞誉对企业起到了声誉背书的作用，帮助企业承接来自背书组织的合法性溢出。身份机制是指企业通过加入非政府组织，以组织成员的身份来获取非政府组织的合法性溢出。例如，华为通过加入全球电子可持续发展推进协会和联合国"全球盟约"等国际非政府组织及有效桥接东道国身份来重构其原有的身份标签，淡化了自身来自特定来源国的属性。

2004 ～ 2017 年，欧盟和美国逐步放松了对华为的限制举措，其外部环境的合法性压力有所缓解。典型案例是 2014 年欧盟撤销了对华为无线通信设备的反补贴案调查，并开始以更为开放的心态来接纳华为。2017 年，华为在欧洲中东非洲市场的销售收入增至 1639 亿元，占总收入的 27.1%，欧洲市场也成了华为最大的海外市场。

2015 年华为海思芯片获得美国认证，并在这之后成功打入美国市场。2017 年华为与美国当地主流运营商 AT&T 达成合作协议。随着华为对当地制度知识的累积，其合法性成本也有所下降。这一阶段内，华为主要面临缓和的合法性压力的外部情境以及较低合法性成本的内部情境。在低合法化成本和低合法性压力情境下，企业需要识别来自内外部合法性情境压力的相对强度来选择特定类型的合法化战略。

具体地，由于新兴经济体跨国企业进入发达经济体市场的核心动因是获取先进技术，此时，企业需要将资源重点投入技术研发领域而非合法化行动。因而，后发企业倾向于收缩在合法化行动上的投入，选择成本相对低廉的间接型合法化战略作为合法性获取与维持的手段。例如，华为通过与非政府组织共同出席公益活动、作为成员企业加入非政府组织等象征性活动来塑造合法性受众认知分类，从而承接合法性溢出。

正如图 9-4 所示，新兴经济体跨国企业在国际化进程中，面临的合法性压力强度会动态地呈现出波动性特征，交替出现"冲突 - 缓和"的周期性波动，而其合法性成本也会随着企业对东道国制度知识的累积而呈现出动态特征，即随着时间的推移，企业的合法性成本呈现下降趋势。因此，在来源国劣势背景下，新兴经济体跨国企业在直接采取行动克服劣势的同时，要学会"借势"，即利用与其他组织的关联与互动来改善自身在东道国的形象。例如，与非政府组织等第三方组织建立长期的合作、共同行动甚至进行组织整合，能够有效淡化自身的来源国身份，减少在东道国经营的阻力，以实现合法性压力与合法化成本的动态平衡。[⊖]

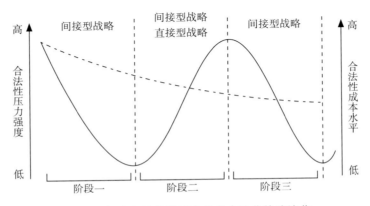

图9-4 新兴经济体跨国企业的合法化战略演化

9.2 组织身份与治理机制

尽管很多中国企业识别出了不同类型的来源国劣势，并有针对性地选择了合法化战略来促进国际并购的完成，但并购后的整合十分困难。这是因为来源国劣势所带来的合法性挑战不仅仅出现在并购交易前的重重审查和漫长谈判中，还出现在并购后双方艰难的整合过程中。由于新兴经济体

⊖ 王丁，魏江，杨洋. 华为海外子公司的合法化战略选择与演化 [J]. 科学学研究，2020，38(4)：654-662.

与西方发达经济体存在文化、制度、惯例等方面的较大差异，二者的整合
过程十分艰难：工会罢工、员工离职等阻碍整合进程的负面事件频发；被
并购的企业研发损失、技术人才流失，创新潜力和创新动力大打折扣。究
其原因，新兴经济体跨国企业与其并购的海外子公司存在组织身份不对称
冲突。发达经济体的海外子公司对来自后发经济体的母公司存在"想当然
的、污名化的刻板印象"，影响了并购后的整合过程的顺利推进。

基于此，本节从组织微观出发，提出组织身份不对称是来源国劣势在
组织层面的映射，聚焦于来源国劣势对新兴经济体跨国企业并购后的整合
阶段的影响，通过案例来回答这个核心问题：在不同的来源国劣势影响下，
新兴经济体跨国企业应如何设计机制来整合和管理双方组织身份不对称带
来的内部合法性赤字危机？

9.2.1　组织身份不对称与内部合法性赤字

跨国企业"走出国门"时面临两种身份的冲突：母国的身份和东道国
的身份。跨国企业本身是长期深度嵌入母国制度架构中的，其组织身份及
战略行动必定受到母国制度情境的深刻影响，⊖母国的组织身份会塑造其国
际化的全过程。当新兴经济体跨国企业通过并购进入东道国后，面临直接
内部合法性赤字危机。⊜举个例子，万向在并购美国 A123 的过程中，来自

⊖　ELANGO B, SETHI S P. An exploration of the relationship between country of origin (COE)
　　and the internationalization-performance paradigm[J]. Management international review, 2007,
　　47(3): 369-392.

⊜　杨洋，魏江，王诗翔 . 内外部合法性平衡：全球研发的海外进入模式选择 [J]. 科学学研
　　究，2017，35(1)：73-84.
　　魏江，王诗翔，杨洋 . 向谁同构？中国跨国企业海外子公司对制度双元的响应 [J]. 管理世
　　界，2016(10)：134-149.
　　魏江，王诗翔 . 从"反应"到"前摄"：万向在美国的合法性战略演化（1994 ～ 2015）[J].
　　管理世界，2017(8)：136-153.
　　魏江，杨洋 . 跨越身份的鸿沟：组织身份不对称与整合战略选择 [J]. 管理世界，2018，
　　34(6)：140-156.

中国的民营企业万向集团与来自美国的"新能源明星"的组织身份存在高度不对称，引发了研发人员大规模离职、双方技术协同困难等一系列并购后的整合问题。究其原因，来自发达经济体的被并购方将并购方看作"外人"。制度理论视角认为，组织身份是最主要的制度载体之一，[一]在跨国并购的情境下发挥着举足轻重的作用。

　　受来源国劣势影响，后发企业在跨国并购行动时受到两种巨大制度差异的压力，深层次看，这种制度环境的差异导致了并购方与被并购方内含的差异化组织身份之间的碰撞和冲突。[二]我们将这种后发跨国企业的组织身份（新身份）与被并购的海外企业身份（旧身份）的不一致和不对等定义为组织身份不对称。具体而言，一方面，被并购方会在并购行动后被赋予来自后发跨国企业的新身份；[三]另一方面，这些被并购的单元无法轻易也不愿脱离曾经的"高贵"身份标签。这样一来，这些被并购方就同时拥有两种相冲突的组织身份，而且，这些被并购方新身份的背后暗含了新兴经济体的制度缺位等"负面"因素，它们大多认为两种身份无法"门当户对"，[四]因而不愿意承认自己的新身份。例如，吉利收购沃尔沃时遭遇的严重阻碍之一便是欧洲市场普遍认为两者在行业地位、企业声誉、组织文化等方面都相距甚远。组织身份不对称可以分为内外部两个维度，内部维度主要聚焦于并购双方在组织文化、背景、结构、惯例方面的对比；外部维度则主要是指外部市场和媒体对组织评价的差异和差距，比如两个企业在行业地位、知名度和声誉上的差距。

　　综上，在来源国劣势影响下，新兴经济体跨国企业在执行跨国并购及

　⊖　SCOTT W R. Approaching adulthood: the maturing of institutional theory[J]. Theory and society, 2008, 37(5): 427-442.

　⊜　MIGNERAT M, MARMENOUT K. Getting beyond culture clashes: a process model of post-merger order negotiation[M]. Leeds: Emerald Publishing Limited, 2017: 165-181.

　⊜　EDMAN J. Reconciling the advantages and liabilities of foreignness: towards an identity-based framework[J]. Journal of international business studies, 2016, 47(6): 674-694.

　⊗　AMANKWAH-AMOAH J, DEBRAH Y A. Toward a construct of liability of origin[J]. Industrial and corporate change, 2017, 26(2): 211-231.

并购后整合的全过程中都会面临组织身份不对称的挑战，导致双方员工和组织在并购后的知识交互和合作创新过程中面临组织内部合法性缺失、信誉赤字等挑战，这不利于后发跨国企业的学习和整合资源，其海外并购行动往往事倍功半、收效甚微。

9.2.2　组织身份不对称与协调机制设计

并购后的整合过程甚为关键，关键是解决组织身份不对称问题。组织身份不对称意味着被并购企业的身份连续性缺失，进而破坏二者在并购后的知识交互意愿和协同创新产出，亟须企业设计有效的协调机制来予以应对。

事实上，组织身份不对称和并购动机会共同影响后发跨国企业的并购后整合。企业会采用不同机制来应对组织身份不对称带来的协调挑战，同时满足不同并购动机下的协调需求。具体地，当并购主导动机是探索型动机时，后发跨国企业需要设计较为温和、能最大限度规避矛盾的协调机制来掌握和吸收那些企业原本不甚具备的新知识。当并购主导动机是利用型动机时，后发跨国企业则拥有更多的自主权和自信心，此时它们的协调和整合需求相对弱，因此更倾向于采用较为结构化的协调机制。我们依据企业整合过程中所需的共同基础多少、结构化程度高低，刻画出四种协调机制：模块化机制、协调人机制、隐性协调机制、实时沟通机制。

模块化机制和协调人机制适用于并购方与被并购方存在组织身份高度不对称的情形。此时，并购方可以通过最小化总部对海外单元的决策制定和活动干预、赋予海外单元高度自治权、专门设立协调沟通部门、推行总部和海外焦点分离以各司其职等具体行动来缓解被并购方内部员工的排斥和抵触情绪。这两个机制的核心逻辑在于，后发企业倾向于主动保留被并购企业的旧身份，并主动分割、隔离两种身份，以避免造成对被并购的海外单元的创造力的破坏，规避潜在冲突带来的协调成本增加。例如，吉利在对沃尔沃的整合过程中，"为了防止简单融合导致员工水土不服""避免整合给沃尔沃员工带来更多的排斥"，主动向沃尔沃员工传达了"吉利是吉利，沃尔沃是沃尔沃"的整合理念，产品生产也进行模块化处理，保持了沃尔沃的"纯良血统"。同时，吉利成立"沃尔沃 - 吉利对话与合作委员会"来辅助完成双方在技术、人才培养等方面的内容交流和信息共享。

隐性协调机制和实时沟通机制适用于并购双方组织身份较为契合，甚至是后发跨国企业组织身份"优于"被并购方的情况。此时，后发跨国企业可以通过主动推行总部和海外单元人员轮岗制度、促进总部和海外单元之间人员互访和交流、对海外员工进行文化培训来帮助他们更好地和总部员工交流、鼓励和促进双方之间语言和技术词汇的相互了解等具体行动来整合和统一两种身份。通过共享一个身份，通过一个声音说话，并购双方可以更快吸收和学习对方企业的先进技术和管理经验，尽可能地以低成本来发挥协同效应。例如，2008 年中联重科并购意大利老牌混凝土机械制造商 CIFA 时，CIFA 虽贵为欧洲老牌制造企业，但正深陷金融危机余波的泥潭中，而中联重科虽来自后发经济体，但在欧洲知名度尚可，且二者在整体战略方向、行业定位等方面均十分相似。这意味着，二者的结合需要实现战略、管理、技术等方面的统一才能最大限度地发挥协同效应。因此，中联重科在并购 CIFA 后的整合阶段，提出了以中联重科为主导，充分利用科层权力将双方销售、生产、采购和研发全面整合的思路。通过"硬规则"强化中联重科总部对 CIFA 在组织、技术、系统的协调管理；通过成立国际管理公司专门协调双方的技术研发，强调"对不适应企业发展、不利于资源整合的管理者，是必须调整的"，成立"协同办公室"，每周定期与米兰方面进行视频会议等具体行动来保证双方能够最大化协同效应。

在并购动机和组织身份不对称程度这两个条件的共同作用下，后发跨国企业会采用不同的协调机制来对双方进行不同方式的组织身份管理，最终影响后发跨国企业并购后整合战略的选择（见图 9-5）。

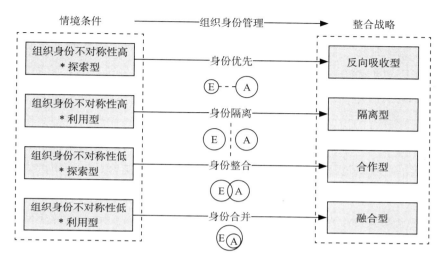

图 9-5　组织身份不对称性与整合战略

　　具体地，当组织身份不对称性高且并购动机为探索型时，企业会选择反向吸收型整合战略。这类战略的核心是母公司整合权力后让渡给海外子公司，使之拥有高度的自治权，其原有的组织架构、高管团队及组织身份都被保留，并呈现出一种"由外向内""自下而上"的反向吸收态势。典型案例为万向整合 A123，万向通过在美国的子公司万向美国来接替其在美国的新能源业务，并以万向美国为并购主体来完成对美国高科技新能源公司 A123 的并购。之后，万向美国负责人倪频聘请福西尔管理 A123，由 A123 原有的团队负责万向全球电池业务的经营管理，并对其充分授权。万向陈军总结道："万向没有派一个人进入 A123 的管理团队，仍然用 A123 原有的人才队伍。但是万向把国内培育了 13 年的人才和广阔的中国市场给予了 A123，让 A123 拥有了更多的资源和更大的平台。"由此，万向通过保留被并购方的原有身份，采取模块化机制将其与母公司的组织架构、业务模式等隔离开来，同时这一过程由其海外子公司来主导完成，体现了其身份优先的管理模式。这成功地规避了来源国劣势影响下新组织身份对子公司员工造成的抵触情绪，也帮助了后发跨国企业满足其探索型动机下对于高协调和高自治的双元要求。

在组织身份不对称性高，但是企业的并购动机为利用型时，企业往往会选择隔离型整合战略。这类战略的核心是海外子公司拥有高度自治权，双方共享治理和整合权，同时母公司与被并购的海外子公司之间的技术活动和日常运营的协调程度较低，双方处于相互隔离的状态。典型案例为吉利整合沃尔沃，在隔离双方组织身份的基础上，吉利采用模块化机制等身份隔离的管理模式来满足沃尔沃的自治需求，有效地将双方的协调需求降到最低，避免高度身份不对称带来的冲突。

在组织身份不对称性低，企业的并购动机为探索型时，企业更倾向于选择合作型整合战略。考虑到双方一致的组织身份可能为双方实现协同、优势互补奠定组织条件和基础，"求同存异"的合作型战略可以有效满足母公司在探索型动机下对自治和协调的双元需求。后发跨国企业可以在保留原有海外子公司团队并满足其运作经营独立性需求的基础上，整合双方身份中可以相互融合和互相吸收的部分，进而形成全新身份供双方共享。同时，后发跨国企业可以通过实时沟通、模块化、协调人以及隐性协调机制的配合来提升双方协调（行动联合）以及合作（利益联合）的积极性，最大限度地发挥协同效应。与反向吸收型战略的不同之处在于，合作型整合战略下的整合权力掌握在母公司手中，由母公司来设计与安排整合过程中的制度和机制。典型案例为金风科技整合 Vensys。2008 年，金风科技以 4124 万欧元成功并购德国 Vensys 70% 的股权，该公司拥有风电高端技术研发能力，是全球开发直驱永磁技术的领先者。在并购完成之后，金风科技在组织结构和组织管理制度上都没有对 Vensys 采取任何调整，充分保持了其运作经营的独立性，并由他们全权负责欧洲市场。在人员安排上，也最大限度地保留了原有的团队，管理层保持不变。同时，双方通过成立共同研发团队和频繁地互派工程师保证技术和研发协调过程的推进以及协同效应的发挥。

在组织身份不对称性低，企业的并购动机为利用型时，企业采取融合型整合战略则十分有效。这一战略的特征是母公司的权力高度集中，通过对被并购的海外子公司进行高度整合和"自上而下"的控制，限制其自治权力的发挥。原因在于，利用型动机下，企业的协调需求相对较小，加之双方契合的组织身份，使被并购的海外子公司的排斥程度较小，其寻求自治的动机也相对较小。因此，后发跨国企业会倾向于将海外子公司的组织身份合二为一，通过融合型战略完全将其整合进母公司的体系，并进行统一管理，以充分发挥并购的协同效应。典型案例是中联重科收购 CIFA 后采取的战略行动。

综上，组织身份不对称的程度决定了企业对自治的需求和实现协调的可能，而并购动机决定了企业对协调和自治的需求。对于新兴经济体的跨国企业而言，不仅需要关注并购过程中来源国劣势带来的外部合法性赤字，也需要关注来源国劣势带来的内部合法性赤字；在并购后整合的过程中要充分考虑自己的并购动机以及自身与海外被并购方之间存在的组织身份不对称程度，从而明确自身对协调和自治的需求以及实现协调的成本和可能性，以最小的协调成本达成协调目的，降低协调成本，最终实现协同。

9.3　制度双元与治理机制

本章前两节从母公司视角出发探讨了来源国劣势对新兴经济体跨国企业海外并购过程带来的内外部合法性赤字挑战。本节我们从新兴经济体跨国企业的海外子公司视角出发，关注来源国劣势影响下，新兴经济体跨国企业在海外建立的子公司在获取内外部合法性过程中存在的冲突问题。需要解决的问题是：新兴经济体跨国企业的海外子公司在东道国的制度环境和集团内的制度环境的情境下如何响应内外部合法性冲突？

9.3.1　制度双元情境与海外研发机构的功能定位

为了搜索和获取海外的先进技术资源、寻求创新合作伙伴，来自新兴经济体的后发跨国企业纷纷通过建立海外子公司、海外研发中心等来绕开来源国劣势、外来者劣势等国际化过程中的层层阻碍。事实上，作为世界上最大的新兴经济体，我国已成为 OFDI 的重要来源国，企业基于 OFDI 的研发国际化愈演愈烈，越来越多怀揣不同动机的企业通过不同方式跻身研发国际化的行列。

由于跨国企业的海外子公司不仅身处于东道国的制度环境中，也身处于集团内的制度环境中，海外子公司既要获得来自母公司的认可，[○]以获得来自母公司的资源承诺和人才支持，还要面临东道国的外来者劣势，这使其对外部合法性产生了巨大需求——获取来自东道国的技术、知识和制度支持。[○]这种制度双元的情境使得跨国企业的海外子公司在成立之初便面临着需要响应两种冲突的制度环境的挑战。

更重要的是，受到来源国劣势的影响，新兴经济体跨国企业的海外子公司不仅在获取外部合法性方面面临更多困难和挑战，还面临着优势负担，这进一步放大了海外子公司获取合法性的难度。具体而言，后发跨国企业与发达经济体跨国企业所具备的竞争优势不尽相同（例如大规模生产的经验、低成本的价值创造过程、快速跟随的能力、即兴创造的惯例以及顺应复杂制度环境的能力等），这会进一步挑战东道国的传统认知，被发达经济体视作"威胁"或"不重要的"，进而加剧海外子公司的内外部合法性之间的冲突。

综上可知，由于制度、文化的巨大差距，海外子公司同时获取两种合法性的需求往往是冲突和相互竞争的。海外子公司的外部合法性是指它被东道国接受或认可，而内部合法性是指它被母公司的总部或其他组织接受或认可。尤其是对于一些本身就具有高资源承诺、高风险共享以及高知识

○ KOSTOVA T, ZAHEER S. Organizational legitimacy under conditions of complexity: the case of the multinational enterprise[J]. Academy of management review, 1999, 24(1): 64-81.

○ LU J W, XU D. Growth and survival of international joint ventures: an external-internal legitimacy perspective[J]. Journal of management, 2006, 32(3): 426-448.

独占要求的全球研发活动来说，更加剧了海外子公司内外部合法性需求的复杂性。[○]一旦无法平衡和处理好这种冲突，这将会不可避免地阻碍海外子公司在发达经济体的技术资源获取和积累，以及母公司对发达经济体技术资源的吸收和利用。

大多数的新兴经济体都将目光锁定在发达经济体，通过非股权形式的研发合作、跨国企业间的战略联盟、自建和并购海外研发中心等多种方式来实现技术和市场的双重突破，[○]因此，在讨论合法性双元冲突的响应机制前，我们先对新兴经济体跨国企业研发国际化的动机从技术和市场这两个维度进行解构，并对这种动机下的海外单元的职能定位进行剖析。

从技术本身的特性出发，我们将其划分为已有技术和全新技术；从技术所服务的目标市场维度考虑，进一步针对焦点企业技术研发的目标市场，将其划分为本地市场导向、海外市场导向。在不同的动机下，企业所设立的海外研发机构的功能定位也相应不同，我们将其分别命名为：新技术试点、海外市场适应点、技术卓越中心（见图 9-6）。

具体而言，当企业的国际化动机是改进已有技术同时开拓海外市场时，我们称海外研发机构为海外市场适应点。此时，海外单元的主要职能是感知东道国市场的特定需求，对母公司的技术加以改进和调整，从而转化为适应当地市场的产品。例如，东华并购德国老牌链条厂商 KOBO 和日本 EK，海尔并购新西兰知名电器品牌 Fisher & Paykel，均表现出想要借此机会去打开全新市场的动机。当企业的国际化动机是获取全新技术来服务母国市场时，我们将海外研发机构命名为新技术试点。此时，海外单元扮演

○ RAMAMURTI R.What is really different about emerging market multinationals?[J]. Global strategy journal, 2012, 2(1): 41-47.

○ 杨洋，魏江，王诗翔 . 内外部合法性平衡：全球研发的海外进入模式选择 [J]. 科学学研究，2017，35(1)：73-84.
魏江，王诗翔，杨洋 . 向谁同构？中国跨国企业海外子公司对制度双元的响应 [J]. 管理世界，2016(10)：134-149.
魏江，王诗翔 . 从"反应"到"前摄"：万向在美国的合法性战略演化（1994 ~ 2015）[J]. 管理世界，2017(8)：136-153.

着技术渠道的角色，将东道国的先进资源和技术用于拓展自身的知识基础。例如，万向并购 A123，超威并购德国 MOLL。当企业期望探索全新技术以更好地服务于海外市场时，我们则将海外研发机构称为技术卓越中心。这种情况下，海外单元一般都在进行着基础性技术的研发工作，而不单纯是服务于某个市场。例如，盾安并购美国 Microstaq 是为了获取全新技术并进行海外市场扩张。

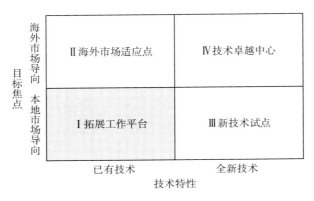

图 9-6   海外研发机构的功能定位

9.3.2   合法性双元冲突的响应机制

考虑到跨国企业面临的合法性双元的现实背景，我们从内外部合法性需求的优先权选择切入，深入分析了不同动机下企业所面临的内外部合法性需求的不同组合。具体来说，在基于对已有技术的利用并开拓海外市场的动机的全球研发战略下，海外研发机构面临的外部合法性需求占主导；在基于全新技术领域的探索并提升后发跨国企业在国内的市场竞争力的全球研发战略下，海外研发机构面临的内部合法性需求占主导；在基于全新技术领域的探索同时旨在抢先占领海外市场的全球研发战略下，海外研发机构面临内外部合法性需求双高的情况；在对已有技术的利用并开拓本地市场的动机下，不涉及内外部合法性双元冲突。为了更加直观地表现出内外部合法性需求的相对水平，我们借用了弧度（arc）的概念来刻画（见图 9-7）。

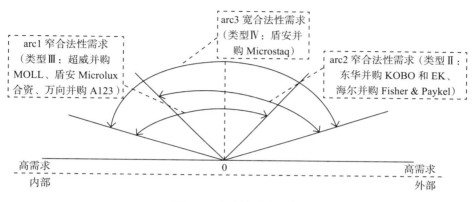

图 9-7　合法性需求弧度

　　进一步，我们认为后发企业会通过战略动机来对优先合法性需求做出判断，从而选择相应的进入模式以实现内外部合法性需求的平衡。当海外研发机构面临的单边的合法性需求占主导时（窄合法性需求下），企业在面对所有权结构和建立模式决策时，只需要在这两种决策中选择一种来满足合法性需求即可，赋予了另一种进入模式决策相对的灵活性。具体来说，当海外研发机构面临的外部合法性需求占主导时，企业在建立模式上会倾向于采用并购的形式或者在所有权结构方面选择共享所有权。当海外研发机构面临的内部合法性需求占主导时，企业在建立模式上会倾向于采用新建的形式或者在所有权结构方面选择主导型、全资控制的所有权结构。

　　但是当海外研发机构面临内外部合法性需求双高的情况下（宽合法性需求下），企业需要同时运用所有权结构和建立模式来平衡这两种竞争的合法性需求。因此，所有权结构的决策和建立模式选择之间是互相影响、互为缓冲的，所有权结构的选择在一定程度上可以实现建立模式决策的灵活性，而建立模式的选择同样可以帮助企业在满足合法性需求下，根据外部其他因素以及未来的战略计划选择更具灵活性的所有权结构。这种互为缓冲的效应在内外部合法性单边占主导时最为明显，这帮助我们解释了为什么在同样的合法性相对需求下，企业会选择不同的建立模式和所有权结构（见图 9-8）。

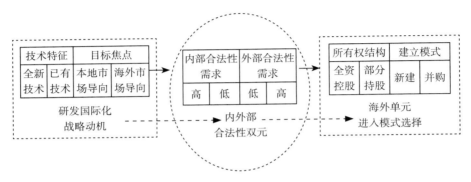

图 9-8   合法性双元冲突的响应机制

综上，为了走出去实现转型升级的重要战略，新兴经济体企业构建海外子公司时需要谨慎关注制度双元情境下的组织实践设计，根据同构焦点和同构机制两个维度选择匹配的同构模式，从而缓解内外部合法性搜寻压力，提高生存概率。

非对称创新生态

当前，产品、资本、服务的跨境流动逐渐转变为数据、信息和知识的无边界扩散，催生了新的组织形态和情境特征。⊖华为、阿里巴巴、腾讯、海尔、小米等企业均在尝试通过构建创新生态系统，打破组织边界壁垒，实现新情境下的非对称创新。在国际市场中，越来越多的中国企业不断布局海外，在跨境电商、社交媒体、数字信息服务等领域建立属于中国企业的全球话语权。

在这一背景下，竞争焦点逐步变成了生态系统与生态系统之间的竞争。事实上，越来越多的企业开始发展与其他组织的协同共生关系——企业与企业、企业与其他各类利益相关者以及企业与第三方机构以吸纳资源、提高创新效率、分摊创新风险及成本为目的，联合成立了各种各样的创新生态系统。⊜

例如，海尔 2013 年上线了 HOPE 线上创新开放平台，结合线下研发网络发展构建形成海尔创新生态系统；小米 2013 年开始以"投资＋孵化"

⊖ LUO Y. New OLI advantages in digital globalization[J]. International business review, 2021, 30(2): 101797.

⊜ IANSITI M, LEVIEN R. Strategy as ecology[J]. Harvard business review, 2004: 82(3): 68-78.
ADNER R. Ecosystem as structure: an actionable construct for strategy[J]. Journal of management, 2017, 43(1): 39-58.
吕一博，蓝清，韩少杰．开放式创新生态系统的成长基因——基于 iOS、Android 和 Symbian 的多案例研究 [J]. 中国工业经济，2015(5)：148-160.

驱动的方式，依靠小米的供应链和渠道优势在各产业培育生态参与者，通过"竹林效应"构筑了以小米为核心的小米生态链等。

建立创新生态系统能够最大限度地吸纳创新所需的相关资源，并通过与系统内其他成员建立多样化的合作关系使创新资源流动更快，提高企业自身绩效，形成生态系统特定优势（ecosystem-specific advantage）。[⊖]在全球市场中，以阿里巴巴、腾讯、小米为代表的企业不断布局海外，它们通过整合国内外服务资源，协同海内外合作伙伴，构建推动企业出海的全链路生态体系，引领数字经济时代的全球产业链创新。本章将介绍创新生态系统这种组织形式的特征和内部关系 – 结构 – 功能，从而揭示非对称创新生态对技术赶超的作用。

10.1　企业创新生态系统与平台创新生态系统

10.1.1　企业创新生态系统的特征

企业创新生态系统是一种基于市场和科层行政结合于一体的半紧密层准市场生态系统，是基于同一法人、以核心企业为主要统领的内外嵌套组织结构，兼具外部生态协作和内部科层治理的特质。核心企业通过进行一系列的组织变革和制度设计，可以将自身建设成一个边界更加清晰的企业层创新生态系统，即基于一个平台组织结构，由组织内外部不同参与者构成的跨层次价值交换系统。企业创新生态系统的优势及独特之处在于提供了一种结构使互补性可以同时进行内部控制和外部协调，不需要组织进行纵向一体化。[⊜]

⊖　LI J, CHEN L, YI J, et al. Ecosystem-specific advantages in international digital commerce[J]. Journal of international business studies, 2019, 50: 1448-1463.

⊜　DATTÉE B, ALEXY O, AUTIO E.Maneuvering in poor visibility: how firms play the ecosystem game when uncertainty is high[J]. Academy of management journal, 2018, 61(2): 466-498.

企业创新生态系统是基于核心企业已有的研发组织架构、研发基础设施等的优秀做法建立的，这种生态系统在系统结构、核心主体地位、核心主体身份、参与者关系方面都发生了变化，打破了传统的创新生态系统研究的基本假设，呈现出以下四个特点。企业创新生态系统与其他创新生态系统的对比见表 10-1。

表 10-1　企业创新生态系统与其他创新生态系统的对比

	企业创新生态系统	国家、产业、区域创新生态系统
代表案例	海尔创新生态系统	杭州梦想小镇、高铁技术创新系统
核心主体	核心企业	政府、行业协会等
系统结构	多层内外嵌套	核心 - 外围的单层结构
核心主体地位	由强变弱	强
核心主体身份	管控者 + 参与者	管控者
参与者关系	同级、跨级	同级

第一，系统结构呈现多层次性。企业创新生态系统由外部和内部两层结构构成（见图 10-1），外部生态系统的参与者都是独立的企业，而在这些独立的企业中，有部分在自己组织的边界内部成立了内部生态系统，主要的活动者是内部的部门。一个内部的部门既可以与同企业的其他内部参与者直接联系，也可以独立参与外部创新生态活动，结构上体现了多层次性。

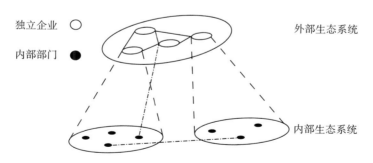

图 10-1　企业创新生态系统嵌套结构图

例如，海尔通过平台化和小微化改革，在企业内部成立了创新生态系统，内部的小微可以作为独立个体与外部生态系统中的参与者建立联系，因而呈现了一种嵌套式的结构。所谓嵌套，就是指企业层创新生态系统基于结构上的多层次性由内部和外部两层系统构成，内部生态系统就是海尔本身，主要参与者是企业自身小微化的职能部门和小微企业，外部生态系统的主要参与者包括用户、技术供应商和以海尔为核心的各类平台。在这个结构中，有三种创造价值的途径：①用户和技术供应商等通过海尔搭建的平台生态系统直接联系来创造价值；②用户、技术供应商和海尔三方共同合作来创造价值，具体活动的执行者是海尔内部的职能部门；③内部生态系统中的参与者（以小微组织为主）基于其自身生存发展的需要直接和用户或技术供应商合作来创造价值。

第二，核心主体地位具有转变性。核心企业作为核心主体体现了创新生态系统的身份转变性，[○]即随外部技术和市场环境变化，核心主体地位也不断变化，而非一直处于系统的核心位置。以海尔为例，在创新生态系统建立初期，由于国内少有企业涉足这种花费大量时间和资源又不以提升自身创新绩效为目标的创新生态系统实践，2013 年前后，海尔在缺乏相应经验的情况下选择以自己为中心，基于已有的全球研发网络打造线上线下互通的创新生态系统。这个阶段的海尔处于系统核心，制定了一系列制度，引导系统的早期成长。随着规模不断扩张，越来越多的创新资源点被接入海尔创新生态系统，系统内的创新合作体系也相对完善了，海尔便开始不断弱化自身地位，其角色从核心转为幕后服务者，聚焦创新生态的基础设施建设，不再处于系统核心地位，只对海尔企业内部参与者的活动进行管控。换言之，在目前的海尔创新生态系统中，海尔是否参与创新活动，是否对创新活动进行管控，是否持续性投入大量资源以引导系统创新，都不会对系统运行造成很大冲击，整个生态系统能形成自我发展的良好循环。

第三，核心主体身份具有二元性。企业创新生态系统中，核心企业作为关键主体，其自身以及内部次级参与者都可以成为创新价值链上的重要

○   THOMAS L D, AUTIO E,GANN D M. Architectural leverage: putting platforms in context[J]. Academy of management perspectives, 2014, 28(2): 198-219.

环节，涉及技术提供、需求拆解、供需匹配、样品生产、批量生产、商业化等。[⊖]因此核心主体存在身份和关系的双重性，既要负责系统的运行维持，又直接参与创新生态活动，同时扮演"管控者"和"参与者"的角色。这种与其他参与者之间关系的二元性，导致了建立公信的问题——让其他参与者放心地贡献出自己的创新资源而不用担心核心主体的侵占和"搭便车"行为。例如，海尔在参与创新生态活动时，HOPE 平台收集了大量企业的技术资源，这些资源的使用并非无偿，而是要与相关企业签署合同并协商好利益分配。但对于海尔来说，由于平台是自建的，要使用这些资源为自己创造价值易如反掌，如何处理好这种核心主体身份上的双重属性将直接决定整个生态系统的发展潜力。[⊜]这种身份的二元性也使生态系统中创新资源和关系的协同机制变得更加复杂——核心企业既无法像政府机构等一样采用政策颁布、权威治理等传统手段来促进系统内的创新，也不能单纯地从市场角度出发，通过扮演"参与者"的角色来带动创新。[⊜]

第四，参与者关系具有复杂性。在企业创新生态系统中，由于嵌套结构的存在，参与者根据属性不同被分成外部企业参与者和内部部门参与者，内部部门参与者又可以独立参与外部创新生态活动，这种结构加剧了企业创新生态系统内参与者关系的复杂性，系统的核心主体对于同级参与者之间合作关系的协同与跨级参与者合作关系的协同是不同的。比如，海尔下属的冰箱产业线小微可以选择内部采购技术，也可以利用总部的平台和外部的技术供应商直接建立合作关系，在这个过程中，海尔对于内部之间的

⊖ ADNER R. Winning the right game: how to disrupt, defend, and deliver in a changing world[M]. Cambridge: MIT Press, 2021.

⊜ RADZIWON A, BOGERS M. Open innovation in SMEs: exploring inter-organizational relationships in an ecosystem[J]. Technological forecasting and social change, 2019, 146: 573-587.

⊜ JACOBIDES M G, BRUSONI S,CANDELON F. The evolutionary dynamics of the artificial intelligence ecosystem[J]. Strategy science, 2021, 6(4): 412-435.
LUO J. Architecture and evolvability of innovation ecosystems[J]. Technological forecasting and social change, 2018, 136: 132-144.

合作关系与内外之间的合作关系的管理和协同要因人而异，采取不同的手段促进合作。

　　明确了企业创新生态系统的总体特征和设计原则，接下来分析企业创新生态系统治理体系的设计。关于企业创新生态系统的治理，现有三个维度的共识。

　　（1）决策权分配，指企业创新生态系统中核心治理主体对权力和责任在各类主体和行动者之间的划分。通常，在企业创新生态系统中，决策权的分配主要考虑的是决策权在核心企业和其他参与者之间的分配。如图 10-2 所示，决策权可以被分配到连续体中的任意位置，当决策权完全或是大部分由平台企业掌握时，这个系统就是一个采用中心化治理的系统。相反地，当决策权被大量地下放到参与者企业手中时，这个系统采用的就是扁平化治理。[○]但大多数情况下，决策权的分配并不是上述两种情况那样极端，而且往往也不是给定不变的，权力的分配是会变化的，是有目的的。

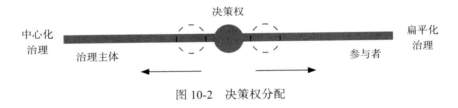

图 10-2　决策权分配

　　（2）控制机制设计，指向系统中核心治理主体用来控制、整合系统内其他主体和行动者的机制与规范的集合。换言之，控制机制是核心企业用来实施和执行奖励、惩罚以及在企业创新生态系统内的参与者中颁布行为准则和规则的工具。控制机制可以分为正式机制和非正式机制，[○]如关系控

　　○　BULLINGER A C, RASS M, ADAMCZYK S, et al. Open innovation in health care: analysis of an open health platform[J]. Health policy, 2012, 105(2-3): 165-175.
　　○　ZHANG Y, LI J, TONG T W. Platform governance matters: how platform gatekeeping affects knowledge sharing among complementors[J]. Strategic management journal, 2022, 43(3): 599-626.

制机制。一个生态系统的控制机制往往是正式和非正式机制的组合。[○]

（3）利益分配，指向系统中核心治理主体如何设计机制在不同主体间进行利益和价值分配。这涉及一个关键的制度设计，就是在利益分配时采取固定比例还是移动比例。

进一步，治理具有高昂的成本，最优的治理结构是最简单且能够通过最低的成本来达到平衡整个企业创新生态系统的目的的。因此，在讨论企业创新生态系统治理的时候必须考虑治理模式与企业创新生态系统的结构、关系、功能、发展阶段的匹配。[○]只有当选择的治理模式和机制与企业创新生态系统的结构、关系、功能、发展阶段相匹配时，才能够实现治理的目标，否则就会导致企业创新生态系统的崩溃和失败。例如，Colombelli 等以都灵理工大学为例，讨论了哪种治理设计最符合企业创新生态系统在整个进化过程中的需求，他们从企业创新生态系统生命周期的不同阶段来分析企业创新生态系统的治理是倾向于科层治理还是关系治理，揭示了企业创新生态系统治理的动态性。[○]

10.1.2　平台创新生态系统的特征

数字技术的快速发展和广泛应用使平台型企业（如亚马逊、阿里巴巴、腾讯等）成为不可忽视的重要商业力量，使跨界融合、开放式创新等创新方式成为大多数企业的现实选择。[○]作为企业创新生态系统的延伸，构建平台创新生态系统成为数字经济时代的一种重要战略。魏江和刘洋对平台创

○ TIWANA A.Platform ecosystems: aligning architecture, governance, and strategy[M]. Waltham: Morgan Kaufmann, 2013.

○ WAREHAM J, FOX P B, CANO-GINER J L. Technology ecosystem governance[J]. Organization science, 2014, 25(4): 1195-1215.

○ COLOMBELLI A, PAOLUCCI E, UGHETTO E. Hierarchical and relational governance and the life cycle of entrepreneurial ecosystems[J]. Small business economics, 2019, 52(2): 505-521.

○ RAI A, CONSTANTINIDES P, SARKER S.Next generation digital platforms: toward Human-AI hybrids[J]. MIS quarterly, 2019, 43(1): 4-9.

新生态系统的理论研究和管理实践进行了深入的阐述，并认为现有平台创新生态系统的研究主要有两个重要流派。⊖一是，产业经济学视角的文献将平台界定为界面（体现在产品、服务、技术上），这一界面呈现了双边或者多边交易，涉及买方和卖方、互补者与用户等；⊖二是，技术管理流派强调了平台技术架构作为使能产品或者服务创新的根基，平台通过（间接）网络效应推动了互补者的产品和服务创新。⊜

平台创新生态系统至少包括四大类参与者：平台所有者，控制了平台知识产权和治理权限（如安卓系统的所有者谷歌）；平台提供者，提供了各类参与者交互的界面（如使用了安卓系统的手机设备的生产者）；生产者、互补者，创造和生产平台提供物、产品（如适用于安卓系统的 App 的生产者）；消费者、使用者，平台提供物、产品的购买者。⊗

平台创新生态系统是"建立在相互联结的供应商、分销商以及新产品开发商等构成的平台及相关基础设施基础上的，其竞争能力依赖于成员企业利用共享平台来为绩效提升服务，特别是为终端客户开发新的、有价值的产品和服务"。⊗基于此，平台创新生态系统具有如下四个方面的特征。

第一，平台所有者的特征：平台所有者既是创新生态系统的领导者又是参与者，因而往往不具备中立性。⊗与一般的创新生态系统不同，平台创新生态系统的平台所有者是整个创新生态系统的核心，它本身不创造价值，而是提供一个技术的基础架构使大量的参与者创造价值，平台的主要作用

⊖ 魏江，刘洋，等 . 数字创新 [M]. 北京：机械工业出版社，2021.

⊖ EVANS D S, SCHMALENSEE R. Catalyst code: the strategies behind the world's most dynamic companies[M]. Boston: Harvard Business School Press, 2007.

⊜ PARKER G, VAN ALSTYNE M, JIANG X. Platform ecosystems: how developers invert the firm[J]. MIS quarterly, 2017, 41(1): 255–266.

⊗ VAN ALSTYNE M, PARKER G G, CHOUDARY S P. Pipelines, platforms, and the new rules of strategy[J]. Harvard business review, 2016, 94(4): 54-62.

⊗ 龚丽敏，江诗松 . 平台型商业生态系统战略管理研究前沿：视角和对象 [J]. 外国经济与管理，2016，38(6)：38-50.

⊗ DEDEHAYIR O, MÄKINEN S J, ORTT J R. Roles during innovation ecosystem genesis: a literature review[J]. Technological forecasting and social change, 2018, 136: 18-29.

是协调和治理所有参与者。由于平台所有者掌握了系统架构和所有资源通道，它本身可作为参与者参与到平台创新生态系统的整个价值创造过程中，这就使平台所有者具有了创新生态系统"领导者"和"参与者"的双重身份。

第二，平台互补者的特征：平台创新生态系统中以小微企业为代表的内部创业个体在平台创新生态系统演化过程中发挥着重要的作用。平台创新生态系统的价值创造依赖大量自组织的代理人，这些参与者基于平台提供的可供性进行交易以及衍生创新，持续地创造并提供新的价值，推进平台创新生态系统的自我发展和演化。平台的价值创造主要通过交易和创新两大机制实现：一是平台作为中介准确联结了不同参与者之间的交易过程，并激发网络效应为交易双方带来价值；二是平台为互补者提供了大量边界资源以支撑平台参与者的创新活动。这两大价值创造机制的主体均是平台创新生态系统的参与者。

第三，平台创新生态系统中要素间依赖关系的特征：平台创新生态系统中所有参与者之间的互补性是决定多边依赖关系的关键。平台提供了分层模块化架构，通过统一接口联结不同的参与者，形成参与者与参与者、参与者与平台之间复杂的多边互补关系。[⊖]例如，互补者与平台具有强独特互补性，互补者与消费者之间可能存在强超模互补性，消费者又为互补者提供洞见以改进产品和服务等。这些互补性决定了平台创新生态系统的参与者之间的多边依赖网络。常见的互补性类型见表 10-2。

表 10-2　常见的互补性类型

互补性类型	出发点	核心定义
Hicksian 互补性	生产	一个要素价格的降低会导致这一要素互补品生产数量的增加
Edgeworth/Pareto 互补性	消费	若两个产品共同消费能带来额外价值，那么其中一个产品的消费增加能带来另一个产品消费的增加

⊖ JACOBIDES M G, CENNAMO C, GAWER A. Towards a theory of ecosystems[J]. Strategic management journal, 2018, 39(8): 2255-2276.

（续）

互补性类型	出发点	核心定义
Cournot 互补性	投入垄断	两个部件一起使用形成一个产品，但这两个部件分别被两个公司所垄断
技术互补性	技术	从一个技术中获益需要其他横向、纵向相关互补技术
创新互补性	创新	一般目的技术（如 5G）的改进会使下游应用生产力提高

资料来源：基于 Teece 等的文章修改（TEECE D J.Profiting from innovation in the digital economy: enabling technologies, standards, and licensing models in the wireless world[J]. Research policy, 2018, 47(8): 1367-1387.）。

第四，平台创新生态系统中价值获取的特征：平台生态系统的所有参与者的活动由共同价值主张所引导，但不同类型的平台创新生态系统以及同一创新生态系统的不同发展阶段的价值获取逻辑差异巨大。从平台所有者角度出发，平台创新生态系统架构构建、边界资源掌握、网络效应激发等都需要投入大量的资源；不同的定价策略和利润分享机制可能会影响互补者的参与及创新动力；平台所有者进入互补市场等策略可以帮助平台获益并激发互补者的创新动力，但也可能引发互补者的不信任。

10.2 平台创新生态系统特定优势的构建

上面澄清了平台创新生态系统的特征，接下来讨论平台创新生态系统与非对称创新。事实上，在国际化情境下，平台创新生态系统利用数字技术的数字连接功能，打破了传统的物理边界限制，为参与者提供了一个跨边界、跨时空的数字平台。[一]数字平台在国际化情境下保持竞争优势的一个核心逻辑在于需要构建跨边界的生态系统特定优势。[二]Li 等学者认为平台创新生态系统特定优势包含三个相互关联的核心要素：生态参与者贡献的

[一] 邬爱其，刘一蕙，宋迪.跨境数字平台参与、国际化增值行为与企业国际竞争优势 [J]. 管理世界，2021，37(9): 214-233.

[二] NAMBISAN S, ZAHRA S A, LUO Y. Global platforms and ecosystems: implications for international business theories[J]. Journal of international business studies, 2019, 50: 1464-1486.

异质性互补性资源和分布式创新（资源）、生态参与者之间的互补性和正外部性（结构）以及治理创新生态系统参与者的规则（治理）。$^{\ominus}$平台创新生态系统特定优势可以在母国构建，有些优势可能不存在地域限制而可以直接基于国际市场构建。更为重要的是，构建平台创新生态系统特定优势需要平台主具有整合能力来架构更广泛的外部资源，提升价值创造活动的正外部性和生态治理水平来保证参与者和创新生态系统的利益一致。

基于此，本节将核心聚焦于平台创新生态系统利用核心技术平台对系统内创新资源和创新合作关系两类对象进行协调，采取**平台模块设计、资源分享、中介人、一体化市场**等机制以构建平台创新生态系统特定优势（见图 10-3）。

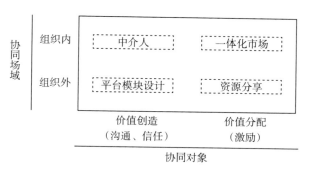

图 10-3　平台创新生态系统中的非对称创新机制

第一，平台模块设计机制。平台模块设计机制是指核心企业通过在创新生态系统内关键的生态位置成立各类沟通参与者的平台，并通过这些平台将系统内技术创新所需的各类信息和资源进行模块化与标准化处理的底层机制。通过平台，各创新参与者作为系统的可拼接组织可以直接通过各类标准化的界面接触各类创新资源和其他创新参与者，极大地减少了创新合作的阻碍，也有利于核心企业对创新协同的展开。

平台模块设计机制是系统场域中的企业参与者在开展价值创造活动时

$\ominus$　LI J, CHEN L, YI J, et al. Ecosystem-specific advantages in international digital commerce[J]. Journal of international business studies, 2019, 50: 1448-1463.

进行创新的机制。创新场域在企业的组织边界之外、系统边界之内，创新对象是价值的创造。在平台共生关系中，平台模块设计通过搭建平台和要素、组织模块化，将系统内的企业参与者身份归为需求者和技术互补者两种。通过模块化的设计让创新所需的资源能够在全部创新生态系统的参与者之间快捷流动。例如，不管是百度、字节跳动等数字原生企业，还是宝钢集团等正处于数字化转型的企业，都设有专业团队对整个系统的资源和需求信息进行拆解与模块化转换，把来自天南海北的各种信息用统一标准化的技术语言进行转译、二次加工、落地化验证和技术存储——在匹配到相应需求时，可以直接交付使用，极大地减少了参与者之间进行创新合作时沟通上的障碍。此外，平台化的架构设计还促进了创新参与者之间的网络效应（同边、跨边），通过对协同创新的激励使需求者和技术互补者随着创新合作的不断进行而相互促进增长，最终不断扩大整个创新生态系统内的利益相关者的规模和协同创新效应。

平台模块设计机制实现了全系统内创新资源的集中化、标准化和模块化，方便成员企业随时快速接触并获取进行创新所需的技术支持。这种平台模块化的界面设计让进行合作创新的参与者之间的交流合作变得更加方便、顺畅，降低了进行研发的困难程度，提高了参与合作创新的意愿和动力。此外，在核心企业的引导下，整个创新生态系统营造了合作创新的氛围。由于技术环境和市场需求是快速变化的，而创新生态系统中的很多中小企业并不具备在创新上的快速响应能力，这就促成了"抱团取暖"的合作创新现象。核心企业通过建立平台把有相同目标的企业、资金、技术、需求聚集在一起，实现全方位的创新合作，从而实现创新生态上的互惠共生并赢得生态竞争。

第二，资源分享机制。资源分享机制是指核心企业设置的公用资源价值交换体系，如专利池、低成本的专利许可机制、资源互换机制等，通过引导合作双方建立一致性利益目标，促进有限的创新资源在创新生态系统中不断得到使用并创造价值。这里的"分享"本质是对资源的"编排"，即对资源应用的方式、方向以及所产生收益的分配进行制度上的规范。通过资源的循环利用，资源本身的技术及商业化价值被来自不同行业、不同生态位的创新参与者反复挖掘，在资源有限的情况下最大化系统内可产生的创新价值，提升创新协同的绩效。例如，在美的美创平台中，由美的领衔研发的智能机器人技术不仅仅是美的自己独有的技术资源，其涉及的材料、人工智能、环境交互等底层技术在美创平台上得到不同背景的创新参与者的不断应用，它们结合自身的资源和条件创造出更加丰富的产品与工艺，这些产出又会循环地得到其他参与者的使用，从而形成"创新者受益，受益者创新"的良性循环。

　　资源分享的对象是组织之间的资源及价值分配，通过统一目标引导、系统利益分配等手段来实现对有限资源的低成本反复应用。资源的循环使用之所以很难在其他创新组织模式中出现是因为无论是创新联盟还是创新网络，其中没有互惠互利的平台共生关系存在，创新合作的双方都是以自身利益最大化为目的参与创新合作的，这就导致资源作为很重要的战略性资产成为在交易中获取收益的重要砝码。在这些创新合作中，资源的所有权、独占性是至关重要的。而在平台创新生态系统中，在核心企业的引导下，大家不再执着于对资源进行独占，而是追求资源的使用权，抛开了以独占为目的的合作极大限度地清除了资源循环使用的障碍。例如，小米生态链上的所有企业都是兄弟关系，生态链上的资源是大家共同的"金矿"，大家相互促进，互为彼此的价值放大器。资源分享所依仗的基础就是参与者之间存在的共生关系，资源在这种环境内不只是企业的独占性资产，而是促进全系统、全产业技术发展的基本单元。尽管资源并不是无偿使用的，但是在这样的社群体系内可以通过多种方式以低成本让更多人反复使用，如合作双方通过对资源预期收益的对赌分配、互补性资源的分享互换等手段都可以在创新生态系统中轻松地实现资源的循环使用。这种资源的编排方式把系统内的知识资产和互补性资产变为创造共同价值的基础，把企业间的竞争变为创新生态系统间的竞争。核心企业通过激励参与者企业使用并分享模块化的技术资源、交换各种资产，在技术互补者市场中扩大单边网络效应规模来推动协同创新工作的开展。

第三，中介人机制。中介人机制就是指核心企业打破组织边界为来自企业内部的部门级参与者和来自创新生态环境中的其他企业级参与者进行创新合作提供担保，在内外参与者的合作过程中承担"中介人"角色的交流协作机制。在平台创新生态系统中，一类很重要的参与者就是一些进行过小微化改革的企业组织边界内部的参与者，如各种经过孵化的小微企业、企业内部独立核算的部门等。这些参与者在进行创新合作的过程中由于不具备独立的法人身份，天生就比其他企业弱势。针对这种情况，平台创新生态系统的核心企业会在组织边界设立各类方便内外联系的界面，如小米生态链就专门成立了金米来负责"投资 + 孵化"，帮助内部的孵化企业起步并获取外部融资，美的也有类似的组织存在。

中介人机制的对象主要是组织边界内外各级参与者之间在价值创造过程中存在的创新协作关系，主要由两类构成：内部参与者之间的创新协作关系和内外部参与者之间的创新协作关系。所以中介人发挥作用的基础是有内部参与者的参与，如果合作双方都是来自核心企业外部的企业级参与者，那对创新协作关系的协同就可以依照上述的平台模块设计、资源分享机制来实现。例如，小米作为内部生态系统的缔造者，通过科层权威对内部参与者的协同活动进行宏观治理，涉及内部审批、规章制度的制定、指标性要求等。当内部成员之间的协同不符合集团期望时，小米会对这些行为进行修正和打击。但当它们和外部参与者进行协同互动时，小米往往就会将前者视为外部生态的独立参与者进行协同，设置用户、技术沟通中心等机构协助它们与外界建立联系，用小米的资源在合作过程中背书，以促进内外参与者创新协作的达成。

第四，一体化市场机制。一体化市场机制是指在企业内部创新生态系统中通过内部对赌、市场交易等手段实现组织内部市场化，并建立专门的内外生态环境互通界面，形成统一市场的机制。在一般企业的内部，资金、技术、人才、信息等资源的调配使用需要层层审批，上传下达。在一个高效运转的企业内，这种基于科层关系的资源分配机制能够保证管理层的意志得到充分表达。但当需要企业经常性地与外界进行合作（特别是内部独立的参与者参与外部合作）时，这种资源分配方式由于效率较低、上层远不如基层参与者了解情况等，为协同工作的展开创造了困难。因此，一些体量大的参与者将市场机制引入组织内部，资源的分配靠合作双方签订的合同执行。

这种内部市场化机制保证了内部创新主体的自由度，最大限度降低了由于组织管理摩擦带来的绩效损失。更重要的是，一体化市场机制可以对内部创新参与者的创新活力有所激发。传统的依靠权威关系对资源进行分配，不仅效率不高，而且会让一些部门或内部的小微企业有"不劳而获"的想法——无论是否积极地进行产品和工艺上的创新，该有的资源支持都不会少。这种现象会导致资源利用效率低下，组织内人浮于事的问题突出，不利于创新协同的进行。市场化的内部资源配置则会让所有单元都从自身利益的角度出发去展开与其他部门的合作，每个单元都自负盈亏，这能在很大程度上缓解"搭便车"现象，让企业内的资源充分得到利用。此外，打造内外互通的生态和市场环境，让处在创新生态系统内的参与者在失去了稳定的资源支持后，需要在激烈的内部和外部生态竞争中获取收益，倒逼它们重视并积极参与创新协作，从而激励内部的各参与者去积极主动地建立合作关系来开展创新活动，既可以分担创新风险，又能够分摊创新成本，利用更多资源，从而减少了进行创新活动的阻碍。

综上，当下的国际竞争愈发关注生态系统与生态系统之间的竞争。本节讨论了企业创新生态系统和平台创新生态系统的概念和特征，剖析了平台创新生态系统内创新资源和创新协作关系两类对象的协调——采取平台模块设计、资源分享、中介人、一体化市场等机制以实现创新生态系统特定优势的构建。这些讨论可以为中国后发企业通过建立创新生态系统实现非对称赶超提供思路。

第 4 篇

▲

结　语

—

前三篇详述了非对称创新理论及其内涵。尽管我们采用了大量案例来说明理论逻辑，但仍有两个核心问题需要深入探讨：非对称创新理论如何应用于企业和产业赶超实践以及政府科技政策制定？在新发展阶段、新发展格局下，非对称创新理论如何发展？

围绕这两个问题，第 11 章分别从企业、产业来讨论非对称创新理论逻辑的具体应用。在企业视角，我们基于海尔、华为等企业的实践，给出了对企业通过非对称创新实现赶超的建议。在产业视角，以智慧视觉产业为例，我们基于 MIT 模型给出了我国智慧视觉产业实现赶超的市场优势、制度优势与技术优势，并针对智慧视觉产业的"卡脖子"环节给出了产业创新发展的对策建议。

第 12 章则聚焦于在未来国际新形势和数字化变革新趋势下，非对称创新理论应该如何进一步发展。首先，我国要形成"以国内大循环为主体、国内国际双循环相互促进的新发展格局"，需要确立创新在构建新发展格局中的核心地位。我们阐述了改革开放 40 余年来创新演进的历程，详述了新发展格局下创新核心地位确立的战略任务和总体思路，这为非对称创新理论的进一步发展提供了新方向。其次，聚焦于数字化变革新情境，我们剖析了数字组织的内涵和结构，解析了新情境对创新战略理论的影响以及非对称创新理论未来的发展方向。

本篇是回顾和展望，是对非对称创新理论的实践应用的总结，也是新发展格局、新发展趋势下，非对称创新理论未来可能发展方向的概述，期待更多学者与我们一起为构建中国创新理论贡献力量。

大变局下的中国式技术赶超

2017 年到现在，国际格局发生了翻天覆地的变化，由于中美之间的科技脱钩，以及美国对中国的技术封锁、人才封锁和供应链封锁，中国企业技术赶超面临的 MIT 情境出现新的特征，突出反映在技术可获得性、国际市场合法性、创新人才的流动性等严重受阻。如何在新发展格局背景下实现我国产业和企业的非对称赶超是摆在我们面前的艰巨挑战，中国与西方国家之间的科技竞争到了白热化的阶段，在百年未有之大变局下，这给非对称创新的理论研究提供了新命题。

11.1 大变局下的情境变迁

（1）新型制度体制。中国企业面临新型全球化的巨大挑战，中国参与全球经济博弈面临前所未有的变局。我们希望积极参与国际规则的制定，构建人类命运共同体，建设发展共同体、创新共同体，就需要积极应对发达经济体对我们的排斥和封锁，要通过规则、规制、管理、标准的制度型开放，高质量实行对外开放，持续修正自身的问题和不足，提高自身在国际格局中的合法性。百年未有之大变局带来的新型全球化，对中国来说是政治、经济、军事、文化等全面崛起挑战传统规则的全球化，会带来"修昔底德陷阱"。当别人认为中国在挑战美国的领导地位时，就会出现长期且复杂的伟大斗争。同时，中美两个完全不同意识形态、不同价值观、不同文化背景的国家之间的博弈，势必导致十分复杂的国际格局变化。此时的中国企业必须建立全面的国际合法性思维，建立全球创新共同体，高水平对外开放，构建具有全球竞争力的创新生态系统，并通过管理制度、规则标准的开放，构建创新协同共同体。我们应该表明态度，严格遵循国际合法性和规则，为人类命运共同体贡献智慧。我们应该包容两种价值观、两种制度、两种文化，必须承认未来百年仍是两种形态并存共荣的时期，包容性和合法性是企业全球化必须遵循的规则。

（2）新型文化体制。全球化不仅仅是经济、科技的全球化，也是文化、价值观的全球化。之前，西方国家对我国的文化和价值观是相对包容的，现在我们主动行动起来，但要在全球通过"一带一路"倡议、推动构建发展共同体等来推广自己的价值观就必须让我们的文化和价值观具有强大的包容性。中国走向世界舞台中央，就要让文化和价值观也走向中央，就需要建立具有高度包容性的文化和价值观。

（3）新型技术体制。新型全球化要求建立新型经济合作关系，这种关系在基础层体现在产业链、供应链和创新链的合作上。新发展格局不能一味要求全部产业都建立自己独立的产业链、供应链和创新链，如果 97 个大类产业都建立独立的产业链和供应链，我们就会失去全球经济体内的合法性。全球产业链一定是包容发展的，允许存在多样性、可共存的游戏规则。我国产业和企业要从全球化层面去思考"如何遵守国际法律规则？""如何保护国际知识产权？""如何让全球老百姓都能够生存发展？"等问题。我们强调"强链补链"不是意味着什么都自己干，而是要思考：哪些环节必须自己干，哪些环节要别人干；什么领域由我为主来制定全球标准，什么领域应该尊重别人的标准；等等。这是在新型全球化下，我国企业要积极主动、高质量地融入全球所应考虑的问题。新型全球化绝对不能全部关起门来自己干，一定要开放来干。但是，研发投入的成本分享一定是有国别属性的，不能随意破坏国际知识产权规则。

以上情境变迁给中国企业的技术赶超提出了新的要求，要求我们自身不断完善创新赶超的情境条件。

在市场体制上，要更加坚定地实行"新型市场换技术"。要坚持以市场换技术，因为当下能够拿到国际市场上去换技术的核心能力还是我国的市场资源。要进一步做好市场开放所必须遵循的合法性规则，建设开放型市场、制度型市场，引导企业尊重国际知识产权制度、人权制度、财产权制度等。做好"新型市场换技术"就需要探索新型举国体制下的创新体制，比如，发挥国家战略科技力量的作用，重构研究型大学、国家实验室和创新型企业的关系，让科技领军企业成为真正的创新主体。

在制度形态上，要更加坚定地实行制度型开放。在伟大斗争中实现中华民族伟大复兴是非常不容易的。面对百年未有之大变局的中国企业，既要融入国内大循环，又要融入国内国际双循环，怎么去实现确实是个全新的命题，其中最大的挑战来自中国企业总体上是后来者。中国企业的全球化发展存在新来者劣势、后来者劣势，同时还面临外来者劣势、来源国劣势，后两方面的劣势是短时期内难以消除的，因为这涉及社会制度、意识形态的竞争，因此中国企业一定要考虑制度竞争的不平衡性、文化竞争的不平衡性。党的二十大报告提出了"稳步扩大规则、规制、管理、标准等制度型开放"，这十分重要。企业要遵循制度型开放原则，包容发展模式的多样性、文化模式的多样性，不能把企业变成"唯我独尊"的山大王，要鼓励企业适应制度型市场。

在技术体制上，要更加坚定地开展开放合作。建设开放的、能够跟国际合作的体系。比如新能源车方面，其他国家在市场上是落后于我国的，但是，它们在新能源技术上并不一定落后，北欧国家的绿色技术就做得很好，因此可以研究如何与北欧国家合作共享科技成果，但要遵守国际规则去与北欧国家建立新型合作体系。我们要把国际规则纳入技术体制中，比如，可以推动国际股权合作来落实有规则的国际合作，完善面向全球开放的技术体制。如果不能以全球共同准则去开展合作，就建立不起开放协调的技术体制。

11.2   构建创新追赶双循环格局

11.2.1   新发展格局下创新追赶的挑战

应对百年未有之大变局，国家提出构建"以国内大循环为主体、国内国际双循环相互促进的新发展格局"。刘鹤强调："构建新发展格局，关键在于实现经济循环流转和产业关联畅通。根本要求是提升供给体系的创新力和关联性，解决各类'卡脖子'和瓶颈问题，畅通国民经济循环。"[一]我们可以从"国内大循环""国内国际双循环"中认知到"卡脖子"和瓶颈问题的严重性，看到科技创新已成为解读追赶难题的唯一选择。

新发展格局下要重点解决的关键"卡脖子"和瓶颈问题主要有三类。第一类是"从 0 到 1"的原始创新缺乏。中国创新体系仍在效率改进与结构升级上陷入低层次的"路径锁定"。[二]事实上，我国的信息通信、高端装备、工业基础材料、航空航天、生物医药等关键领域和关键产业存在明显短板。第二类是高质量制造技术缺乏。在世界品牌实验室发布的 2023 年《世界品牌 500 强》中，中国只有 48 个品牌上榜，远低于美国的 193 个。第三类是创新体系内资源要素流动不畅，运行效率不高。长期以来，由于我国技术要素的"双轨制"，技术成果在高校、科研院所和企业之间自由流动面临深层次的体制机制障碍，技术要素市场的活力被严重抑制，区域创新两极化差距明显，区域协同创新难度较大。此外，企业作为创新主体的地位需充分得到激发。进一步，虽然企业与高校、科研院所合作的重点科技攻关项目有所增加，但企业并未成为技术需求选择、技术项目确定的主体。

要解决绝大部分产业面临的"掐头""去尾""中塌方"三类关键"卡脖

⊖ 刘鹤. 加快构建以国内大循环为主体、国内国际双循环相互促进的新发展格局（学习贯彻党的十九届五中全会精神）[N]. 人民日报，2020-11-25(6).

⊜ 魏江，王丁，刘洋. 非对称创新：中国企业的创新追赶之路 [J]. 管理学季刊，2020，5(2)：46-59.

子"问题，要保障我国企业继续创新追赶，就要下决心创造强大的科技体制。第一，大力加强基础研究，从源头上支撑原始创新的迸发，全面提升基础研发的投入和人才培养。第二，切实打造以企业为主体的技术创新体系，激发企业的创新主体地位，重点构筑企业为主体的技术创新体系。⊖当前，高校、研发机构、中介机构等并未构建起分工协作、有机结合的创新链，⊖而这一创新链中企业为主体才能真正实现全链条贯通，因此，激励企业大幅提升基础研究研发投入，构建以企业为主体的创新生态系统是重要战略任务。第三，充分融合本土创新体系与全球创新网络。中国目前吸引和集聚全球创新资源的创新环境尚不完善，与美国、德国、瑞典、以色列、日本等国家相比，中国创新环境的吸引力相对不足。⊜由于缺乏关键共性技术，中国在国际大科学计划或跨国科技合作项目中的参与度较低，在应对一些全球性共同挑战的联合科研攻关中贡献度较为有限。因此，充分融合本土创新体系与全球创新网络是新发展格局下创新核心地位确立的重要战略任务。

要做好以上三部分战略任务，需要处理好以下三对关系。第一，处理好科技自立自强与高水平对外开放之间的关系。科技自立自强与自力更生、自主创新一脉相承，与开放合作并非对立。⑭自立自强是指在关键节点、核心技术、基础设施方面要自立自强，不是"完全自主创新"，也不是"赢者通吃"。"在开放中创造机遇，在合作中破解难题"，就是要从全球化格局去思考，而不能"关起门来搞创新"。过去 40 多年是我国共享人类科技进步的 40 多年，接下来的高水平对外开放要提供我们自己的创新技术供给，为人类命运共同体贡献中国智慧、"中国方案"。第二，处理好国内大循环和

⊖ 孙聪，魏江.企业层创新生态系统结构与协同机制研究 [J].科学学研究，2019，37(7)：1316-1325.
⊖ 杨忠，李嘉，巫强.创新链研究：内涵、效应及方向 [J].南京大学学报 (哲学·人文科学·社会科学)，2019，56(5)：62-70.
⊜ 熊鸿儒.中国创新体系的开放进程与转型挑战 [J].学习与探索，2017(1)：132-140.
⑭ 央视网：《科技自立自强与开放合作不是对立关系而是辩证统一》.

国内国际双循环之间的关系。超大规模、多层次的国内市场是我国参与国际合作、获得竞争优势的基石。通过发挥内需潜力、深化供给侧结构性改革，吸引全球商品和资源要素，积极融入国际大循环。进一步，这将反过来提高国内大循环的效率和水平。处理好国内大循环和国内国际双循环之间的关系，实现两个市场、两种资源的互联互通是新发展格局的关键基础。第三，处理好区域合作和产业升级之间的关系。国内大循环不是"各地区的小循环"，需要健全跨区域合作、组织协调产业转型升级。长三角、珠三角和京津冀三个核心区域是关键，通过建立跨省、跨区域的对口支持与帮扶机制，加强长三角区域各类产业政策的全面对接，建立差异化区域考核机制等，推进区域产业分工布局合理化，形成区域产业在空间上的错位发展是新发展格局下创新核心地位确立必须关注的重点。

11.2.2　实现新发展格局下的科技创新双循环

11.2.2.1　科技创新双循环战略的必要性

（1）打通国际科技创新循环的必要性。改革开放以来，中国企业科技创新经历了从"走出去"到"走进去"再到"走上去"的过程，通过借鉴国外先进的技术与管理，打破了中国企业的"后来者诅咒"，为自身创新追赶提供了重要保障。但在传统的"引进–消化吸收–创新"模式下所形成的产业循环往往仅注重对技术的引进和吸收，对知识输出与扩散则有所忽视，导致在科技创新上存在着国内循环与国际循环相脱节，国内国际两个市场创新要素相割裂等问题。随着中国企业创新能力的跃迁，在科技创新上，中国企业越来越强调以关键核心技术和高端生产要素等为发力点。这就要求中国企业主动参与国际分工，打通国内国际两个市场的产业链、创新链和价值链，推动我国技术创新从国内单循环为主向国内国际双循环联动转变。

（2）开放国内科技创新循环的必要性。科技创新不能故步自封，我们不能关起门来自己干，而要开放国内创新循环，主动融入全球创新链。在科技创新双循环体系下，一方面，中国企业可以通过主动参与国际科技分工，与欧美发达经济体企业进行合作，双方都有所为，发挥各自的优势，最终实现双方的互利共赢并解决国际社会发展过程中的共同问题；另一方面，中国企业可以通过基础研究、关键核心技术开发、技术标准制定等领域的开放与合作寻找与国际创新链的"接入点"，从而整合国内国际两个创新链，使双边创新要素实现高效协同。

（3）为全球命运共同体贡献中国智慧的必要性。随着中国经济的发展、科技实力的提升以及未来"两个一百年"奋斗目标的实现，中国有能力也有必要为应对国际社会中各类问题和挑战更多地贡献中国的解决方案。通过这种方式，中国可以在全球范围内吸引优质合作者，从而有效推动中国科技创新与国际接轨，特别是在基础研究和前沿技术研究方面对接国际最先进水平。此外，通过向全球命运共同体贡献中国智慧，可以彰显中国负责任的大国形象，使中国在国际社会上获得应有的尊重和地位。

11.2.2.2　科技创新双循环的思路

（1）打造国际科技创新联盟。国家有必要重点打造一批国家间、产业间以及企业间的国际科技创新联盟，通过制度设计，引导联盟成员进行开放合作，在更广泛的技术领域上实现研发合作与知识共享。通过这种方式，既可以有效推动中国企业更深度地融入国际创新链与价值链，又可以使中国企业直接对接国际前沿技术，为构建全球人类命运共同体输出中国智慧和解决方案。例如，华为、海尔、联想等一大批中国企业已经通过组建企业间的创新联盟连接全球创新体系，实现了自身技术水平的提升和创新能力的跃迁。未来需要构建长效机制和政策体系来引导多种类型的创新主体参与国际科技创新联盟，并倡导联盟成员开展更深度的开放与合作，在全球范围内构建完整的创新体系，尤其在创新要素、高端生产要素上与全球连通，在科技链上形成全球分工。

（2）**构建基础研究共同体**。我国还有必要在全球范围内构建基础研究共同体来弥补我国自主创新的短板。基础研究主要涉及对数学、物理、化学等基本科学的原理性研究，可以激发新思维方式，产生革新性的思想和概念，从而驱动更多领域的技术革新，是应用创新的源头。目前我国基础研究仍较为薄弱，而一些关键核心技术"卡脖子"的难点往往在于背后最基本的技术原理问题还未能得到解决，例如，我国在新材料技术、芯片技术、尖端装备制造技术等方面与发达经济体的差距很大程度上源于在数学基础算法和物理原理等领域基础研究的不足——国内创新链出现"断头路"问题。基础研究本身难度大，研发周期长，失败风险高，且对人才和基础设施有着极高的要求，导致我国在基础研究领域的破局面临严峻挑战。对此，我国可以采取打造基础研究共同体的策略，通过设立基础研究基金、基础研究项目合作、重大核心技术协同攻关、科技基础设施共享等方式，以基础研究为引领，激活和带动国内整个产业链和创新链的高效循环，并找到嵌入国际创新链与价值链的关键结合点。

（3）**尊重和保护知识产权**。近年来，在中美贸易摩擦中，美国屡屡针对中国知识产权问题发难，例如指责中国政府"利用部分工具控制或干预美国企业在中国的运营，以便将技术和知识产权转让给中国企业"。对此，中国应该进一步在知识产权领域发力，例如强化知识产权立法工作，完善知识产权法律保护体系，加强对知识产权的执法力度，依法打击知识产权侵权行为等。此外，中国还要与世界各国加强知识产权保护的合作，推动各国在市场化、法制化原则上开展技术交流合作。营造尊重知识价值的创新生态环境，也可以在全球范围内吸引更多创新合作伙伴，从而在知识产权领域有效打通国际创新链。

（4）**参与国际标准制定**。随着新兴技术的快速迭代与发展，"标准先行"成为新兴产业创新的重要战略模式。例如，物联网、云计算、三网融合等全球新一代信息技术产业竞争的实质是技术标准之争，因此技术标准化已经成为中国参与国际竞合的必然发展要求。参与国际标准制定，有利于我国企业将组织深度嵌入全球研发网络体系，强化与各研发节点的关联，进而促进协同创新和知识共享，掌握行业前沿技术。中国企业有必要主动接轨国际标准，积极推行中国标准"走出去"的策略。首先，我们要鼓励中国企业积极参与国际标准的制定，特别是在中国有优势、特色的一些产业或领域，中国企业需要在国际标准制定上掌握绝对的话语权并做出应有贡献。其次，我国要主动与国际标准进行对接，例如与欧美发达经济体签署标准互认协议，在技术标准上与其他国家达成一致，以破解中国企业与国外企业研发合作过程中标准不一致、不匹配的难题。

（5）发挥制度优势。首先，我们要充分发挥我国社会主义制度集中力量办大事的独特优势，集中优质创新资源来引领创新方向，聚焦于关键核心技术攻坚，重点解决科技创新双循环中各类"卡脖子"技术等瓶颈问题。其次，我们要充分发挥我国政府强有力的宏观调控的优势，政府通过统筹全局，有力协调和配置国内、国际两个市场的优质创新资源，引导科技创新双循环体系高效运转。最后，我们可以利用转型经济体的特殊制度环境来催生各种类型的制度创新，包括按劳分配为主体、多种分配方式并存的分配制度等，激活各类创新主体参与科技创新的积极性，为国内科技创新循环和国内国际科技创新循环提供政策与制度保障。

11.3　新发展格局下的产业技术赶超

本节以智慧视觉产业为例，针对新发展格局下运用非对称创新理论实现产业赶超提供建议。智慧视觉是战略性新兴产业，我国相关核心企业海康威视、大华、海能达、华为、中兴等均被列入美国"黑名单"，被限制芯片供应，被封锁制造设备供应等。因此，基于非对称创新理论，比较中美智慧视觉产业供应链体系的优劣势，识别我国智慧视觉产业的技术和零部件断裂点，对于支撑我国智慧视觉领域科技自立自强、抢占未来科技和

产业发展的制高点具有重要意义，对其他产业的技术赶超亦有一定的借鉴
意义。

11.3.1　智慧视觉产业的发展历程

　　智慧视觉产业依托于视觉计算，聚焦于感知智能的图像捕捉、图像运
输、图像储存和分析，实现在安防、制造、政务、医疗、零售等行业的应
用。Marr 提出了视觉计算的理论与方法，提出通过计算的方式实现二维图
像到三维结构的复原。后来，视觉计算成为一门独立学科。随着大数据、
深度学习、运算能力等的高速发展，视觉计算已广泛应用于城市安防等领
域，填补安防领域人眼识别的不足。视频监控经过四个阶段发展，已经初
步与数字化、人工智能相结合，形成智慧视觉产业。智慧视觉产业是指通
过计算机模拟人的视觉功能，从客观事物的图像中提取信息为手段，利用
"视频 + 人工智能 + 数据"构建视频监控平台，实现安防智慧升级所形成的
产业。产业链包括上游、中游、下游三个部分，我们所提的智慧视觉产业
特指应用于视频监控领域的智慧视觉。

　　2020 年我国智慧视觉产业市场规模达 860 多亿元，占整个人工智能行
业的 57%，智慧视觉逐渐成为人工智能领域最重要的研究方向。[⊖]智慧视
觉产业生态比较开放：产业链上游包括算法（如图像处理、视频压缩算法）、
芯片（如图像传感器芯片）和其他零部件（如光学镜头和硬盘存储器），而
核心半导体决定视频质量；中游包括设备产品设计和制造（如摄像机、存
储录像设备、显示设备以及交换机等）等；下游包括产品分销、运营服
务等。[⊜]

　　虽然我国智慧视觉产业起步较晚，但发展迅速，经过模拟监控、数字
监控、网络高清监控、智能监控四个阶段发展（见表 11-1），已步入世界领

　　⊖　陈志宏、王明晓．计算机视觉在智慧安防中的应用 [J]．电信科学，2021，37(8)：142-147.
　　⊜　王振兴．近似动态规划在供应链生产环节风险管理中的应用研究 [D]．北京：清华大学，
2009.

先行列。[⊖]目前，智慧视觉产业发展加速，市场规模显著扩大，需求侧与供给侧多元化加剧，产业成员走向竞合。为满足国家安全需求，产业逐步实现全链条国产化。

表 11-1 我国智慧视觉产业的发展历程

阶段	时间	特点	代表企业
模拟监控	1979 ～ 1984 年	国外视频监控概念进入中国，主要应用在博物馆等特殊单位，产业法律、法规空白	C&K，ADEMCO，索尼，松下
	1985 ～ 1999 年	国外产品进入，代表产品是模拟摄像机及磁带录像机，法律、法规开始构建	Honeywell，JVC，SANYO
数字监控	2000 ～ 2004 年	视频监控产品品类逐渐丰富，企业逐渐增加，金融、交通、楼宇等方面逐步应用	TYCO，BOSCH，三星
	2005 ～ 2010 年	市场规模逐步扩大，网络监控发展壮大，从产品向系统集成方向发展	VERINT，AXIS，NICE
网络高清监控	2011 ～ 2016 年	从系统集成向解决方案、行业化及平台化发展，"平安城市"大力促进发展	海康威视，大华，宇视科技
智能监控	2017 ～ 2020 年	人工智能赋能智慧视觉，人脸识别得到快速发展，视频结构化及大数据介入，人工智能企业入局	商汤，依图，华为，云从科技，旷世

资料来源：根据黄凯奇等的文章（黄凯奇，陈晓棠，康运锋，等.智能视频监控技术综述 [J].计算机学报，2015，38(6)：1093-1118.）及公开资料整理。

随着智慧视觉产业的发展，产业生态在以下几个方面出现变化。第一，市场需求方从政府向企业与个体消费者拓展，需求多元化；应用场景扩大，传统视频监控产品和解决方案不断向多场景拓展。第二，市场边界被打破，产业开始融合。[⊜]市场供给方更加多元化，ICT 和人工智能算法的领军企业

⊖ 黄凯奇，陈晓棠，康运锋，等.智能视频监控技术综述 [J].计算机学报，2015，38(6)：1093-1118.

⊜ 李仲男.安防产业发展研究——解读数字化转型 [J].中国安防，2021(Z1)：28-35.

开始进军智慧视觉行业。第三，企业间合作加强，形成生态竞争。人工智能在智慧视觉领域的应用是场景化、碎片化的，涉及模型、硬件、应用、场景等多个环节，任何一家企业都无法独立打造完整产业链。

11.3.2　MIT 模型下我国智慧视觉产业的优势

通过对市场与企业的分析，我国智慧视觉产业在过去一二十年之所以能取得快速发展，我们认为在于三大优势：市场优势、制度优势与技术优势。

市场优势。我国智慧视觉市场具备基础雄厚、市场规模大、市场层次明显、产业壁垒高等特点，产业链中各层级产品均存在应用市场。①基础雄厚。中国智慧视觉产业资本雄厚，拥有坚实的产业基础，这有利于新技术的开发，有利于实现"强者恒强"的局面。②市场规模大。我国智慧视觉市场需求总量突破 5 亿台，市场总规模突破 500 亿元。预计 2025 年市场规模可达到 1500 亿元，带动相关产业规模预计达 4800 亿元。[○]③市场层次明显。我国智慧视觉市场的分布在地域上存在明显梯度，不同层级（市、县、镇等）市场之间存在较大差距，智慧视觉产业链中各层级产品均存在被市场接受的可能。④产业壁垒高。中国独占两个行业巨头企业，海康和大华基于行业的理解，立根于视频解码，软硬件结合，为终端提供一体化解决方案，具有较强的市场影响力。智慧视觉行业壁垒明显，新进入者需要积累应对多元应用场景的经验，难以快速获得通用技术以绕开壁垒。中国智慧视觉产业在行业资源积累上具备明显优势。

制度优势。我国政府大力开展"雪亮工程""智慧城市"等，创造出体量巨大的制度型市场，有利于智慧视觉产品试验应用，形成产业"试验田"，推动智慧视觉产业不断进步。"雪亮工程"是联合三级（县、乡、村）

㊀　魏江，应震洲，刘洋. 智慧视觉产业现状分析与发展建议 [M]// 陈方若. 安泰行业评论：第一卷. 上海：上海交通大学出版社，2022：1-12.

治理中心，以智慧视觉为基础，以实现全区域、全时段覆盖与全程可控为目标的公共安防工程。[⊖]2015 年起，公共安全视频监控被提到国家安全领域的战略高度，"雪亮工程"被纳入国家"十三五"规划。"雪亮工程"的推进为智慧视觉产业带来众多发展机遇，各"雪亮工程"实施城市对摄像头硬件及监控综合平台的需求旺盛，形成了制度型市场。拓展应用场景扩大了智慧视觉市场的规模。

此外，我国还出台大量"智慧城市"的扶持政策。2014 年 3 月，中共中央、国务院印发《国家新型城镇化规划》，提出推进智慧城市建设，将网络信息宽带化、规划管理信息化、基础设施智能化等作为主要建设方向。随后 5 年间，从中共中央、国务院到各部委连续出台了 6 个有关"智慧城市"建设的政策，涉及智慧安防、智慧交通等智慧视觉产业的应用场景，极大地推动了智慧产业发展。智慧视觉企业通过技术融合创新逐步衍生出安防机器人、智能巡检机器人、防爆机器人、智慧安防平台等一系列创新产品和服务模式。[⊜]

技术优势。智慧视觉产业对前端摄像技术具有较高要求，而我国摄像机算法核心技术、5G 摄像机关键技术、视频编解码技术已处于世界领先水平。一是进入数字化时代，基于 CMOS 传感器的核心算法已突破日本垄断，形成群雄逐鹿的市场体制，这给予中国智慧视觉厂商更多的竞争机会。各大国内企业可以根据自研算法适配不同的芯片，搭载具备知识产权的自制摄像机，摄像机表现出更加优越的性能。二是 5G 摄像机关键技术和视频编解码技术（如智能流控技术、智能编码技术、智能解码技术等）逐步发展为国际领先水平，[⊝]其中我国制定的新型音视频编码国家标准逐步在国际范围获得推广使用。

⊖ 黄波，杨安，陈琳，等. 基层社会治理体系和治理能力现代化——大数据与"雪亮工程"机遇、挑战 [J]. 中国公共安全，2018(7)：149-159.

⊜ 毛亮. 智能视频分析技术在智慧城市中的发展与深度应用 [J]. 中国安防，2017(6)：49-52.

⊝ 李丹. 5G 开启智能安防产业新征程 [J]. 中国安防，2019(6)：42-46.

11.3.3 我国智慧视觉产业的"卡脖子"环节

虽然我国智慧视觉产业已处于国际前列，但是科技创新能力存在一系列薄弱环节，突出反映在：图像传感器高端产品被垄断；芯片严重受制于人；储存硬盘由国外寡头把控；国外垄断算法基础框架研发。

（1）智慧视觉图像传感器像素要求高，国内厂商于中低端市场供货，高端市场被国外巨头瓜分。应用于智慧视觉产业的摄像机像素需求较高，需要满足智慧视觉"看得清、看得远"的要求。CMOS 传感器以低成本、低功耗、高清晰度的优势取代了 CCD 传感器，[一]但国内 CMOS 厂商仍以中低端供货为主，高端传感器技术掌握在国外巨头手中，高端市场被巨头瓜分。国内厂商方面，思比科等主要通过渠道代理商出货，开始逐步拓展智慧视觉市场；豪威科技则直接面向海康威视、大华股份供货。

（2）产业内人工智能芯片种类多、要求高，但国内集成电路制造工艺水平低，阻碍芯片产业发展。人工智能芯片暂无广泛接受的定义，广义上所有能运行人工智能算法的芯片都可称为人工智能芯片。智慧视觉行业对于人工智能芯片的要求突出体现三点：一是算力要求不断提升；二是芯片集成度越来越高；三是云边芯片统一架构成为趋势。随着智能化持续发展，同一算法模型需要同时在云端和边缘设备灵活部署。人工智能芯片在智慧视觉产业中需要具备前端实时处理复杂应用环境和在多种室外环境下可靠工作的能力。[二]我国人工智能芯片严重受制于人，相关技术领域分别由国外不同厂商垄断（如高性能人工智能芯片主要由英伟达、Intel 提供；高端传感器芯片主要由索尼、三星提供；储存器芯片主要由希捷和西部世界提供）。芯片制造需要依托集成电路制造工艺（涉及材料、光刻、蚀刻技术），但是我国集成电路制造工艺水平不够高，还不能满足高端芯片的产出，14 纳米以下的制造工艺我国还未掌握，这限制了高端芯片于智慧视觉的应用。

⊖ 蔡磊涵 . CMOS 图像传感器在监控市场主导地位提升 [J]. 中国安防，2015(10)：2-6.

⊜ 李红莲 . AI 专用化芯片正成大趋势 加速安防产业智能化变革与升级 [J]. 中国安防，2018(6)：2-11.

（3）产业内储存硬盘要求严格，技术与市场均被国外寡头占据，国内缺乏发展基础。智慧视觉产业所需硬盘主要用于数字硬盘录像机和监控影像系统，需要硬盘能够"24×7"连续运作，相比于个人计算机在能耗与兼容性方面要求更高。由于应用场景的特殊要求，硬盘需具备以下特点。一是采用智能寻道技术以优化寻道速度，降低能耗、噪声和振动，提高运转流畅度。二是需要缓存技术为数字视频录像和回放做优化。三是搭载斜坡加载技术以确保硬盘在启动、停转和不工作时停放磁头。四是使用不锈钢外壳将工作噪声最小化，达到噪声低于 15 分贝的程度。智慧视觉储存硬盘市场主要被希捷和西部数据美国两大寡头占据，二者规模优势明显，其他企业难以突破壁垒进入。我国企业在硬盘零部件上与美国企业差距显著。我国硬盘产业发展缓慢，但硬盘并不是智慧视觉产业市场的独特零部件，考虑到我国传统个人计算机硬盘市场较大，美国不太可能对我国硬盘市场采取断供措施。

（4）国外垄断算法基础框架，我国企业需获得国外企业授权。国外企业垄断开发算法基础框架，我国企业难以介入，并且需要获得国外企业授权才能在应用层面进行改进。就目前而言，我国企业暂未涉及底层框架。

综上，产业供应链的主要断点是半导体零部件，包括图像传感器、人工智能芯片、储存硬盘等。为阻碍我国智慧视觉产业进一步发展，美国对我国视觉智慧领域的核心进行技术封锁，针对我国的半导体产业实行三大攻"芯"策略，围攻我国半导体产业。这使智慧视觉产业供应链出现以下"卡脖子"环节：一是高端芯片供应链断裂，成品芯片的供应受限；二是制造设备封锁，超高端光刻机禁售；三是产业链内迁至排华的"美国半导体联盟"。

第一，高端芯片供应链断裂，成品芯片的供应受限。美国通过国家政策，限制我国芯片龙头企业发展。根据美国政策变更，使用美国芯片制造

　　王啸虎.浅析固态硬盘与机械硬盘的存储方案在各领域及安防行业的应用[J].中国安全防范技术与应用，2020(3)：18-22.

设备亦需要获得政府许可，致使我国芯片龙头企业（如华为等）和智慧视觉产业企业（如海康、大华等）被"卡脖子"——不仅高端芯片被卡脖子，成品芯片供应也严重受限，严重限制了我国智慧视觉产业的发展。

第二，制造设备封锁，超高端光刻机禁售。EUV 光刻机全球唯一供货商 ASML 受美国等西方国家严格控制。美国限制 ASML 对中国出口高端光刻机（5 纳米、7 纳米）。首先，ASML 的大股东、二股东分别为资本国际集团、贝莱德集团，这两家公司都是美国公司。其次，EUV 光刻机的核心零部件仅有 10% 是 ASML 提供的，最核心的顶级光源、高精度镜头和精密仪器制造技术均由德国和美国公司提供。⊖超高端光刻机关键零部件的光源、镜头和阀件分别从美国、德国和法国进口，所有核心零部件均对中国禁运。最后，ASML 与 Intel 签订战略合作协议，且 Intel 占据 ASML 一定的股份。因此，美国可以轻松联合 ASML 等制造设备公司对我国智慧视觉产业中的芯片发起封锁，让我国在半导体制造端举步维艰，即使设计出 7 纳米的芯片也无法制造。芯片的发展停滞让智慧视觉产业进步减缓。

第三，产业链内迁至排华的"美国半导体联盟"。美国联合欧洲及日本、韩国等国家和地区的半导体公司，包括芯片制造商（如三星等）、设备厂商（如尼康、ASML 等）和芯片 IP 巨头等成立"美国半导体联盟"，⊖将中国大陆企业排除在外。美国还试图将半导体产业链回迁至美国本土，已要求一些制造商将重心转移至美国，中国或面临更为严重的芯片断供。

11.3.4 非对称创新视角下的赶超建议

对企业而言，要通过充分利用我国优势，构筑产业创新生态，采用非对称创新思维来解决"卡脖子"问题。

第一，把我国市场、制度、技术优势转化为企业自身的竞争优势。一

⊖ 郭乾统，李博. 基于光刻机全球产业发展状况分析我国光刻机突破路径 [J]. 集成电路应用，2021，38(9)：1-3.

⊖ 快科技：《索尼独占全球图像传感器过半份额 三星第二》。

是响应"国内大循环为主体、国内国际双循环相互促进"的国家战略，充分利用国内的超大规模市场和国际市场，构筑自身竞争优势。政府应鼓励国内产业巨头向"一带一路"沿线国家输出产品，尊重国际规则，减少海外国家对信息安全的顾虑。二是充分利用我国制度优势，依托制度型市场构筑自身竞争优势。例如，海康威视依托"雪亮工程""平安城市"等政策进军新疆各城市，扩大应用市场。三是依托我国坚实的产业基础，不断提升产业整体竞争力。

第二，构筑产业创新生态，联合突破"卡脖子"技术。一是智慧视觉产业龙头企业与芯片、人工智能、硬盘等行业龙头建立联盟，就共性技术进行深度研发合作，共同突破"卡脖子"技术的制约。就目前被"卡脖子"的半导体零部件环节，建议安防龙头企业与华为海思和中芯国际签订战略合作协议，共同出资进行芯片研发、制造和应用，加速芯片追赶。二是依托物联网、人工智能等技术营造中国的产业生态系统，联合行业内的参与者、高校与科研机构、政府有关部门等形成健康的生态系统——产业生态系统内，各主体突破信息与技术壁垒，整合人力、技术资源，实现协同创新。

第三，采用非对称创新思维，实现非对称赶超。非对称创新是通过识别和重新定义非对称资源进而逐步获取竞争优势实现技术赶超的创新战略。[⊖]"非对称"具备两方面含义，一方面指代识别独特但无价值的"非对称资源"并将之转化为独特且有价值的"对称资源"的过程；另一方面表征中国企业不是与其国际领先的竞争对手按照它们所主导的范式进行"对称"的竞争，而是另辟蹊径，从国际领先的竞争对手所不重视的要素出发逐步形成优势的过程。一是企业制订"采购＋备胎"的混合创新方案。一边持续性地向原本的供应商采购高端零部件，一边选择性地进行技术突破，选择具备产业基础且真正必须突破的节点进行攻克。我国智慧视觉企业切不可脱离国际轨道，一方面要继续保持开放，吸收外国先进技术；另一方

⊖　魏江，王丁，刘洋. 非对称创新：中国企业的创新追赶之路 [J]. 管理学季刊，2020，5(2)：46-59.

面要有忧患意识，对可能被"卡脖子"的技术或者零部件开启自研道路，降低对国外供应商的依赖程度，在实践中进步。二是制定非对称组织学习模式、设计非对称组织架构，通过非对称组织治理寻找非对称赶超路径，进而获取竞争优势。[⊖]

在智慧视觉产业中，政府要起到"领航员"的作用，帮助智慧视觉产业探明基础道路：一是坚定不移扩大智慧视觉领域国际科技高水平开放合作；二是利用新型举国体制优势打造智慧视觉产业生态；三是制定新型行业国际标准，实现非对称创新赶超；四是强化战略科学家的作用，创新产教融合模式。

（1）坚定不移扩大智慧视觉领域国际科技高水平开放合作。一是持续推动中美智慧视觉特别是半导体领域的科技交流与合作。持续加强中美两国高校、研究机构、民间团体之间的交流合作。充分挖掘我国多层次超大规模市场、制度型市场、5G 与智慧视觉融合等的优势，强化继续合作的谈判筹码，创新"市场换技术"模式，加强与美国企业间的合作，即使受到美国政府的打压，也可以选择主动与美国企业联系，采用类似吸引特斯拉建造工厂的方法，给予对方资源等方面的优惠，避免中美两国在智慧视觉领域的科技脱钩。二是深化与欧洲国家在图像传感器、芯片、储存硬盘、算法基础框架等领域的科技合作。以"新型市场换技术"等手段扩大与欧洲国家的产业合作。联合被美国霸权主义制裁的国家形成统一战线。三是开辟"第三空间"，在"一带一路"沿线国家，与高校、企业等民间力量建立联合实验室，集聚全球智慧。

（2）利用新型举国体制优势打造智慧视觉产业生态。一是政策联动，前瞻布局和统筹谋划智慧视觉产业生态系统。摸排智慧视觉产业链以及应用场景，厘清与相关产业的关联。政府协调不同部门、不同产业形成联动，在算法基础框架、智能芯片和高端芯片、超高端光刻机等关键"卡脖子"环节形成高校、科研院所、军工企业、优势国有企业与民营企业强强联合

⊖ 魏江，刘洋 . 中国企业的非对称创新战略 [J]. 清华管理评论，2017(10)：20-26.

的攻关。二是创造制度型市场作为国产替代的"试验田"。加大对国产芯片等核心零部件的政府采购力度和政策鼓励，充分发挥我国中低端市场的优势为国产替代零部件提供融入市场的机会，力争软硬件系统在"试错中学习"，不断实现本土替代和非对称创新。三是发挥我国超大规模市场、应用场景多、数据丰富的非对称优势，集中力量开发高质量数据和环境，激发数据网络效应——随着网络规模扩大，企业可以从中获得更大的价值，保障企业的迭代创新。

（3）制定新型行业国际标准，实现非对称创新赶超。一是制定新型音视频编码标准，突破美国标准垄断，增加国际话语权。目前由我国制定的新型音视频编码国家标准正逐步向全球范围推广，这使我国企业处于产业生态的中心地带，突破了美国对该领域的标准垄断。我国企业可以借助"一带一路"的帮助推广我国的国家标准，逐步让国际社会接纳我国新型音视频编码标准。二是融合 5G 与智慧视觉，通过技术互换实现非对称创新赶超。依托我国智慧视觉产业 5G 技术的先发优势（目前掌握了智能流控技术、智能编码技术等），在 5G 方面可以对国外技术授权，以此换取供应链中其他节点的技术使用权——通过技术互换实现我国智慧视觉产业供应链关键技术的追赶。

（4）强化战略科学家的作用，创新产教融合模式。一是全面摸排智慧视觉领域的中国和全球的战略科学家，设立"卡脖子"技术攻关特区。协同算法基础框架、智能芯片和高端芯片、超高端光刻机等领域的准世界级科学家和产业领军人才，以"超常规"方式设立以战略科学家为核心的研究攻关特区，并给予充足的科研资源、宽容的人才引育政策。对于国外战略科学家，以"一个国外战略科学家 + 一个国内战略科学家 +N 个中青年研究团队"（"1+1+N"）的方式组建研究攻关特区。二是产学研协同合作、产教融合模式创新，长期培育智慧视觉相关人才。创新国家实验室、国家技术创新中心、高校、科研机构、领军企业之间人才流动和人才培育的机制，完善以科研项目为纽带的联合培育机制。

第 12 章 ▶ CHAPTER 12

数字时代的非对称创新

12.1　数字组织提供了技术赶超新情境

根据习近平总书记的讲话，我国企业应抓住"世界新一轮科技革命和产业变革同我国转变发展方式的历史性交汇期"的有利时机，"以智能制造为主攻方向推动产业技术变革和优化升级""推动制造业产业模式和企业形态根本性转变"。以上判断基于数字化变革给我国制造业赶超带来的三大机会窗口——市场机会窗口、制度机会窗口、技术机会窗口，数字化赋能制造业实现非对称创新仍蕴含巨大潜力。数字经济时代给我国非对称创新带来巨大机遇，双边与多边平台、在线社区、生态系统等为代表的新组织在我国风起云涌。[⊖]

本章专门就数字时代的非对称创新做讨论，试图回答"数字时代的组织变迁是否为非对称创新提供了新情境、新机遇？"。本章先揭示数字组织

───────────

⊖　MAJCHRZAK A, MALHOTRA A. Effect of knowledge-sharing trajectories on innovative outcomes in temporary online crowds[J]. Information systems research, 2016, 27(4): 685-703.

刘洋，董久钰，魏江 . 数字创新管理：理论框架与未来研究 [J]. 管理世界，2020, 36(7): 198-217.

魏江，刘嘉玲，刘洋 . 新组织情境下创新战略理论新趋势和新问题 [J]. 管理世界，2021, 37(7): 182-197.

的本质是什么，[⊖]再讨论数字组织的出现为什么能为我国的技术赶超提供新情境。[⊜]具体从理论上回答：数字时代的资源基础观理论能否继续指导企业竞争优势的构筑？[⊜]战略性开放资源在今天新的制造业生态下，能否通过赋能参与者来实现技术赶超？^⑳以往强调组织应该追求资源控制权最大化的资源依赖理论是否需要修正？由此来说明数字组织情境已成为中国数字产业实现非对称技术赶超的关键。

12.1.1　组织形态变迁：数字组织的涌现

组织，其定义为"一个个体或者群体间协调行动的系统，这些个体或群体的偏好、信息、利益或知识各异"，^⑤至少要解决两个核心问题：组织内社会分工与协调整合。在这两个问题的解决过程中，如果有创新的方式出现即可认为是新组织。^⑥随着数字化情境下创新边界的模糊以及创新组织的开放，社会分工呈现个体自组织的趋势，协调整合的范围也由企业内部扩大到外部市场。按照这一逻辑，我们从社会分工主体和协调整合范围这两

⊖　RUMELT R P, SCHENDEL D, TEECE D J. Strategic management and economics[J]. Strategic management journal, 1991, 12(2): 5-29.
　　RUMELT R, TEECE D, SCHENDEL D. Fundamental issues in strategy[M]. Boston: Harvard Business School Press, 1994.
　　TEECE D J. Profiting from innovation in the digital economy: enabling technologies, standards, and licensing models in the wireless world[J]. Research policy, 2018, 47(8): 1367-1387.

⊜　陈冬梅, 王俐珍, 陈安霓. 数字化与战略管理理论——回顾、挑战与展望 [J]. 管理世界, 2020, 36(5): 220-236.

⊜　ADNER R, PURANAM P, ZHU F.What is different about digital strategy? From quantitative to qualitative change[J]. Strategy science, 2019, 4(4): 253-261.

⑳　LI J,CHEN L,YI J, et al. Ecosystem-specific advantages in international digital commerce[J]. Journal of international business studies, 2019, 50: 1448-1463.
　　SRINIVASAN A, VENKATRAMAN N. Entrepreneurship in digital platforms: a network-centric view[J]. Strategic entrepreneurship journal, 2018, 12(1): 54-71.

⑤　MARCH J G, SIMON H A. Organizations[M]. 2nd ed. New York: Wiley-Blackwell, 1993.

⑥　PURANAM P, ALEXY O, REITZIG M.What's "new" about new forms of organizing?[J]. Academy of management review, 2014, 39(2): 162-180.

个维度识别出了四个数字组织的特征：基础模块微粒化、组织架构平台化、组织关系网络化、组织情境生态化（见图 12-1）。

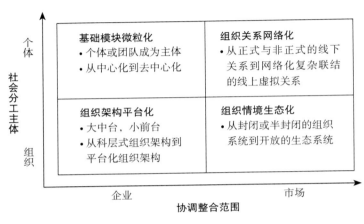

图 12-1　数字组织的特征

（1）**基础模块微粒化**。传统组织的任务分工或分配多以"自上而下"模式进行，中心化程度较高。近可分解性（near decomposability）的模块化组织架构往往通过规模效应和范围经济来提升效率，实现组织目标。[⊖]然而数字组织中基础模块却呈现微粒化趋势，即价值创造的主体由组织整体向自组织团队甚至个体转变。数字组织的任务分工呈现去中心化和透明化的趋势，任务分配也由组织内正式管理者指定向组织内个体或团队自我选择转变。[⊜]

例如，海尔的"人单合一"模式打破了传统的科层式架构，由员工自发组成的一个个自主经营体在海尔搭建的大平台上进行自创新、自驱动、自运转。[⊜]再如，在开源软件、Steam 创意工坊等的在线社区中，软件或游戏开发项目的负责人提出最初的任务构想，并将内部数据或模型公开给社

⊖　SIMON H A. Organizing and coordinating talk and silence in organizations[J]. Industrial and corporate change, 2002, 11(3): 611-618.

⊜　PURANAM P, ALEXY O, REITZIG M.What's "new" about new forms of organizing?[J]. Academy of management review, 2014, 39(2): 162-180.

⊜　HAMEL G, ZANINI M. The end of bureaucracy[J]. Harvard business review, 2018, 96(6): 50-59.

区内的所有成员；组织内的任务划分随着社区成员的参与而不断演化，且允许社区成员基于自身需求、偏好和技能自行选择相应的创新任务。此外，为弥补单一成员知识、技术和能力的不足，社区内具有相似目标的成员自发聚集在一起，以"自组织创新团队"的形式来完成任务。总之，基础模块的微粒化使组织形成一种社群模式，即"个体"或"自组织团队"基于特定目标自发聚散组成柔性共同体。

（2）组织架构平台化。与基础模块微粒化直接相关的是数字组织架构设计变得更加平台化，原有的科层式组织架构转化为由稳定的核心组件和可变的外围组件通过标准化接口进行交互的平台化组织架构。[⊖]平台化组织架构围绕稳定的产品系统组织独立参与者参与创新。按照系统逻辑，组织内部有大量微粒化的基础模块，各模块通过具有标准接口的界面连接来保持平台化组织架构的稳定性，以及与任务多样性和演化敏捷性的平衡。[⊜]虽然社会分工的主体依然是组织整体，但平台化组织一方面可通过模块化的产品架构将创新任务分解成离散的组件，降低任务分工的复杂性，促进组织内部各模块的并行创新；另一方面可通过标准化接口让大量基础模块之间的连接和交互变得容易，能够通过一种相关方"认可的和预先确定的方式"进行，以此减少组织协调和整合的工作量。[⊜]

例如，芬兰游戏公司 Supercell 因不满"自上而下"的组织架构对游戏开发者创意的消磨，通过设置一个资源整合和能力沉淀的技术平台，将游戏开发过程中公共和通用的游戏素材与算法整合起来，同时为多个游戏开发团队或项目赋能，减少重复开发，提升创新效率，形成高效的散兵作战模式。这正是阿里巴巴"大中台，小前台"战略的灵感来源。平台化的组

⊖　GAWER A. Bridging differing perspectives on technological platforms: toward an integrative framework[J]. Research policy, 2014, 43(7): 1239-1249.
⊜　王凤彬, 王骁鹏, 张驰. 超模块平台组织结构与客制化创业支持——基于海尔向平台组织转型的嵌入式案例研究 [J]. 管理世界, 2019, 35(2): 121-150.
⊜　JACOBIDES M G, CENNAMO C, GAWER A. Towards a theory of ecosystems[J]. Strategic management journal, 2018, 39(8): 2255-2276.

织架构促进了阿里巴巴内部各部门在数据、资源、产品和标准等方面的共享，能同时支撑多团队开展多形态的业务，避免了重复建设和各自为政带来的浪费与低效，为前台规模化创新提供了强有力的支撑。更典型的例子是，Uber 根据算法将打车任务直接分配给平台上的司机，并将后台数据（司机接单率、乘客评分）等作为奖励分配的参考依据，降低了任务分配和协调的不确定性。⊖总而言之，组织架构的平台化使数字组织不断背离"自上而下"的顺序创新模式，快速走向"自下而上"的协同创新模式。

（3）组织关系网络化。传统组织大多依靠面对面交流提供的信息来进行协调和整合，但数字技术使数字组织的协调与整合不再依靠正式和非正式的线下互动，而是转向虚拟交流带来的共同知识基础和模块化任务架构。基础模块微粒化和组织架构平台化使数字组织逐步变成了"平台架构＋小团队＋多个体"的形态，数字连接带来的虚拟合作则使各团队间因共享成员而相互连接，⊜形成了全新的网络化组织。此外，数字技术、行动和情境的交叉可见性、合作任务的可视化更使数字组织可以通过创建和利用共享知识基础来实现与组织外部利益相关者的协调。因此，数字组织中社会分工的主体由组织整体向团队和个体转变，协调整合范围也由组织内部扩大到外部市场中的其他组织。

例如，维基百科社区和小米 MIUI 论坛等可视作由企业内外部利益相关者自发形成的一种非正式创新网络，网络成员借助互联网平台共享知识和信息，通过紧密而非正式的合作促进共同目标的实现。此外，开源软件和维基百科的社区中出现了很多小规模的在线自组织创新团队，不同团队

⊖ KARANOVIĆ J, BERENDS H, ENGEL Y. Regulated dependence: platform workers' responses to new forms of organizing[J]. Journal of management studies, 2020, 58: 1-37.

⊜ KANE G C, RANSBOTHAM S. Research note-content and collaboration: an affiliation network approach to information quality in online peer production communities[J]. Information systems research, 2016, 27(2): 424-439.
KIM Y, JARVENPAA S L, GU B. External bridging and internal bonding: unlocking the generative resources of member time and attention spent in online communities[J]. MIS quarterly, 2018, 42(1): 265-283.

之间及团队内部成员之间也存在着各种正式或非正式的网络关系。相较于传统组织，这类数字组织中的成员更加依赖虚拟合作技术和软件工具来进行协调整合，如通过使源代码或论坛帖子包含更多的注释和文档来创建共享知识基础，在用户工具箱中提供更多的游戏内部数据和模型来降低个体创新门槛等。

（4）组织情境生态化。随着基础模块微粒化和组织架构平台化，数字组织颠覆了原有的科层式组织架构，通过"去中介化"和"去中心化"使整个组织由封闭的系统变成开放的、可整合全球资源的生态系统。一方面，任务模块化和可分解性提高了人们对组织传统边界之外的行动者拥有的可能适用于组织内部的独特知识的认识，促进了组织边界的开放化和模糊化。⊖另一方面，数字组织的大量基础模块基于特定目标自发聚散组成柔性共同体，各模块之间不受传统契约关系的控制，组织内模块呈现不断流动的状态。⊜基础模块的动态变化和组织边界的模糊化使组织领导者逐渐失去对创新参与者和资源的正式控制，相较于传统组织主要依靠薪资待遇、职称晋升等外在动机激励来进行协调整合，数字组织的协调整合则主要依靠由专业知识、声誉、地位带来的非正式权威和组织成员内在动机激励等。

例如，Steam 创意工坊通过较低的进入门槛和虚拟化的身份创造了社区的高度流动性，导致社区参与者、运行规范及社区内的互动都在不断变化，从而使明确的组织边界变得模糊。在这类数字组织中，个性化需求的满足、自我认同和成就感等是激励成员进行创新的主要因素，而成员的历史贡献及其他成员的认可是其社会地位的衡量指标。更为极端的是，维基

⊖　LIFSHITZ-ASSAF H. Dismantling knowledge boundaries at NASA: the critical role of professional identity in open innovation[J]. Administrative science quarterly, 2018, 63(4): 746-782.

⊜　FARAJ S, JARVENPAA S L, MAJCHRZAK A. Knowledge collaboration in online communities[J]. Organization science, 2011, 22(5): 1224-1239.

百科社区和 Linux 开源社区这样的组织甚至完全没有物质激励。[⊖]

12.1.2　数字组织对创新战略理论的拓展

我们重点讨论数字组织特征及其对创新战略理论可能产生的影响，即现有创新战略管理的核心理论逻辑在数字组织情境下是否依然适用？是否有必要重构全新的理论来解释数字组织的创新战略实践？通过对数字组织特征的讨论，我们认为数字组织的社会分工主体和协调整合范围的变化深刻影响了创新环境、创新来源、创新资源、创新过程和创新治理等五个创新战略理论的主要议题，给核心理论带来了拓展机会。我们依据这五个主要议题，建立了理论研究框架（见图 12-2），结合数字组织的基础模块微粒化、组织架构平台化、组织关系网络化、组织情境生态化等特征，针对每个议题的核心理论在数字组织情境下的适用性和可扩展性展开讨论（见表 12-1），并在后面给出创新战略理论未来可能的研究方向。

12.1.2.1　有关创新环境的理论

创新战略研究关注企业嵌入的创新系统环境，[⊜]而数字组织的组织关系网络化、组织情境生态化等特征，让组织创新战略所面临的环境发生巨大变化。[⊜]一方面，组织与环境的边界日益模糊，传统内外部环境之间的清晰边界不再存在，由此改变了组织与创新环境之间的资源依赖关系。传统的组织与环境之间的资源流动建立在交易基础上，组织具有明确的内部人和外部人的身份边界，组织内部人与外部人之间的资源交互需要通过组织这

⊖　GULATI R, PURANAM P, TUSHMAN M. Meta-organization design: rethinking design in interorganizational and community contexts[J]. Strategic management journal, 2012, 33(6): 571-586.

⊜　MARTIN B R. The evolution of science policy and innovation studies[J]. Research policy, 2012, 41(7): 1219-1239.

⊜　梅亮,陈劲,刘洋.创新生态系统:源起、知识演进和理论框架[J].科学学研究,2014, 32(12): 1771-1780.

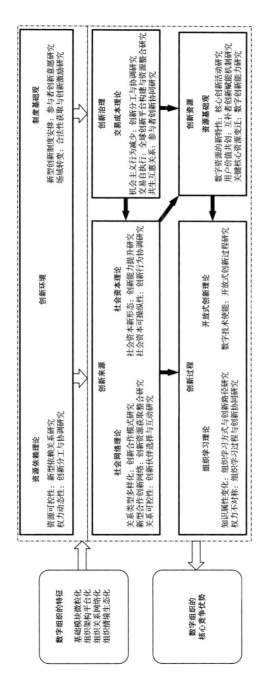

图 12-2　数字组织情境宽下的创新战略理论研究框架

表 12-1　数字组织对创新战略理论的拓展

理论		基本观点	基本假设	数字组织带来的影响
有关创新环境的理论	资源依赖理论	由于组织间相互依赖，当其他组织进行活动时，本组织会获得不确定性后果，可能会影响到本组织的可持续竞争优势以及生存空间	①资源可控性；②权力动态性	①数字组织中创新资源和关键参与者的正式控制减少；②数据流动性和共享资源，具有正式流动性和共享性
	制度基础观	在特定的正式和非正式的制度框架下，行动者进行理性的战略决策，同时行动者的行为反过来会重塑形制度规则	合法性是组织生存的根基	①平台创新生态系统是一种新型组织领域，平台所有者和参与者的各类参与者面临多层次、多来源的复杂制度的影响
有关创新来源的理论	社会网络理论	网络可以使成员组织从信息共享、资源共享中获益，操作合理化以及集体力量增强中获益	①关系的维系需要花费较大的成本；②关系是对称的；③通过合作，联盟协议等方式形成外部合作网络以及基于契约关系形成内部网络	①企业能够以较低成本有效地维持强关系；②可以存在非对称关系；③由企业主导方式的外部利益相关者自发形成的新型合作创新网络出现
	社会资本理论	①社会资本是指社会网络内部及社会网络之间的各种联系；②个体拥有的资本可以转化各体的属性；③规范、信任、共识（共同利益）有助于产生社会资本	①有结构、关系和认知三维度；②社会资本是一种中立资源	①除结构、关系、认知外、沟通维度纳入外部者成为资源价值的定义者；②社会资本变得资本变动
有关创新过程的理论	资源基础观	企业必须获取和控制有价值的，稀缺的、难以模仿的，不可替代的资源来获取可持续竞争优势	①对于传统的有形资源无形资源，强调资源的价值性，稀缺性和不可替代性；②资源无法在企业间完全自由地移动；③企业是资源价值的定义者	①关键核心资源具有可模仿性和可替代性；②资源的数字化使资源的可以自由移动；③资源的可供性使资源可以自由移动；④数据资源的使用者成为资源价值的定义者；⑤要求从需求方的角度关注与用户共创价值
	组织学习理论	组织学习是检验并纠正错误的过程	组织内各方之间的权力得到充分平衡	①组织隐性知识学习效能弱化；②组织系统内知识权力高度分非；③组织学习场景多元化
有关创新理论	开放式创新理论	利用内外部资源进行研发的同时，利用内外部资源进行商业化	创新过程与外部资源的连接非常重要	开放式创新的开放性，开放规模、开放范围都可能发生重大变化
有关创新治理的理论	交易成本理论	市场交易的成本和困难难以确定了有时候选择层级治理（机构内部生产）作为经济合理结构更好，有时候选择择市场规则更佳	①交易成本较高；②企业可以比市场更有效地促进交易	①机会主义倾向和不确定性必须降低；②交易的目的在于使行使性必须在企业内完成的交易可以在市场中完成

个中介来完成。数字组织中，组织内部人可以直接与环境中各类外部资源主体形成互补合作关系，不需要组织作为中介，由此促发了组织内各类个体都可能与外部互补组织和个体发展为资源共生体。另一方面，数字组织内创新参与者众多，协调好参与者之间关系的制度复杂性亦大幅提升。数字组织在制定创新战略的过程中不仅要满足不同利益相关者的期望，甚至作为"游戏规则"的制定者，也会参与制度创建过程。由此，我们聚焦于创新环境中的两个重要理论——资源依赖理论和制度基础观，来探究数字组织与创新环境之间关系理论的挑战。

对资源依赖理论的挑战。资源依赖理论主要研究组织与外部环境的依赖关系及相互作用，认为组织间的权力关系和资源依赖关系对组织创新战略行为有极大影响——组织会通过控制资源来尽量减少自身对其他组织的依赖，且要让其他组织对自己的依赖最大化。[⊖]此外，对资源的需求是组织对外部环境产生依赖的重要因素，因此，资源的稀缺性和重要性决定了组织对环境的依赖程度。[⊜]数字组织的组织关系网络化、组织情境生态化及资源属性的变化将会拓展甚至改变已有文献对这些问题的探讨。

第一，数字组织的组织关系网络化和组织情境生态化特征使组织逐渐失去对各类创新参与者和资源的正式控制，[⊜]组织与创新环境中各类参与者之间的权力动态性发生重大变化。例如，在平台组织中，大量微粒化的基础模块不受传统科层关系的约束，但它们却是组织价值创造的主体，平台和基础模块之间的权力动态性变得异常复杂。第二，数字组织情境下，具有可供性和自生长性的数据是关键资源，其流动性和共享性挑战了资源依赖理论关于资源可控性、稀缺性、不可模仿性的基本假设。例如，Alexy

---

⊖　STERN R N, PFEFFER J, SALANCIK G R.The external control of organizations: a resource dependence perspective[J]. Contemporary sociology, 1979, 8: 612.

⊜　HILLMAN A J, WITHERS M C,COLLINS B J. Resource dependence theory: a review[J]. Journal of management, 2009, 35(6): 1404-1427.

⊜　LYYTINEN K, YOO Y, BOLAND R J. Digital product innovation within four classes of innovation networks[J]. Information systems journal, 2016, 26(1): 47-75.

等认为开放资源（牺牲控制权）可以激发参与者的参与感和创新积极性，进而促进创新绩效的提升。[⊖]考虑组织情境生态化下创新资源从独占性向共享性、互补性和合法性的转变，及其对核心组织和内外部价值共创者之间关系的影响，重新界定数字组织中各类利益相关者之间的依赖关系与产生依赖关系的根本原因，将加深对数字组织情境下资源依赖理论的理解，进而发展出互补性资源共享理论。

对制度基础观的挑战。创新政策一直是创新战略研究的一个重点，[⊜]我们选择制度基础观理论来阐述制度环境对创新战略的影响。制度基础观认为在特定的正式和非正式的制度框架下，行动者进行理性的战略决策，同时行动者的行为反过来会塑形制度规则。[⊜]制度制定的主体是政府而非企业，虽然企业可以通过制度创业来改变外部宏观制度，但制度驱使企业之间具有高度同质性。数字组织的组织情境生态化特征对现有制度基础观视角下的创新战略研究带来重要影响。[⊛]一个非常显著的趋势是，平台企业作为生态组织这个场域内的重要行动者，已经在整合新场域内的资源上发挥主导作用——平台企业通过制度创业，推进了政府制度制定和执行权力的有限让渡，平台焦点企业甚至成为政府的代理人。这种变化显然是对传统制度观的根本性挑战。

具体地，一方面，数字组织生态中，传统"游戏规则"的不完善和不适用带来诸多挑战。在以平台创新生态系统为代表的数字组织中，所有者（平台焦点企业）和互补者作为治理方主导制定正式和非正式的制度来约束

⊖ ALEXY O, WEST J, KLAPPER H, et al.Surrendering control to gain advantage: reconciling openness and the resource-based view of the firm[J]. Strategic management journal, 2018, 39(6): 1704-1727.

⊜ MARTIN B R. The evolution of science policy and innovation studies[J]. Research policy, 2012, 41(7): 1219-1239.

⊜ PENG M W, SUN S L, PINKHAM B, et al. The institution-based view as a third leg for a strategy tripod[J]. Academy of management perspectives, 2009, 23(3): 63-81.

⊛ GAWER A, PHILLIPS N. Institutional work as logics shift: the case of Intel's transformation to platform leader[J]. Organization studies, 2013, 34(8): 1035-1071.

和激励生态系统中参与者的创新行为已经十分必要。例如，有文献指出，Uber 上的司机通过自发组织会议、共享信息的方式来弥补 Uber 在任务分工方面的不足；⊖美国 T 恤制造商无线（Threadless）的社区成员以用户自组织知识产权规范的形式来弥补社区在知识资产管理方面的不足，以此提升社区参与者的创新积极性。⊜进一步，探究数字组织（如在线创新社区、社交网络等虚拟社区）中各类治理主体和参与者共同促进正式和非正式的制度的形成和演化，将加深对制度基础观视角下组织与制度环境之间关系的理解。另一方面，数字组织在快速发展过程中，由于组织场域特征的不稳定性和不成熟性，缺乏正式制度去规范参与者的行为，这个时候，数字组织中的焦点企业就会通过制度创业来获得合法性，逐步形成正式和非正式的制度。传统制度体系是建立在静态稳定、相互隔离的高度结构化情境中的，而数字组织建立于高度动态不确定、互联互通的弱结构化情境，显然，后者的制度会更具动态性、多样性。对数字组织内各类参与者如何应对不同制度情境获取合法性的研究，不仅会加深对数字组织的理解，更为重要的是，还可拓展制度基础观的适用边界。

12.1.2.2　有关创新来源的理论

"创新从何而来？"一直是创新战略研究的一个重点，用户创新、市场创新、开放式创新、创新网络、吸收能力、创新搜索等创新研究的核心概念和理论均强调创新来源的重要性。⊕数字组织情境下，数字连接引发个体、组织和整个社会之间连接与互动方式的改变，其带来的互动范围扩大、互

⊖　KARANOVIĆ J, BERENDS H, ENGEL Y. Regulated dependence: platform workers' responses to new forms of organizing[J]. Journal of management studies, 2020, 58: 1-37.

⊜　BAUER J, FRANKE N, TUERTSCHER P. Intellectual property norms in online communities: how user-organized intellectual property regulation supports innovation[J]. Information systems research, 2016, 27(4): 724-750.

⊕　WEST J, BOGERS M. Leveraging external sources of innovation: a review of research on open innovation[J]. Journal of product innovation management, 2014, 31(4): 814-831.

动成本降低和互动速度提升提升了组织内外部信息传递的及时性和准确性，增加了组织内外部社会网络的连通性。例如，微粒化个体可同时参与多个同一层次或不同层次的组织，不同组织之间又因共享成员而相互连接，形成嵌套型网络化组织。因此，数字组织的组织关系网络化特性给创新来源带来重大变化。一方面，数字连接改变了创新网络中节点与节点的连接方式，为发展开放式创新网络提供机遇；另一方面，数字连接让创新网络中流动的技术和知识发生变化，对社会资本的形成产生了重要影响。基于此，此处聚焦于创新来源研究中的社会网络理论和社会资本理论探究数字组织的特征带来的影响。

对社会网络理论的挑战。社会网络理论认为网络是由相互连接的实体或节点组成的系统，网络成员可以在不确定条件下获取合作优势。[⊖]数字组织中网络的连通性得以增加，设计和控制网络关系的能力得以提升，这将会改变已有的社会网络理论的基本假设。首先，传统社会网络理论认为强关系虽能带来可靠的信息，但关系的维系却需要花费较大的成本，而数字技术带来的互动成本降低使数字组织能够以较低的成本有效地维持强关系。其次，传统社会网络理论认为创新参与者可嵌入科层、社会、市场和参照网络等四种关系中，且这些关系都是对称的。[⊜]但数字连接设计和控制网络关系的能力使数字组织中的关系类型更加多样化，且赋予了组织设计者决定关系对称性的权力，如 Facebook 支持参与者之间构建临近、社会、互动和流动等四种关系，Twitter（2023 年更名为 X）则允许关注者之间构建不对称关系。[⊝]再次，数字组织中大量微粒化的基础模块因共享成员而相互连接，形成了全新的网络化组织形态。这种网络与传统的通过合作、联

⊖　KILDUFF M, BRASS D J.Organizational social network research: core ideas and key debates[J]. Academy of management annals, 2010, 4(1): 317-357.

⊜　AHUJA G, SODA G, ZAHEER A. The genesis and dynamics of organizational networks[J]. Organization science, 2012, 23(2): 434-448.

⊝　KANE G C, ALAVI M, LABIANCA G, et al. What's different about social media networks? A framework and research agenda[J]. MIS quarterly, 2014, 38(1): 275-304.

盟协议等方式形成的外部合作网络或基于契约关系形成的内部合作网络不同，可视为一种由企业主导的外部利益相关者自发形成的新型合作创新网络。而且，数字组织的组织情境生态化特征使这种创新网络具有去中心化、无边界化、高流动性特点。最后，社会网络理论的基本逻辑是成员获得在不确定性下的合作优势，网络可以使成员企业从信息共享、资源共享、操作合理化、集体力量增强中获益等，但数字组织情境下，企业主要通过网络效应及成员互动的内容来创造价值。进一步，传统的社会网络分析侧重于观察、描述和分析日常生活中已经存在的网络，但数字连接设计和控制网络关系的能力使关系特征不仅反映网络中已经存在的社会关系，还部分决定了平台上发生关系的性质和特征。

对社会资本理论的挑战。社会资本是指社会网络内部及社会网络之间的各种联系。社会资本理论认为个体拥有的资本可以转化成群体的属性。规范、信任、共识（共同利益）有助于产生社会资本。[⊖]社会资本理论强调蕴藏在社会关系网络中的参与者，他们可以从网络关系中获取信息、影响力和集体收益，并且认为社会资本是一种中立资源，存在着积极和消极两方面的作用。数字组织中出现了关系类型多样化、互动资源数字化、互动身份虚拟化、网络关系孪生性，使数字组织中参与者之间的结构、认知和关系呈现新特征，并使创新源出现新形态。

第一，社会网络中流动的内容会影响参与者之间的规范、信任、共识等社会资本的基本构成要素。数字连接改变了社会网络中资源的流动，数字资源的可复制、可操纵、可聚集和可搜索特性以及互动身份虚拟化等，让社会资本的内涵维度发生变化。第二，组织与个体之间的关系结构发生变化。传统的社会网络中，个体要依赖组织的关系网络来获取更多资源，个体是嵌入组织权威结构中的，个体和组织间的关系强度取决于组织的社会资本强度。但在数字组织中，个体成为组织的合作伙伴，个体可以"逃

⊖　NAHAPIET J, GHOSHAL S. Social capital, intellectual capital, and the organizational advantage[J]. Academy of management review, 1998, 23(2): 242-266.

离"组织的控制而自由流动，比如，今天的网络红人、意见领袖、投资人等均具有高度流动性，个体可以成为独立存在的资源体。第三，社会资本的虚拟化使数字组织内的资源以更快的速度在更大范围内集聚，资源显得更具可操纵性，从而改变了资源流动和整合方式，为参与者之间获得信任和共识创造了高效便利的条件。基于此，在数字连接的支持下，组织和个体之间可以逐渐摆脱相互依赖，组织可以发展出借助社交媒体的低进入门槛和用户友好界面——与多样化的利益相关者建立连接的形式，既可改变资源流动和整合方式，也可改变关系形成和演化过程，以及结构性的社会资本产生方式，进而促生各类新兴的多主体价值共创模式。

12.1.2.3　有关创新资源的理论

创新战略关注的核心问题是如何配置创新资源使其成为企业核心竞争优势的来源。数字组织的特征迫使创新战略研究者重新思考组织如何配置创新资源：数字资源的新特性挑战了资源基础观关于竞争优势基本属性的假设，对创新战略中的竞争优势理论逻辑带来挑战。[⊖]下面将聚焦于资源基础观来探究数字组织中创新资源属性的变化。

对资源基础观的挑战。资源基础观认为企业必须获取和控制有价值的、稀缺的、难以模仿的、不可替代的资源来获取可持续竞争优势。[⊖]资源基础观有一个核心隐喻是李嘉图租金，它立足于竞争能力的异质性和不可流动性。与以往能够创造竞争优势的土地、厂房、生产设备等传统资源不同，数字资源改变了传统组织的竞争优势基础——数字资源的新特性降低了组织对资源的控制程度，扩大了组织资源获取的范围，从而为资源基础观理论带来了众多挑战。

⊖　ADNER R, FEILER D. Interdependence, perception, and investment choices: an experimental approach to decision making in innovation ecosystems[J]. Organization science, 2019, 30(1): 109-125.

⊖　BARNEY J. Firm resources and sustained competitive advantage[J]. Journal of management, 1991, 17(1): 99-120.

第一，数字资源的可供性促进了计算机设备和数字产品信息之间的分离，[○]导致与创新相关的知识资源可以从产品中分离出来，并被转换成统一的数字格式，[○]这提高了资源的流动性和共享性，挑战了战略资源的难以模仿性、不可替代性、不可流动性假设。

第二，数字资源的可供性和自生长性将无数用户的体验汇集在一起，使以往分散的用户需求和反馈信息突破空间限制而收敛到各自的数字终端，[○]成为组织创新的新资源，即资源的价值在某种程度上由用户来定义，或者说资源的价值和可替代性由用户在使用过程中的创造力决定。数字资源特性的变化促使研究者从供应方视角关注企业如何通过获取价值来建构可持续竞争优势，转向从需求方视角关注与用户共创价值来构建可持续竞争优势。[○]

12.1.2.4　有关创新过程的理论

创新过程关注创新的形式（如架构创新、模块创新、产品创新、技术创新、商业模式创新等）与演化、创新属性（如渐进式创新、突破式创新等）与数字组织之间的互动等，而数字组织的创新边界变得模糊、创新主体变得难以提前界定、创新过程和结果边界不再清晰等使与传统创新过程相关的理论面临重大挑战。[○]一方面，数字组织的特征让组织学习过程发

○　HUANG J, HENFRIDSSON O, LIU M J, et al. Growing on steroids: rapidly scaling the user base of digital ventures through digital innovation[J]. MIS quarterly, 2017, 41(1): 301-314.

○　LYYTINEN K, YOO Y, BOLAND R J. Digital product innovation within four classes of innovation networks[J]. Information systems journal, 2016, 26(1): 47-75.

○　陈冬梅, 王俐珍, 陈安霓. 数字化与战略管理理论——回顾、挑战与展望 [J]. 管理世界, 2020, 36(5): 220-236.

○　AMIT R, HAN X.Value creation through novel resource configurations in a digitally enabled world[J]. Strategic entrepreneurship journal, 2017, 11(3): 228-242.

○　NAMBISAN S, LYYTINEN K, MAJCHRZAK A, et al. Digital innovation management: reinventing innovation management research in a digital world[J]. MIS quarterly, 2017, 41(1): 223-238.

KOHLI R, MELVILLE N P. Digital innovation: a review and synthesis[J]. Information systems journal, 2019, 29(1): 200-223.

生重大变化，重塑了组织利用知识进行创新的过程。另一方面，数字组织的特征使组织内外的各种边界不再清晰，以开放式创新为代表的创新理论面临重大挑战：数字组织情境下的分布式创新、重组式创新盛行，新产品开发过程更具平行、动态、偶发等特性，数字技术可供性和限制性作用突出等亟须新理论进行解释与指导。基于此，下面将选择组织学习理论和开放式创新理论作为靶子来讨论数字组织情境下创新过程相关理论面临的挑战。

对组织学习理论的挑战。知识作为经验的函数，嵌入多种载体中，组织学习反映了不同知识载体之间的互动过程，也刻画了不断检验并纠正错误的过程。其中，行为模型将学习定义为从重复执行一系列动作或任务的经验中获得知识，学习以试错的方式进行。⊖而今，数字组织中出现的数据资源、数字化知识及其带来的权力不对称将改变组织学习的理论假设。

首先，组织隐性知识学习效能弱化。知识资源的数字化和透明化、数字资源的可供性带来标准化知识共享实践，提升了隐性知识的显性化和知识的流动性，导致组织逐渐打破对内部或地理临近空间内其他组织的依赖，数字组织内的参与者可借助数字基础设施平台，通过众包、众筹、虚拟社区等模式实现分布式创新和组合创新。⊖例如，在线社区内技术、时间、身份等资源的不断流动会显著提升组织内的参与者的知识合作效能。其次，组织系统内知识权力高度分异。传统组织学习理论认为，组织学习会导致规模经济和范围经济的差异性，现在这种差异性在减弱，但在数字组织内部，数据和由数据转化而来的知识会集聚于平台焦点企业，焦点企业会掌握越来越多的创新知识，而平台上成千上万的参与者的数据资源被焦点企

⊖　ARGOTE L, MIRON-SPEKTOR E. Organizational learning: from experience to knowledge[J]. Organization science, 2011, 22(5): 1123-1137.

⊖　FARAJ S, JARVENPAA S L, MAJCHRZAK A. Knowledge collaboration in online communities[J]. Organization science, 2011, 22(5): 1224-1239.

业控制，这导致组织系统内知识权力的高度分化。Van de Ven 等发现，数字化的运用会加大组织领导者和参与者之间、参与者之间的权力不对称，带来信任关系的破裂或者竞争的加剧。[⊖]最后，组织学习场景多元化。数字组织内的创新资源从线下到线上的转变，用户从创新需求提出者到创新方案提供者的转变，企业内部研发人员从问题解决者到创新方案寻求者的转变等都为组织内利益相关者的学习提供了更为多元化的场景和路径。[⊜]例如 Lifshitz-Assaf 发现，企业内部研发人员的身份是否转变决定了其知识工作边界的封闭或开放，进而影响了企业内外部参与者的知识学习及创新路径。[⊜]

对开放式创新理论的挑战。开放式创新理论关注企业创新过程的边界，在创新来源、创新整合、创新商业化和互动等过程中同时重视内外部各方参与者。[⊛]数字组织的组织关系网络化和组织情境生态化等特征，让各方创新参与者之间的连接和互动变得更加容易与复杂，极大地影响了开放式创新的过程。第一，多层级复杂系统（个体、企业、平台创新生态系统、产业、开放社区、区域等）下的开放度问题变得异常复杂。开放式创新理论中的开放度悖论一直是研究重点，这在数字组织中变得异常复杂："哪些人参与？""他们能贡献什么？""如何贡献？""产出是什么？"等问题都需重新

⊖　VAN DE VEN A,BECHARA J P, SUN K. How outcome agreement and power balance among parties influence processes of organizational learning and nonlearning[J]. Journal of management, 2019, 45(3): 1252-1283.

⊜　PARMENTIER G, MANGEMATIN V.Orchestrating innovation with user communities in the creative industries[J]. Technological forecasting and social change, 2014, 83: 40-53.

⊜　LIFSHITZ-ASSAF H. Dismantling knowledge boundaries at NASA: the critical role of professional identity in open innovation[J]. Administrative science quarterly, 2018, 63(4): 746-782.

⊛　CHESBROUGH H. Open innovation: the new imperative for creating and profiting from technology[M]. Boston: Harvard Business School Press, 2003.
WEST J, BOGERS M. Leveraging external sources of innovation: a review of research on open innovation[J]. Journal of product innovation management, 2014, 31(4): 814-831.

界定。[⊖]第二，数字资源的开放规模和范围远大于传统开放式创新所讨论的，这必将引发更多的研究来探讨生态系统、产业、区域相关治理机制的设计来协同各类参与者共创以解决重大创新议题，同时需解决这一过程中涌现出的个人隐私、数据安全、知识产权等重大问题。

12.1.2.5　有关创新治理的理论

数字组织的四大特征深度改变了创新组织的治理关系与治理结构。一方面，从创新组织内部关系和结构考察，创新要素数字化和创新过程智能化给组织带来了高度透明和模块化的任务架构、自主选择的任务分配和合作模式，在内部治理机制上呈现自组织和分散化特征，[⊜]部分消除了组织内各模块间的信息不对称，为控制组织内部任务分工和协调整合过程中的机会主义行为和不确定性行为，降低监督成本和治理成本提供了可能性。[⊜]另一方面，从组织内外部利益相关者之间的关系和结构考察，组织内外部参与模块之间不受雇用关系约束，而是通过一组复杂的共生和互惠关系，围绕共同目标进行协作和演化，组织内外部交易关系和结构甚至不再需要中介人来代理，这使组织逐渐摆脱"自上而下"的任务分配模式和集中式协调整合机制，发展为分布式创新和分权式自治，可吸引个体用户、创新团队或其他互补企业共同完成价值创造过程。[⊛]基于此，下面将聚焦于创新治理研究中的交易成本理论来探究数字组织的特征带来的挑战。

　　⊖　NAMBISAN S, SIEGEL D, KENNEY M. On open innovation, platforms, and entrepreneur-ship[J]. Strategic entrepreneurship journal, 2018, 12(3): 354-368.

　　⊜　BAUER J, FRANKE N, TUERTSCHER P.Intellectual property norms in online communities: how user-organized intellectual property regulation supports innovation[J]. Information systems research, 2016, 27(4): 724-750.

　　⊜　PEREIRA J, TAVALAEI M M, OZALP H.Blockchain-based platforms: decentralized infrastructures and its boundary conditions[J]. Technological forecasting and social change, 2019, 146: 94-102.

　　⊛　CENNAMO C, SANTALÓ J. Generativity tension and value creation in platform ecosystems[J]. Organization science, 2019, 30(3): 617-641.

对交易成本理论的挑战。数字组织中出现的任务架构透明化、模块化及合约执行自动化等特点，弱化了组织内部由参与者之间信息不对称所带来的权力，组织内参与者之间的短链条关系和去中心化结构正在改变创新链和创新网络节点之间交易成本的基本假定。首先，平台组织、生态组织的关键特征是基础模块微粒化、组织架构平台化，形成了"小微粒＋大平台"的新型组织模式，平台企业采用开放、透明的架构，吸引海量的小微企业互补共生，数字组织内部各模块间不需要僵化的科层控制关系，而是通过价值共创共享形成互惠共生体。以 Facebook 及 Google 等平台组织为代表，它们先建立了开源、开放的任务架构，成千上万的参与者可以共享这个架构，实现产品和服务创新，架构还可以为参与者创新赋能，极大促进了创新效率的提升。

其次，创新要素数字化和创新过程智能化，实现了数字组织的任务架构透明化和模块化、任务分配的自主性和共生性，有效地减少了创新链上前后节点之间的界面，也弱化了创新网络中心节点的控制权力，可以有效地规避传统组织内创新任务分工与创新协调中常见的机会主义行为和不确定性行为。

再次，区块链技术支持数字组织包含许多自执行的智能合约，在特定条件下可自动触发交易，使以往必须在企业内完成的交易可以在市场中完成，大幅提高了创新合作的透明度和有效性。随着区块链技术的发展，未来的技术保护将更加有效，创新模仿的查处会更加便利，企业参与创新的激励会更显著。

最后，创新治理主体和方法的多样性挑战传统治理模式。生态组织内部创新成果的高流动性、创新收益的高分享性、创新参与者间合作的虚拟性也给数字组织的创新治理带来新的命题。比如，"如何解决政府治理失效和市场治理失灵？""如何设计出新的创新治理体系和机制？"等相关任务都非常艰巨。再如，在线社区内成员信息交互的难以控制性也给高质量创新合作带来了重大挑战，亟须解决。

12.2 数字组织提供了创新理论重构的新机会

数字组织内关系和结构特征对创新战略管理研究具有极大的影响。根据图 12-2 的理论研究框架，本节将围绕创新环境、创新来源、创新资源、创新过程和创新治理等五个创新战略管理的核心议题，结合中国情境，提出创新战略领域的未来研究重点和关键科学问题。

12.2.1 有关创新环境的研究机会

前面有关创新环境的理论强调数字组织与创新环境的互动发生重大变化，基于资源依赖理论和制度基础观，我们聚焦于新型依赖关系、创新分工与协调以及参与者创新意愿、合法性获取与创新激励等，提出未来的研究方向。

第一，基于数字资源可控性的新型依赖关系。生态组织、平台组织等数字组织中数字资源所有权的界定是探究数字组织中不同主体之间依赖关系的基石。基于数字资源控制权的新型依赖关系及其影响组织与环境之间互动的机制和过程是未来研究应该关注的核心重点。例如，阿里巴巴生态、腾讯生态中流动、共享和逐步自生长的数字资源所有权应该如何界定？这些数字资源的可控性如何影响阿里巴巴、腾讯与生态系统中的参与者之间的依赖关系进而影响其创新战略的制定？进一步，需求端（如用户）在数字组织中的重要性大幅提升，作为重要的利益相关方，其却在现有的资源依赖理论中被忽略——需求端作为数字资源的重要提供者、价值共创的重要参与者与数字组织中各类参与者之间的依赖关系及对创新战略的影响需要未来的研究特别关注。

第二，基于权力动态性的创新分工与协调。在关系网络化组织中，创新资源的数字化属性改变了参与者之间的权利关系和社会分工整合。⊖由于

⊖ KARANOVIĆ J, BERENDS H, ENGEL Y. Regulated dependence: platform workers' responses to new forms of organizing[J]. Journal of management studies, 2020, 58: 1-37.

数字创新资源的自生长性等特性，数字组织内外部利益相关者之间的权力动态性异常复杂，如开源软件社区中个体参与者之间及与社区之间的权利关系随着个体参与者的历史贡献等发生动态变化，显著改变了创新分工与协调机制。组织情境生态化的数字组织基于资源依赖的权利对称对参与者之间的创新分工与协调的影响将成为研究重点。另外，以平台组织为代表的数字组织由网络效应带来权力膨胀、引发垄断等问题，因此基于权力动态性的平台竞合与治理是未来研究的另一重点。

第三，基于新型创新制度安排的参与者创新意愿。数字组织的组织情境生态化使其面临更为复杂的制度环境，而正式和非正式的制度安排对约束参与者的创新行为十分重要。支持创新生态系统构建和协同创新的制度设计是未来研究的一个核心议题：用何种制度设计促进企业、区域创新生态系统的构建？用何种政策以引导或促进组织内外部利益相关者之间的合作研发或技术扩散——不仅有利于制度基础观的拓展，更有利于为基于新型举国体制实现中国创新生态系统建设提供思路？进一步，具有组织关系网络化和组织情境生态化特征的数字组织是介于科层组织与市场组织之间的中间组织，往往扮演了制度创造和执行的角色，⊖甚至参与者可以通过集体行动创造规范并反过来作用于参与者的创新行为。⊖因此，探究阿里巴巴等组织的构建新型制度安排，并进一步探索基于新型制度安排的创新战略将是未来研究拓展制度基础理论的一个重要方向。

第四，基于场域转变的合法性获取与创新激励。数字组织往往具有颠覆商业模式、重构市场竞争结构的特点，当数字组织"野蛮生长"时，各方参与者逐利而来，合规性、合法性问题频频出现，会严重阻碍组织内外部参与者的创新行为。为此，结合平台双边架构和网络效应来探讨制度压

⊖ O'MAHONY S, FERRARO F. The emergence of governance in an open source community[J]. Academy of management journal, 2007, 50(5): 1079-1106.

⊖ BAUER J, FRANKE N, TUERTSCHER P. Intellectual property norms in online communities: how user-organized intellectual property regulation supports innovation[J]. Information systems research, 2016, 27(4): 724-750.

力下平台组织的合法性获取及演化过程是未来重要的研究方向。[○]合法性视角下的平台知识资产治理机制及对参与者的创新激励效应，例如以数字组织作为新场域探索平台生态系统中各类参与者的合法性获取机制及对创新行为的影响等，值得深入分析。

12.2.2　有关创新来源的研究机会

基于数字组织情境下社会网络理论和社会资本理论核心逻辑的讨论，下面将聚焦于基于关系类型多样化带来的创新合作模式、基于关系可控性的创新伙伴选择与互动、基于社会资本新形态的创新能力提升、基于社会资本可操纵性的创新行为协调等提出未来的研究方向。

第一，基于关系类型多样化的创新合作模式研究。以开源社区、平台生态系统等为突出代表的数字组织具有创新主体多样化、身份模糊化、成员高流动性、网络多层嵌套性、创新过程开放化和动态化等特征，呼吁未来的研究探究基于关系类型多样化的创新合作模式。进一步，基于关系类型多样化所组成的新型合作网络特征及组织内外部参与者对创新资源的搜寻、获取和整合亦值得关注。例如，数字组织应该如何安排各类潜在合作伙伴（如个体、企业、社区、生态系统等）以形成创新网络，创新网络中的资源（特别是数字资源）的流动机制又该如何？数字组织情境下网络效应及成员间的内容互动，可能成为参与者创新的重要源泉。数字组织应该如何规定用户的互动机制，如如何设置开放边界，投入何种创新资源以及如何引导参与者的身份变革等值得研究。另外，数字技术的快速发展可能从根本上改变创新合作模式，例如，基于区块链的创新合作模式亟须研究者关注。

第二，基于关系可控性的创新伙伴选择与互动研究。数字连接设计和控制网络关系的能力使数字组织在创新伙伴选择方面具有更高的自主选

○　贺锦江，王节祥，蔡宁.场域转变视角下互联网平台企业的制度创业研究 [J].科学学研究，2019, 37(12): 2231-2240.

择权，并且能以较低的成本与全球范围内的创新伙伴互动。为此，未来的研究可重点关注以下问题：构建不同类型的众包社区（内部众包、外部众包和基于中介的众包等）来选择不同的创新伙伴，可否满足不同的创新需求？对于基于社交媒体的创新平台，可否通过搜索或访问机制的设计来控制创新参与者之间的互动，以实现平台领导者的创新目的……

第三，基于社会资本新形态的创新能力提升研究。新型社会网络的出现及网络内数据的流动特征，即数字资源的可复制、可集聚、可操纵等，拓展了社会资本维度，也改变了其影响创新的作用机制。社会资本这一构念的新内涵及其对企业创新能力的作用值得关注。进一步，基于数字组织特征的社会资本类型，以及不同社会资本如何影响组织内参与者的群体认同、知识共享、资源配置和创新行为是未来研究的一个方向。例如，对于不同类型的数字组织，组织领导者可以采取哪些管理实践来引导和协调参与者的互动，进而将参与者互动产生的社会资本与提高其自身的创新潜力相关联？

第四，基于社会资本可操纵性的创新行为协调研究。数字组织创新绩效提升亟须参与者之间的协作，但数字资源的流动性、共享性和用户主导性可能会导致参与者的创新偏离数字组织领导者预期的方向。虚拟社会资本的可操纵性则为组织领导者引导和协调参与者的创新行为创造了机会。基于此，未来的研究可以探究组织设计者通过隐藏负面社会关系来消除社会资本的负面影响，从而吸引更多的参与者进行协同创新的策略设计。例如，将平台算法和在线社交网络的特征结合起来塑造用户行为，实现虚拟网络间的社会资本传播，从而扩大创新资源获取和整合范围。

12.2.3　有关创新资源的研究机会

为从配置资源和知识方面帮助企业制定创新战略、获取竞争优势，⊖本

⊖　KEUPP M M, PALMIÉ M, GASSMANN O. The strategic management of innovation: a systematic review and paths for future research[J]. International journal of management reviews, 2012, 14(4): 367-390.

小节将聚焦基于数字资源的新特性的核心创新活动、基于用户价值共创的互补者创新赋能机制、基于关键核心资源变迁的数字创新能力等提出研究方向。

第一，基于数字资源的新特性的核心创新活动研究。数字资源的可供性指向同样的数字技术、基础设施等可能在不同的使用情境下产生不同的创新和结果。这一视角下的产品创新、过程创新、服务创新、商业模式创新等企业核心创新活动的内涵及"前因后果"都可能会发生重大变化，值得深入探究。基于此，我们呼吁未来的研究可重点关注以下问题：包含传统的物理部件、数字部件以及互联部件的智能互联产品创新过程的理论构建；借助物联网技术连接各方资源，并逐步实现大规模定制的创新过程与适用情境研究；数字资源的可供性和自生长性为衍生创新奠定了坚实基础，这种衍生创新模式的界定研究等。

第二，基于用户价值共创的互补者创新赋能机制研究。在数字组织情境下，数字资源的可供性和自生长性使消费者或数据的使用者成为资源价值的定义者，而主动为参与者的创新活动赋能是保持数字组织核心竞争优势的重要方式。现有研究认为，平台创新生态系统能够为参与企业提供重要的设计资源、研发资源、技术资源等创新条件，以及云计算、数据管理等一系列支持性服务，这些基础性的底层事物能够促使参与企业开展各类可能的探索性创新活动。基于此，我们呼吁未来的研究可在此基础之上进一步系统揭示平台创新生态系统赋能互补者创新的具体路径和机制，同时特别考虑平台所有者层面、互补者层面、平台所有者和互补者互动层面、生态系统层面等多层面情境因素的影响。[一]

第三，基于关键核心资源变迁的数字创新能力研究。在数字组织情境下，组织创新的关键核心资源发生了极大变化，如参与者的时间和精力投入、平台互补者带来的网络效应以及用户行为产生的数据等成为数字组织

㊀ HILBOLLING S, BERENDS H, DEKEN F, et al. Complementors as connectors: managing open innovation around digital product platforms[J]. R&D management, 2020, 50(1): 18-30.

价值创造的关键来源。考虑到数字组织中创新资源的数字化，数字创新能力将成为理解数字组织情境下数字创新战略和行为的核心基石。从生态系统层面、组织层面和项目层面多层次视角切入，从资源基础观、组织学习等理论视角切入，探究数字创新能力的形成机制是未来研究的一个重要方向。现有研究仅强调了动态能力、整合能力、分布式创新能力、组合能力、敏捷能力等传统能力在数字经济时代的重要性，基于此，未来的研究可进一步探究数字创新能力的内涵、特征与外延，数字创新能力的'前因后果'，市场、制度、技术情境对于数字创新能力的影响机制，以及数字创新能力的刚性与柔性等。

12.2.4　有关创新过程的研究机会

线性、并行、网络化的创新过程在数字组织中被极大颠覆，本小节聚焦于基于知识属性变化的组织学习方式与创新路径、基于权力不对称的组织学习过程与创新协同、基于数字技术使能的开放式创新过程等提出未来研究的方向。

第一，基于知识属性变化的组织学习方式与创新路径。数字技术带来的知识透明化、标准化促进了隐性知识的显性化，提高了知识的流动性，进而导致组织学习方式与创新路径的变化。例如，越来越多的知识生产组织是围绕维基百科社区和开源软件社区等在线自组织协作生产社区构建的。⊖我们呼吁未来的研究可重点关注以下几方面。①基于数字组织特征的组织学习机制。例如，软件开发企业可以通过向开源社区派驻员工，使企

⊖　ARAZY O, DAXENBERGER J, LIFSHITZ-ASSAF H, et al. Turbulent stability of emergent roles: The dualistic nature of self-organizing knowledge coproduction[J]. Information systems research, 2016, 27(4): 792-812.

　　ARAZY O, LINDBERG A, REZAEI M, et al. The evolutionary trajectories of peer-produced artifacts: group composition, the trajectories' exploration, and the quality of artifacts[J]. MIS quarterly, 2020, 44(4): 2013-2053.

业基于更有经验的用户群体实现反馈式学习，从而实现自身创新能力的提升。[⊖]②基于新组织特征的跨组织学习机制与模式。数字连接为跨组织边界的学习创造了良好条件，组织内外部参与者之间的知识共享模式，及其对组织学习方式与创新路径的影响机制值得探索。③组织协调机制对组织学习过程的影响机制。例如，角色定义和激励手段等组织协调机制会如何影响参与者之间的组织学习方式？再如，数字组织中参与者之间共享数字身份，使内部群体对于数字技术的创造、出现、应用和发展产生集体自我概念，这如何作用于组织内的知识交流和合作创新？

第二，基于权力不对称的组织学习过程与创新协同。数字资源产权的模糊性使其具有非排他性，基于大数据和算法产生的"算法合谋""数据垄断"都会带来平台领导者和参与者之间的权力不对称，导致组织学习过程与创新协同愈发复杂。例如，缺乏明确的角色定义、传统的任务分工和协调机制的在线社区是如何通过知识合作带来高质量的创新这一问题引起了很多学者的关注。再如，软件开发者与社区管理者之间价值观的不一致如何影响开发者对组织的承诺及其学习意愿，进而影响其创新贡献行为？[⊜]另外，未来的研究亦需进一步探究组织内部正式和非正式的权力结构如何塑造新的创新合作关系模式以及组织学习过程。[⊜]

第三，基于数字技术使能的开放式创新过程。数字组织的关系网络化和组织情境生态化让数字组织创新的开放度、开放规模和开放范围发生了重大变化。大数据、物联网、人工智能等数字技术将重构开放式创新过

⊖　NAGLE F. Learning by contributing: gaining competitive advantage through contribution to crowdsourced public goods[J]. Organization science, 2018, 29(4): 569-587.

⊜　MARUPING L M, DANIEL S L, CATALDO M. Developer centrality and the impact of value congruence and incongruence on commitment and code contribution activity in open source software communities[J]. MIS quarterly, 2019, 43(3): 951-976.

⊜　YOUNG-HYMAN T, KLEINBAUM A M.Meso-foundations of interorganizational relationships: how team power structures shape partner novelty[J]. Organization science, 2020, 31(6): 1385-1407.

程、活动和协调机制，[一]未来的研究亟须通过对企业实践的探索，搭建基于数字技术使能的开放式创新理论框架。进一步，基于数字技术使能的开放式创新过程中的价值独占机制亦值得深入探究，特别是使能技术（enabling technology，如人工智能）正向溢出效应的存在，使得其所有者从创新中获益的问题变得极具挑战。[二]另外，从数字过程、产品、组织、商业模式创新中获益的机制亦值得探究。例如，App 开发者应该如何选取正式与非正式的独占机制？[三]在基于数字平台的创新生态系统中，创新能力、环境扫描和感知能力、整合能力等如何影响平台领导者的价值获取？[四]

12.2.5　有关创新治理的研究机会

本小节将聚焦于基于机会主义行为减少的创新任务分工与协调机制研究、基于交易自执行的全球创新平台构建与资源整合研究以及基于共生互惠关系的参与者创新协同研究等提出未来的研究方向。

第一，基于机会主义行为减少的创新任务分工与协调机制研究。数字技术带来的创新过程透明化和信息的不可篡改性，催生了去中心化、去中介化的新型组织，改变了传统创新过程中的科层权力结构以及分工协作的强制性，使创新过程更多体现为个性化的意愿与参与。基于此，我们呼吁未来的研究可重点关注以下问题。①平台创新生态系统中，平台领导者或者生态系统的核心参与者对合作创新任务的分隔和分配，包括任务界定和

[一]　URBINATI A, CHIARONI D, CHIESA V, et al. The role of digital technologies in open innovation processes: an exploratory multiple case study analysis[J]. R&D management, 2020, 50(1): 136-160.

[二]　TEECE D J. Profiting from innovation in the digital economy: enabling technologies, standards, and licensing models in the wireless world[J]. Research policy, 2018, 47(8): 1367-1387.

[三]　MIRIC M, BOUDREAU K J, JEPPESEN L B. Protecting their digital assets: the use of formal & informal appropriability strategies by App developers[J]. Research policy, 2019, 48(8): 103738.

[四]　HELFAT C E, RAUBITSCHEK R S. Dynamic and integrative capabilities for profiting from innovation in digital platform-based ecosystems[J]. Research policy, 2018, 47(8): 1391-1399.

分配的轨迹、任务的特殊性与标准化水平、任务冗余程度以及任务分配给系统内参与者的过程等。②数字技术的可供性使创新过程可被拆分为独立的操作模块，而数字连接更是为有效的协调任务分工和合作提供了支撑，数字组织中的创新协调机制需要深入探究。例如，在开源软件、Steam 创意工坊等的在线社区中，软件或游戏开发项目的负责人将内部数据或模型公开给社区内的所有成员，并支持社区成员基于自己的需求、偏好和技能进行再创造。那么，企业该如何管理社区成员的自组织创新行为和创新结果？

第二，基于交易自执行的全球创新平台构建与资源整合研究。数字连接带来的互动范围扩大和交易的自执行使以往必须在企业内完成的交易可以在市场中完成，从而导致组织边界不断扩张。例如，过去跨境信息的不对称严重阻碍了个人服务商（microproviders）参与离岸市场，但全球在线平台的出现为企业和世界各地的服务提供商创造了机会，特别是所谓的在线劳动平台，它们专注于借助互联网连接世界各地的供应和需求。⊖基于此，我们呼吁未来的研究可重点关注以下问题。①数字平台的模块化架构和参与者之间松散的网络连接如何使资源重组和配置更具灵活性和流动性，从而重塑全球创新体系的性质和结构？⊜②全球创新平台的构建如何弥补空间和制度可供性的减弱，以促进企业在地理和制度间的互动与资源整合？例如，数字连接的全球创新网络中的知识如何获取、重组和重构以实现创新……

第三，基于共生互惠关系的参与者创新协同研究。平台创新生态系统中各主体由共同的价值主张所引导，形成彼此依赖、共同发展的共生互惠关系，并通过合作与互助共同应对动态环境的变化。从社会网络理论、交

⊖ LEHDONVIRTA V, KÄSSI O, HJORTH I, et al. The global platform economy: a new offshoring institution enabling emerging-economy microproviders[J]. Journal of management, 2019, 45(2): 567-599.

⊜ NAMBISAN S, ZAHRA S A, LUO Y. Global platforms and ecosystems: implications for international business theories[J]. Journal of international business studies, 2019, 50: 1464-1486.

易成本理论等角度切入，探究平台创新生态系统中各主体之间的共生演化将不仅仅能够帮助我们厘清平台创新生态系统的内在关系结构，更重要的是可以促进系统内参与者之间持续的协同创新。基于此，我们呼吁未来的研究可重点关注以下问题。①进一步揭示平台创新生态系统中各主体之间的互动方式和系统演化的过程，并探索不同结构特征的平台创新生态系统如何影响参与者的创新动力、能力和协同行为等。②平台治理机制也是影响平台所有者和参与者创新行为及结果的关键因素。现有关于平台治理机制的研究主要涉及平台领导者的定价策略、权责分配、控制机制和平台开放性，[⊖]以及平台参与者自组织形成的基于规范的知识产权系统等。考虑到技术架构和治理机制之间的相互作用对平台互补者创新参与行为有重要影响，且数字平台架构和治理理论的融合能够为互补者创新创业能力（知识）、意愿（动机）以及创新创业组织分布的性质和范围的研究提供重要视角，未来可在多个层次上揭示数字技术、平台架构和创新生态系统治理机制之间的交互作用。[⊜]

12.3　数字组织情境下的非对称赶超机遇

数字化进程的加速会导致组织创新和管理逻辑的颠覆，在这种情境下，把握由技术发展引致的组织创新管理实践变化十分必要。因此，我们在广泛观察和深入总结数字组织创新战略实践的基础上，从社会分工主体和协调整合范围这两个维度对数字组织的特征进行了识别，提出了数字组织的基础模块微粒化、组织架构平台化、组织关系网络化、组织情境生态化这四大特征，为厘清数字组织的本质、理解和指导数字组织情境下的创新管

⊖　BOUDREAU K. Open platform strategies and innovation: granting access vs devolving control[J]. Management science, 2010, 56(10): 1849-1872.

⊜　NAMBISAN S, WRIGHT M, FELDMAN M. The digital transformation of innovation and entrepreneurship: progress, challenges and key themes[J]. Research policy, 2019, 48(8): 103773.

理活动以及开展实践导向的创新管理研究奠定了基础。

　　从理论角度而言，作为强调根据组织创新环境变化合理配置创新资源进而构筑组织竞争优势的学科，创新战略管理研究自然面临着"现有创新战略管理的核心理论逻辑在数字组织情境下是否依然适用？"的认知挑战。因此，我们结合数字组织的特征，按照创新战略管理的核心构成要素，从创新环境、创新来源、创新资源、创新过程和创新治理五个方面，对资源依赖理论、制度基础观、社会网络理论、社会资本理论、资源基础观、组织学习理论、开放式创新理论和交易成本理论等创新战略管理的主流理论在数字组织情境下的适用性与可扩展性展开了讨论，并给出了每个理论未来的研究重点，以启迪中国创新战略管理未来的研究方向。

　　事实上，以上判断基于数字化变革给我国制造业追赶带来的三大机会窗口：市场机会窗口、制度机会窗口和技术机会窗口，数字化变革赋能制造业实现非对称创新仍蕴含巨大潜力。

　　（1）数字化变革赋能制造业非对称技术赶超的三大机会窗口。

　　市场机会窗口：数字化变革激发了我国独特的市场需求，为创新提供持续的源动力。首先，国内巨大市场需求的多梯次性为创新提供了持续的源动力。拼多多的出现就是我国市场需求的多梯次性决定的，依托数字化变革使低端市场得到激发。数字化变革使这些市场需求数据化、可视化，企业只要利用好近 11 亿国内网民数据⊖，就足以让制造业企业把握全新的市场机会窗口。其次，国内高质量需求空间激发中国企业的创新活力。规模化的高端市场需求使高端定制化产品有着巨大的市场空间，全球也就只有中国有这个"本钱"，再利用互联网技术相关的机会，中国企业一定可以抓住高质量需求相关的机会，实现高端产品的突破。即使美国搞技术封锁，欧洲各国及日本也不可能错过中国巨大的高质量需求喷发的机会。

　　制度机会窗口：社会主义制度创造了创新性需求，助力制造业赶超。

　　⊖　中国互联网络信息中心：第 52 次《中国互联网络发展状况统计报告》。

所谓创新性需求，有国家战略性需求、基础性需求、基本服务需求等。首先，资源支持方面，社会主义制度"最大的优势之一就是能够集中力量办大事"，通过深化改革创造非对称制度环境，识别重大、尖端和基本科技领域，进行直接的资源投入，为制造业非对称赶超提供制度型市场机会。其次，政策支持方面，国务院先后出台系列指导意见，这些政策为"互联网＋"促进制造业实现非对称赶超提供了制度红利。最后，人对美好生活的需要为企业创造了公共品的巨大需求潜力，企业可以抓住制度型市场的相关机会实现非对称赶超。例如，在从"平安浙江"到"平安中国"等制度需求下，海康威视、大华等视频安防企业迅速崛起，在十多年时间内走到世界前列。

技术机会窗口：数字化变革创造了非对称技术路径，带来了技术跨越机会。首先，颠覆性创新帮助中国企业突破发达经济体技术轨道的限制，拉平起跑线。大数据、人工智能和物联网等颠覆式技术的发展路径，使全球企业处于新技术涌现的同一起跑线上，这为中国企业的非对称赶超提供了可能——正因为抓住了技术转轨的机会窗口，我国的 5G 产品等一大批数字技术产品直接跑到了世界前列。其次，数字技术帮助中国制造业突破传统技术路径锁定，实现弯道超车。当建立在云计算、大数据基础上的智能制造快速颠覆传统技术路径时，中国制造业企业实现弯道超车有了可能。吉利、美的、娃哈哈等制造业企业大力布局工业机器人、工业互联网，瞄准智能制造的新路径，力图摆脱先发国家的路径依赖，创造非对称追赶的机会。

（2）数字化变革促进制造业实现非对称技术赶超的三条路径。

市场驱动路径：基于细分市场的效率型和价值型创新。一方面，生产型制造业企业通过"互联网＋"对接从设计、研发、生产到供应链管理和市场营销等各环节，实现以细分需求为导向的创新要素快速整合，驱动制造业企业的效率型创新模式。另一方面，服务型制造业企业通过"互联网＋"的深度嵌入，基于对细分市场客户需求的快速响应，改变现有的价值创造环节，通过设计驱动创新等多种创新模式，以及商业生态和快速迭代等多种新型商业模式，从根本上改变价值获取逻辑，驱动制造业企业的价值型创新。

制度驱动路径：非对称制度引导创新能力提升。一方面，选择较高技术门槛和资本投入门槛的科技领域，通过非对称制度设计，从供给要素角度来支持和鼓励产业链上的龙头企业的创新发展。通过发挥政府的产业协调功能，引导企业逐步建立自身能力，突破技术门槛和资本投入门槛，驱动制造业企业的价值型创新模式。另一方面，通过政府购买、政策引导等手段创造制度型市场，为企业在云计算、物联网、大数据、人工智能等新兴技术领域的发展提供初始支持。通过制度型市场的创造，为中国制造业企业在技术产业化早期提供试错机会，助力企业建立创新能力体系。

技术驱动路径：基础研究和应用研究双轮发展。一方面，充分利用我国在大数据、云计算、物联网等方面的全球独特优势——国家要下大决心整合企业与高校、研究院所的基础研究力量，建设一批国家实验室、国家重点实验室，尽快开展高强度基础技术研究，打造系列核心技术领域的撒手锏，助力企业实现价值型创新。另一方面，以"互联网＋"为依托，以企业为主体，将制造业和互联网深入融合，通过发展智能化制造、网络化协同制造等，优化配置企业价值创造过程中所需要的基础资产，重塑价值平台，驱动制造业企业的效率型创新。通过基础研究和应用研究两个抓手，把握由突破性创新带来的技术机会窗口，在信息产业领域和传统制造业领域形成竞争优势，实现非对称赶超。

（3）保障数字化变革促进制造业实现非对称技术赶超的三条政策。

其一，构建数字化变革的新型基础设施体系。政府应在数字基础设施建设方面持续发力，针对数字化变革促进制造业创新发展，尽早布局基础设施体系，包括网络基础架构、大数据基础服务、数据分析及展现平台、开放式基础软件平台、创新设计服务应用架构、国际化研发服务平台等，通过政府引导，重构以创新要素供给和开放式创新为导向的制造业创新体系，为中国制造业通过市场驱动、制度驱动和技术驱动实现非对称赶超提供坚实基础。

其二，创新数字技术嵌入协同治理体系。互联网生态中，创新生态体系呈现跨产业边界、知识边界和国家边界特征，这就需要政府尽快消除第一产业、第二产业和第三产业的人为过度分割，让数字技术真正成为服务与制造业融合创新的赋能器。再者，数字技术驱动创新生态系统发展需要探索新型创新生态治理制度，设计出经济治理、行政治理、法律治理和社群治理、平台治理相结合的系统方案，激发制造业企业的创新动力。此外，要寻求新的治理制度，更好地发挥数字技术对大、中、小型企业创新协同的作用，促进不同规模企业的跨边界拓展，为整个产业把握市场、制度和技术机会窗口提供保障。

其三，完善数字技术相关知识产权保护体制。一方面，探索"互联网＋"情境下新兴产业组织形态中的知识产权保护制度，研究"互联网＋"背景下的知识产权侵权特征，在对"互联网＋"情境下的知识产权侵权过程、侵权问题和源头定位等问题研究的基础上，出台基于"互联网＋"的知识产权保护体制。另一方面，完善数据资产、数据分析算法、程序、采集等知识产权的具体界定和保护体系。政府应该引导、鼓励企业优化、完善内部的数据管理体系，形成企业的专有性数据，制定相应的知识产权制度保护企业的专有性数据资源的价值独占性，从而为数字技术促进我国制造业实现非对称赶超创造良好的环境。